리더의 편견

최고의 리더들이 최악의 결정을 내리는
8가지 편견의 덫

The Secret
Life of
Decisions

리더의
편견

미나 투레이싱험 · 볼프강 레마허 지음 | 정윤미 옮김

WILLCOMPANY

The Secret
Life of
Decisions

2부

리더의 잘못된 판단과 결정에 뒤따르는 대가 — 47

3부

착각에 빠지지 않고 현명하게 선택하기 — 305

본문에 소개한 사례들은 최대한 정확하게 사건을 설명하고자 노력했으나, 기밀상의 이유로 몇 가지 세부사항은 변경했음을 밝혀둔다.

의사결정은 모든 리더의 업무에서 중요한 자리를 차지한다. 물론 개인
의 일상생활에서도 의사결정은 중요한 문제다. 하지만 우리는 이러한
의사결정에 영향을 주는 요소들을 거의 알지 못한다. 사실 그중에는
매우 심각한 요소들도 있다. 이 책의 목적은 우리의 추론능력을 저하
시키는 편견과 착각을 남김없이 적나라하게 밝혀서, 사람들이 쉽게 걸
려드는 덫을 제대로 알도록 이에 대한 각성을 촉구하는 것이다. 한마
디로 의사결정의 비밀이 이 책에 모두 들어 있다.

　우리는 모두 현상을 유지하려는 경향이 강하며, 자신이 선호하는 것
을 뒷받침하는 증거를 우선시하고, 과거의 선택을 정당화하는 경향이
있다는 것을 독자도 인정할 것이다. 또한 옳지 않은 일에 적잖은 돈을
쏟아붓는 어리석은 짓도 한다.

　하지만 자신이 틀렸다고 인정하거나, 과거의 기억을 떠올려서 현재
생각이나 미래에 대한 기대를 합리적으로 조정하기란 말처럼 쉬운 일
이 아니다. 바로 이런 것들이 우리의 시야를 왜곡하며 이성적인 판단을

하지 못하도록 방해한다. '덫'은 대부분 겉으로 드러나지 않고 우리의 사고과정에 깊이 뿌리박혀 있어서 덫을 알아보는 것 자체가 쉽지 않다.

가장 안타까운 점은, 다른 사람의 착각과 편견은 쉽게 인지하면서 정작 자신의 착각과 편견은 알아보지 못한다는 것이다. 우리는 먼저 이러한 덫이 무엇인지 잘 알고 있어야 합리적이고 공신력 있는 의사결정을 내릴 수 있다. 의사결정의 질적 수준을 저해하는 비밀스런 악영향을 떨쳐버리는 방법은 바로 인식과 이해인 것이다.

수많은 리더와 함께 수십 년 이상 일하면서, 아무리 뛰어난 리더라도 늘 최선의 결정을 내리는 것은 아니라는 점에 주목하게 되었다. 그들의 비판적 사고능력이나 지적능력이 부족한 탓이 아니었다. 대부분의 경우 사고과정에 뿌리 깊이 얽혀 있는 보이지 않는 덫을 조심하지 않았으며, 현재 자신의 생각, 심적 모형, 기대와 맞아떨어지는 정보만 받아들였기 때문에 차선책을 최선책이라고 착각했다. 그로 인해 리더의 자리나 기업의 운명이 위험에 노출되는 일이 비일비재했다. 필자는 그들을 도울 수 있는 방법을 고민하다가 이 책을 쓰게 되었다.

세계금융위기가 발생한 지 5년 이상 지났지만 비즈니스 관점에서 여전히 우리에게 많은 영향을 주고 있다. 특히 의사결정을 내리는 방법을 되돌아보는 계기가 되었다. 우리는 지금까지 좁은 세계관에 의존해 비즈니스에 관한 문제를 해결했으며, 의사결정의 직접적인 결과 외에는 아무것도 보지 못했다. "예전에 비슷한 경험을 한 적이 있어"하고 낙천적으로 생각할 뿐, 지난 일에 대한 기억을 재구성할 때 생기는 여러 가지 문제점이나 과거의 경험이 사고과정과 판단력에 미치는 부정적인 영향은 별로 개의치 않았다.

의사결정은 자신의 추론력을 합리적으로 사용하는 과정이라고 생각할지 모른다. 하지만 이 책은 전혀 다른 전제에서 출발한다. 사람들의 판단력과 의사결정은 사회적 영향에 크게 좌우된다는 것이 이 책의 전제다. 혼자 의사결정을 내릴 때도 우리는 다른 사람들에게 어떻게 평가받을지 생각하면서 자신의 의사결정 내용을 조율한다. 그러므로 사회적 영향이 의사결정을 방해할 수도 있고 개선할 수도 있다는 점을 인정할 때 비로소 진정한 의미에서 포괄적인 의사결정을 내릴 수 있다.

사람들은 복잡한 문제에 직면할 때 보편적인 상식이나 기준, 과거의 경험에 의존해서 편하게 해결책을 얻으려고 한다. 이런 지름길이 의사결정 이론에서 제시하는 최적의 선택과 매우 비슷해 보이지만, 결코 정답은 아니다. 어떤 상황에서는 지름길로 가려다 곁길로 빠지거나 충분히 피할 수 있는 덫에 걸리기도 한다. 우리의 관점, 취향, 선입견, 편견, 경험 등은 자라온 환경, 교육수준, 인맥, 종교, 자주 접하는 언론매체 등의 영향을 크게 받는다. 하지만 이런 점이 의사결정에 크고 작은 영향을 준다는 사실을 전혀 인지하지 못한다.

이 책에서는 의사결정과 판단의 질적 수준에 직접적인 영향을 주는 대표적인 편견과 착각을 알려줄 것이다. 우리가 직접 관찰·연구한 수많은 기업 리더들의 실제 경험과 사례를 곁들였으며, '사고방식 — 관련된 사람들 — 진행과정'으로 이어지는 3단계 뼈대를 제시해 복잡한 의사결정을 내릴 때도 배운 것을 즉시 적용할 수 있도록 도와줄 것이다. 마지막으로, 이 책에서는 필자가 직접 개발한 적절한 의사결정 진단도구를 알려준다. 직접 자신의 의사결정 행동을 검토해 변화가 필요한 부분을 진단할 수 있을 것이다.

선택은 무엇보다 신중하고 지혜롭게 해야 한다. 선택을 위한 사고는 다른 기술처럼 원칙에 따라 연습하면서 경험을 쌓으면 분명히 개선될 수 있다.

이 책의 구성

1부 : 편견에 사로잡힌 생각들

1부에서는 편견에 사로잡힌 사고를 하는 이유를 이해하기 위해 의사결정을 둘러싼 심리학과 생리학 이론을 간단히 살펴볼 것이다. 두 가지 이론이 일상생활에서 이미 작용하고 있는데도 이를 간과하면 기업 단위의 의사결정에서 치명적인 결과로 이어진다는 점도 증명할 것이다.

2부 : 리더의 잘못된 판단과 결정에 뒤따르는 대가

2부는 모든 기업의 리더에게 주어지는 다섯 가지 의사결정을 소개하고, 리더가 특히 주의해야 하는 의사결정의 편견과 덫을 여덟 가지로 분류할 것이다. 예를 들어 데이터 수치에 대한 지나친 의존은 오히려 잘못된 길로 우리를 유도할 수 있으며, 불확실성을 느긋하게 받아들이지 못하면 의사결정시에 드러나지 않은 요소들을 간과하게 된다. 각 장에서는 주의할 점을 따로 정리하고 있으며, 각 편견과 착각의 부정적 영향을 최소화하는 성공전략도 알려준다. 이뿐만 아니라 부서활동이나 프로젝트에 적용할 수 있는 몇 가지 코칭 전략도 공개할 것이다.

편견과 착각이 인간의 인지능력에 어쩔 수 없이 포함되는 현상이라는 점을 인정해야 한다. 3부에서는 2부의 요점을 토대로 가장 바람직한 의사결정 행동이 무엇인지 소개할 것이다. 물론 의사결정이라는 분야는 세월이 흐름에 따라 변하거나 발전할 것이다. 미래에는 새로운 가치관과 세계금융위기의 여파를 껴안은 새로운 역학관계, 국제화 현상, 신기술 등을 통합해내는 의사결정권의 새로운 세대가 등장할 것이다. 우리가 지금 옳다고 생각하는 것들이 미래에는 어떻게 달라질지 함부로 점칠 수는 없다. 그들이 활동할 무렵에는 지금과 전혀 다른 복잡한 문제들과 위험요소가 비즈니스 리더의 의사결정을 좌우할 것이다.

1부

The Secret
Life of
Decisions

편견에 사로잡힌
생각들

"생각이란 증거들 사이에 비어 있는 부분을 메우는 기술이다."

생각에 대해 생각해보기

비즈니스의 성공을 논할 때 판단의 질적 수준을 빼놓을 수 없다. 그러나 시대와 장소를 불문하고 의사결정권을 가진 사람들이 겪는 가장 큰 어려움은 정확한 의사결정을 내리는 것이 쉽지 않다는 사실이다.

가만히 따져보면 우리는 자신이 생각하는 것만큼 의사결정에 능숙하지 않다. 기업가들은 자신의 기업이 이성적인 판단에 따라 운영된다고 생각하지만, 기업운영은 인간의 손에 맡겨지고 인간은 어쩔 수 없이 감정에 치우치는 존재이므로 기업운영에도 비합리적인 요소가 개입되게 마련이다.

그런데 사람들은 비합리적인 방식으로 행동할 때도 나름대로의 논리나 흐름이 있다. 사람의 행동방식에는 당사자의 사고 습관이 반영기 때문이다. 개인의 생각, 편견, 선호도, 가치관, 신념 등이 개입되면 자신이 원하는 것만큼 합리적으로 의사결정을 내리기가 어렵다.

1960년대에 케임브리지대학에서 교편을 잡았으며 인지심리학의 아버지라고 불리는 프레더릭 바틀릿(Frederick Bartlett)은, 생각이란 증거들 사이에 비어 있는 부분을 메우는 기술이라고 했다.[1] 자신이 잘 아는 길에 차가 밀려 있는 것을 보면 분명히 어딘가에서 접촉사고가 난 것이라고 생각한다거나, 어떤 기사를 읽다가 자신의 생각과 맞지 않으면 기자가 제대로 조사하지 않고 기사를 썼다고 생각하기도 한다.

이러한 선입견은 자신의 인지체계가 정신에 걸어놓은 사진과 같아서, 우리는 이를 기준으로 인과관계를 유추하거나 다른 의미를 만들어 간다. 이와 같은 인지활동은 비즈니스를 할 때뿐만 아니라 일상생활의 모든 순간에도 일어난다.

'근본적으로 의미가 통하는지 검토하는 과정'은 직감적·자동적 사고와 연역적·분석적 사고라는 두 가지 형태로 나눌 수 있다. 자동적 사고는 순수한 연상 과정을 말한다. 대부분의 사고에서 가장 두드러진 특성은 바로 연상 과정이다. 한 가지 예를 생각해보자. 어두운 방에 들어가면 직관적으로 스위치를 찾으려고 손을 뻗게 된다. 이때 스위치를 켜면 방 안이 훤히 밝아진다는 사실을 의심하지 않는다. 또는 운전을 하다가 빨간 신호등을 만나면 자연스럽게 브레이크를 밟는다. 우리는 이러한 행동을 무의식중에 한다. 별로 생각하지 않고 자동적으로 처리하는 것이다.

이에 반해 제어된 사고는 보다 격식을 갖추고 있으며, 과학적 사고와 연관이 있다. 과학적 사고란 자신이 직면하거나 이미 겪고 있는 상황에 대해 대안을 생각하는 것이다.

지적능력을 사용해 어떤 일을 해낼 때는 반드시 직관적 사고와 논리적 사고라는 두 가지 과정을 거쳐야 한다. 연구결과를 보면, 경험이 많은 비즈니스 리더는 매우 다양한 상황에 익숙해서 거의 자동적으로 주어진 상황을 파악하며 별로 생각하지 않고 어떤 결정이 유리한지 불리한지 판단할 수 있다고 한다.

자동적 사고를 통해 의사결정을 내리거나 선택하는 것이 편리하고 유용할지 모르지만, 그로 인해 문제가 생길 때도 있다. 좀더 객관적으로 격식을 갖추어서 판단하지 않으면 잘못된 선택을 하거나 후회할 결정을 하게 된다. 그렇다고 해서 직관적 사고가 항상 나쁘다는 말은 아니다. 앞으로 살펴보겠지만, 현명한 결정을 내리려면 두 가지 사고방식을 모두 알아야 한다.

마지막으로, 우리의 인지적 습관은 좀처럼 바꾸기 어렵다는 점도 인정해야 한다. 연상과 체험에 의한 학습법은 우리의 사고과정 전체에 관련되어 있으며, 사실 생존을 위해 불가피하기 때문이다. 상징적으로 생각하지 않거나 직관, 연상작용, 체험에 의한 학습법 등에 지나치게 의존하지 않도록 훈련해봤자 성공할 가능성은 희박하다. 따라서 우리는 자신의 생각에 자기이해, 자기제어, 노력을 투자해서 몸에 밴 사고방식에 휘둘리지 않는 방향으로 나아가야 한다.

2부에서는 기업가들의 의사결정 행동을 면밀히 살펴보고 현명한 선택, 결정, 판단을 하는 데 어떤 어려움이 뒤따르는지 분석할 것이다. 또한 우리 각자의 선호도, 선입견이나 편견에 도사리고 있는 위험이 무엇인지 파악해서, 의사결정 하나하나가 기업의 성공에 기여할 수 있도록 의사결정 행동을 향상시키는 방법을 소개할 것이다.

편견에 사로잡힌 생각의 근본원인

기업을 이끌어갈 책임을 맡게 되면 복잡한 결정을 내릴 기회가 많아진다. 이런 결정은 정답이 없고 오답도 없으며 가변적인 요소가 크다. 예를 들어 어떤 전략을 도입할지, 시장에서 언제 철수할지, 기업의 미래를 위해 어떤 기술에 투자할지, 인력을 유지할 것인지 감축할 것인지 등을 결정해야 한다.

기업의 리더로서 다양한 형태의 결정을 내려야 하지만, 사실 모든 의사결정 과정에는 다음과 같이 네 가지 요소가 공통으로 등장한다.

- 이해
- 인출
- 판단
- 반응

모든 단계에서 의사결정권자는 해석을 추가하므로, 단계가 높아질수록 주관적인 성향이 강해진다. 첫 단계인 '이해'도 예외는 아니다. 이해하는 것 자체가 해석하는 행위이므로 주관적인 성향이 나타난다. 우리가 세상을 이해하는 방식에 따라 모든 판단과 의사결정이 크게 좌우된다.

'인출'은 과거의 경험에서 정보를 이끌어내는 행위를 말한다. 이 또한 의사결정권자의 이전 경험에서 큰 영향을 받으며, 경험의 범주를 크게 벗어나지 못한다. 수많은 가치평가를 하나의 통합된 판단으로 묶어

이해	인출	판단	반응
상황이나 사건에 대처하거나 질문을 해결하기 위해 가치판단을 내려야 한다.	장기기억 속의 이미지, 신념 또는 기타 관련 아이디어 중 적당한 사례를 찾아낸다. (가치판단에 관련이 있거나 가치판단을 유발하는 것만 간추려낸다.)	이전 단계에서 찾아낸 사례와 관련된 기초적인 가치판단에서 좀더 폭넓은 판단을 이끌어낸다.	적절한 반응을 생성한다. 예) 내적 반응, 가치판단 또는 접근·회피·거부·수용하는 행동

▶▶▶ 의사결정의 과정[2]

내는 과정을 거치므로, 의사결정 과정의 네 가지 요소 중에서 가장 신뢰도가 떨어진다. 예를 들어 기업의 매입 또는 매각 여부를 결정하려면 수많은 사항을 평가해야 한다. 경쟁기업 또는 동종업계의 시장가치도 알아봐야 하고 관련 시장의 규모도 파악해야 한다. 해당 분야의 전략에 맞아떨어지는 특정 기업이 있는지, 매각하려는 사업이 지금까지 파악한 가치 외에 다른 잠재적 성장가능성이 있는지도 판별해야 한다. 만약 잠재적 성장가능성이 있다면, 매각하려고 내놓기 전에 그 가능성이 발휘되도록 변화를 주어야 할 것이다. 1장과 2장에서 자세히 살펴보겠지만, 인출은 개인의 기억과 경험에 크게 좌우될 수밖에 없다.

'판단' 단계에서는 잘 모르는 사건의 결과 또는 결론을 추론·예상·예측하는 능력이 사용된다. 결과에 대한 기대치는 개인의 가치관과 현재의 목표가 반영된 가치판단을 기준으로 평가된다.

판단능력은 몇 가지 오류에 영향을 받을 수밖에 없다. 가장 대표적인 오류로는 지나친 자신감이나 확신을 들 수 있다. 나이가 들어감에 따라 사람은 자신이 성공했던 경험에 의존하는 경향이 커지며, 자신의 가치관을 기반으로 어떤 일에 대해 확신하고 자신감을 얻는다. 하지만 종종 이러한 확신이 현재상황에서 필요 이상으로 부풀려져서 문제를 일으킨다.

또한 판단 단계에서 가장 좋은 결정을 하려면 고려할 점이 한두 가지가 아니므로 가장 까다로운 단계라고 말할 수 있다. 모든 일에 장점과 단점이 공존하므로, 어떤 선택을 하든 감수해야 할 부담이나 단점이 있게 마련이다. 따라서 의사결정을 할 때는 인지능력을 많이 사용해야 한다. 특히 여러 가지 요소가 상충될 때는 정신을 바짝 차려야 한다. 실제로 의사결정에 관련된 요소에는 도저히 양립할 수 없는 것들이 포함된다. 설상가상으로 이러한 요소에 대한 핵심적인 정보가 부족할 때는 의사결정을 하는 것이 쉽지 않으므로 더욱 주의해야 한다.

상황이나 사건의 빈도를 예측하고 유사성을 판단하고 예전에 경험한 상황을 떠올리거나 인과관계를 유추하는 등, 우리 두뇌는 다양한 인지능력을 발휘할 수 있다. 직관적 사고나 체험적 사고가 두뇌를 사용하는 수고를 어느 정도 덜어줄지 모르지만, 때로는 엉뚱한 결론으로 이어지거나 큰 위험을 초래할 수도 있다.

당신이 아는 금융 전문가를 한번 떠올려보라. 아마 다른 금융 전문가도 그 사람과 크게 다르지 않을 것이라고 추론할 것이다. 지금 당신이 아시아권에서 사업을 한다면 다른 아시아 국가들도 당신이 지금 사는 나라와 별반 다르지 않을 것이라고 생각할지 모른다. 인도 사람을 직접 만나본 적이 있는가? 그렇다면 아마 그 사람의 외모를 기준으로 모든 인도인의 모습을 상상할 것이다. 어떤 사람이 기업 회생절차를 잘 거쳐서 다시 성공가도를 달리고 있다면 그는 또 다시 회생절차를 거치게 되더라도 잘될 것이라고 생각할 텐데, 그러다 결국 새로운 상황에서 객관적으로 판단하지 못하고 파경을 맞을지도 모른다.

2부에서는 경험이 풍부하고 이미 성공 반열에 오른 기업가들도 깜짝 놀랄 정도로 심각한 문제에 휘말리는 사례를 다양하게 살펴볼 것이다. 어떤 사람은 자신의 의사결정 능력을 과신해 낙관적인 결과를 장담할지 모른다. 이는 기업가들이 종종 저지르는 아찔한 실수다. 그런데 그들 앞에 도사리고 있는 덫은 그보다 훨씬 더 많다. 자세한 내용은 차차 소개하기로 한다.

"리더의 의사결정은 그가 조직에 남기는 유산과도 같다."

판단의 오류를 만드는
8가지 편견

리더로서 갖춰야 할 수많은 자질 중에서 가장 중요한 것은 의사결정에 영향을 받는 이는 누구인지, 그 결정에 실제로 관심을 갖는 사람이 있는지 파악하는 것이다. 리더의 의사결정은 그가 조직에 남기는 유산에 비교할 정도로 장기적인 영향력을 발휘한다. 따라서 의사결정 능력은 리더에게 가장 중요한 자질이다.

앞 장에서 이미 살펴보았듯이, 의사결정은 인지 과정에 크게 의존하므로 허점투성이가 되기 쉽다. 한 가지 예를 들자면, 사람은 자신이 기대하는 것만 보는 경향이 있다. 다시 말해서 선택적으로 사물을 보는 것이다. 어떤 사건을 해석할 때도 자신의 예상을 뒷받침하는 방향으로 기울기 때문에, 자신의 가치관에 부합하는 요소를 가장 중점을 두어 평가하고 그렇지 않은 정보는 쉽사리 무시해버린다. 그래서 실제로 발생하지 않은 일을 발생한 것처럼 착각하거나 전혀 다른 방식으로 해석해서 기억한다. 이 때문에 수많은 기업과 리더가 불필요한 구설수에 오르거나 착각에 빠지고, 의사결정에 부정적인 영향을 받는다.

이번 장에서는 편견에 사로잡힌 사고방식이 얼마나 무서운지 알려줄 것이다. 또한 경험이 많고 성공한 기업이나 리더도 다음과 같은 여덟 가지 편견에 빠질 수 있음을 보여주는 유명한 사례들도 살펴볼 것이다.

기억 편견
: 과거에 대한 기억은 의사결정을 내릴 때 신뢰할 만한 정보다?

사업과 관련해서 가치판단을 내리거나 의사결정을 할 때 그동안 축적한 지식이나 경험에 의존하는 경우가 많다. 그러나 과학자들이 주장하는 것처럼 우리의 기억은 종종 오류를 일으킨다.

1970~1980년대에 인지과학자들이 독일의 심리학자 헤르만 에빙하우스(Herman Ebbinghaus)의 연구를 기반으로 개발한 '에빙하우스의 망각곡선'은 기억을 자연스럽게 떠올리는 과정에 약간의 망각이 포함된다는 사실을 보여준다. 기억은 재구성 과정이기 때문에 손실이 발생할 수밖에 없다. 자신이 아는 것을 지각하는 순간 두뇌에서는 관련 정보를 찾아내서 재구성하는데, 이때 두뇌의 여러 영역이 동시에 활성화된다.

인지과학자들은 J. F. 케네디 저격 사건, 챌린저 충돌 사건같이 잘 알려진 비극적인 사건에 망각곡선이 적용되는지 알아보기 위해 시민들을 대상으로 다양한 실험을 실시했다. 비교적 최근에 일어난 비극적인 사건인 9·11 사건 직후의 기억과 일정 주기가 지난 후에 기억이 어떻게 달라졌는지, 그리고 9·11 사건이 일어난 지 3년이 지난 후에 사람들의 기억이 어떻게 달라졌는지도 알아보았다. 아마 독자들은 '섬광기억'이라는 말을 들어보았을 것이다. 이는 어떤 놀라운 사건을 겪었을 때, 일상생활에 대한 기억처럼 금방 잊히지 않고 비교적 오랜 기간 생생하게 섬광처럼 머릿속에 남아 있는 기억을 가리킨다.

실험결과를 보면, 사람들이 기억하는 것 중에서 실제 사건과 일치하는 부분은 7% 이하에 불과했다. 사람들이 주장하는 내용 중 약 33%는 완전히 사실과 달랐고, 약 16%는 중요한 세부사항이 하나도 맞지 않았다. 일상생활에 대한 기억을 테스트했을 때도 정확도 면에서는 섬광기억과 큰 차이가 없었다.

이처럼 대단히 주목할 만한 사회적인 사건이라 할지라도 우리의 기억은 오류투성이라는 사실을 알 수 있다. 더 흥미로운 점은, 사람들은 자신의 기억이 정확하다고 확신한다는 것이다. 사람들은 자신의 느낌만으로 자신의 기억에 절대적인 신뢰를 보인다.

◆ ◆ ◆ 2005년 8월 29일 월요일에 허리케인 카트리나가 미국 남부 해안지역을 휩쓸었다. 뉴올리언스에서 남쪽으로 90여 킬로미터 떨어진 지역은 대부분 해수면 아래인데다 인구밀집 지역이라 피해규모가 상당했다.

카트리나가 불어닥쳤을 때 재해복구 책임자는 국토안보작전실(미국 내에서 발생하는 주요 재난 정보를 백악관으로 넘기기 전에 일차적으로 처리하는 곳)에서 300여 명의 직원을 통솔하는 매튜 브로데릭(Matthew Broderick) 장군이었다. 브로데릭은 사이공과 프놈펜 대피작전을 포함해 해병대 작전실을 30년간 통솔한 베테랑이었다. 부정적인 정보 중에서 좋은 정보를 가려내는 재주라면 브로데릭을 따를 자가 없었다.

오랜 경험을 토대로 브로데릭은 처음 들어오는 보고는 정확성이 떨어지고 과장된 면이 많다고 생각했다. 그래서 카트리나가 발생한 첫날인 월요일에는 뉴올리언스의 제방이 손실되었는지 확인하는 데만 총력을 기울였다. 재난 현장에 대한 보고가 쏟아져 들어왔지만 서로 상충되는 내용이 많아서 신뢰성 여부를 확인하는 것이 급선무였다. 브로데릭은 뉴올리언스의 제방에 문제가 생겼다는 보고는 없었다고 백악관에 보고하고 저녁에 집으로 돌아갔다.

하지만 다음 날인 8월 30일 아침에 모든 사실이 드러났다. 브로데릭은 뉴올리언스의 제방이 무너졌으며 전 지역이 이미 물에 잠겼다고 백악관에 다시 보고해야만 했다. 이로 인해 연방정부의 대응은 24시간이나 늦어졌고, 1,800명의 인명피해가 발생했으며, 수십만 명의 이재민이 발생했다. 허리케인 카트리나로 인해 미국 연방정부는 860억 달러의 손실을 입었다.

허리케인이 남부 연안에 몰아닥친 순간부터 24시간 동안이 가장 힘겨운 시기였다. 브로데릭은 모든 보고를 주의 깊게 살펴본 다음 비교적 과장이 적은 보고를 선별했다. 브로데릭은 과거에 다른 재난이 발생했을 때 어김없이 과장된 보고를 받았던 사실을 잊지 않았다. 그래서 한두 가지 보고는 실제 상황을 그대로 반영하고 있었음에도 그것을 그대로 믿지 않았다.

결국 브로데릭은 카트리나 대응 과정을 두고 상원의원들의 심문을 받게 되었다. 브로데릭은 이렇게 말했다.

"주요 관계자들에게 필요한 정보를 전달하는 것이 제 책임입니다. 정보가 제대로 전달되지 못했다면 그것은 저의 잘못이므로 제가 마땅히 책임져야 합니다."

이후 브로데릭은 일신상의 이유로 국토안보작전실 지휘권을 사임했다.

우리도 살다 보면 브로데릭과 같은 상황에 처할 수 있다. 선택적 기억 회상과 선택적 경청을 하느라 중요한 단서를 놓치는 것이다. 설상가상으로 우리의 기억은 에빙하우스의 망각곡선에 따라 희미해지고 왜곡되어버린다.

1장에서 이러한 착각과 기억이라는 편견이 의사결정에 미치는 영향에 대해 더 자세히 살펴볼 것이다.

경험 편견
: 경험이 많을수록 더 나은 결정을 내릴 수 있다?

자신이 모르는 것을 알게 되는 순간을 지혜의 시작이라고 여기는 사람이 많다. 그렇지만 경험이 시야를 제한하는 걸림돌이 될 때가 있다. 마이크로소프트의 CEO 스티브 발머(Steve Ballmer)도 그런 경험을 한 적이 있다.

◆◆◆ 스티브 발머는 마이크로소프트의 서른 번째 직원으로 입사해 CEO가 될 때까지 30년 이상 근무했다. 발머는 소프트웨어 분야에

서 마이크로소프트가 20년이나 앞서 있다고 생각하고는 아이폰에 대해 다음과 같이 말했다.

"아이폰이 시장에서 큰 부분을 차지할 가능성은 전혀 없습니다. 절대 그런 일은 없을 겁니다. 아이폰은 500달러 보조금을 받고 있지 않습니까? 지금 휴대전화 판매량은 13억 대에 달하고, 그중에 60~70% 또는 80%에 우리 회사의 소프트웨어가 장착되어 있습니다. 애플은 고작해야 2~3%밖에 차지하지 못할 겁니다."

발머의 발언은 지금까지도 구설수에 오르고 있다.

그러나 마이크로소프트가 과소평가한 것은 휴대전화 기술 분야의 시장성에서 끝나지 않았다.

1998년에 마이크로소프트는 사용자가 문서로 된 자료를 디지털 기기에 다운로드할 수 있는 '전자 리더 프로그램'의 초안을 완성했다. 하지만 이 프로그램은 기존의 윈도우와 생김새가 너무 다르다는 이유로 퇴짜를 맞았다. 개발팀은 이 프로그램의 핵심은 책을 보는 것이며 전체 스크린을 사용해 책을 볼 수 있게 해주므로 고객의 실망을 유발할 리 없다고 주장했지만, 반대세력을 이길 수 없었다. 결국 개발팀은 오피스용 소프트웨어 개발그룹에 흡수되고 말았다. 몇 년 후에 아마존과 애플이 전자책단말기 시장을 단숨에 정복한 것도 그리 놀랄 만한 일이 아니다.

마이크로소프트는 윈도우와 오피스 제품을 과신한 것이 문제였다. 재능 있는 인재들이 많은 아이디어를 내놓았지만, 윈도우를 비롯해 기존의 제품 형태에서 벗어나는 것은 허용되지 않았다. 이처럼 사내에는 온갖 편견이 난무했다. 특히 경험과 애착 위주의 편견이 많았다. 일례로 오피스 제품은 항상 키보드 사용자를 위주로 개발되었으며, 스타일러스˙나 손가락만 사용하는 것은 허용되지 않았다. 무조건 키보드를 사용해야 한다는 생각은 달라질 기미가 보이지 않았다.

　그 밖에도 다른 편견들이 많았기에 마이크로소프트에서도 젊은 충에 속하는 혁신 담당자들은 제품 개발에 집중하지 못하고 주변적인 문제에 매달려야 했다. 상하계급을 막론하고 특정 방향을 고집하는 분위기가 강했으며, 특히 윈도우 제품과 오피스 제품 담당 부서가 전체 제품 개발을 장악하고 통제하려고 들었다. 그로 인해 시장은 하루가 다르게 변하는데도 마이크로소프트는 그에 발맞춰 성장하지 못했다.

　새로운 아이디어를 과소평가하는 것과 경쟁사의 야심을 얕잡아보는 것은 별개의 문제다. 좀더 폭넓게 생각해보자. 요즘 모바일 기기와 클라우드 서비스가 보편화되면서 가정이나 사무실, 데이터센터 등에서 PC에 대한 관심과 필요성이 크게 줄어들었다. 마이크로소프트는 한때 그들이 시장을 장악했던 전성기 때의 경험에 너무 몰두한 나머지, 이와 같은 시장의 대변혁을 감지하는 데 몇 년 정도 뒤처진 것이다. 즉 자신의 경험 때문에 스스로 변화의 희생양이 되고 말았다. 최근 10년간 마이크로소프트가 주식시장에서 하한가를 벗어나지 못하는 것을 보면 이 점을 확증할 수 있다.

　마이크로소프트는 자신의 경험에 눈이 멀어서 실패한 사례라고 말할 수 있다. 사실 현재 시장에서 활동 중인 대기업들도 이와 비슷한 실

˙ 스타일러스(stylus) : 휴대전화, 태블릿 등 휴대용 컴퓨터 기기의 화면에 글을 쓰거나 그림을 그릴 수 있도록 해주는 볼펜 모양의 입력 도구. ― 옮긴이

수를 종종 범한다. 과거에 화려한 성공을 거둔 것에 눈이 멀어서 새로운 방식으로 시장을 개척할 필요성을 못 느끼거나 그렇게 할 엄두를 내지 않는 것이다. 윈도우 시스템으로 20년이나 소프트웨어 시장을 주도했지만, 그것이 향후 주도권을 보장해주는 것은 아니다.

어떤 분야든 전문가의 견해나 경험이 주는 지혜는 필터를 거치게 된다. 여기서 말하는 '필터'는 제한적 범위의 지식에 근거하며 초점이 매우 뚜렷한 견해다. 즉 파노라마식 세계관과는 거리가 멀다. 그래서 우리는 경험이라는 필터를 사용할 때마다 전체 그림에서 일부를 놓치게 된다.

이 같은 경험에 의한 편견이 의사결정에 미치는 영향에 대해서는 2장에서 자세히 살펴보기로 한다.

낙관주의 편견
: 결과에 대한 자신감이 강할수록 더 나은 결정을 내릴 수 있다?

다른 사람들이 주저하는 일을 일단 행동으로 옮겨서 밀고 나가려는 사람들을 종종 볼 수 있다. 이런 사람들은 다음 두 가지 사항에 대해 과신하는 경향을 보인다.

- 자신의 능력이 미래에 영향을 준다는 생각
- 자신이 미래를 예측할 수 있다는 생각

지금까지 예산을 잘못 세워서 낭패를 본 적이 많을 것이다. 당신뿐만 아니라 많은 사람들이 그와 비슷한 쓰라린 경험을 한다. 이러한 이유로 지나친 자신감과 낙관주의도 때로는 오류를 낳는다는 사실을 알 수 있다.

기업이 낙관주의를 지향하며 능력 위주로 팀을 조직하는 방식에는 독특한 점이 있다. 기업의 간부는 시장관리나 포트폴리오관리를 주로 맡는다. 그들이 관련 사항을 가장 잘 알고 있다고 여겨지기 때문이다. 이들이 CEO나 이사진 앞에서 자신을 낮추거나 자신이 설명하는 계획에 어느 정도 불확실한 점이 있음을 인정하는 경우는 극히 드물다. 그들의 입에서 '이 계획이 예상대로 되지 않을 가능성도 있습니다'라는 말이 나오리라고는 기대할 수 없다. 계획을 수립하고 자신만만하게 이를 제시하며 다른 사람들에게도 자신감과 낙관주의를 불어넣는 것이 그들의 임무인 것이다. 알고 보면 이들도 관련 위험요소나 잠재적인 문제를 고민하지만, 다른 사람에게 계획을 제시할 때는 필요 이상으로 자신감을 보인다.

이뿐만 아니라 이들이 위험요소나 문제에 대처하는 양상을 살펴보면, 시장의 반응을 예측하는 자신의 능력에 얼마나 강한 소신을 가지고 있는지 알 수 있다. 그들은 대체로 시장이 예전과 비슷한 방식대로 돌아갈 것이라고 생각한다.

실제로 불확실성을 억지로 숨기거나 외면한 채 낙관주의에 희망을 걸어보려는 기업을 많이 볼 수 있다. 모든 기업이 낙관주의로 눈이 멀었던 2008년 초반에 발생한 베어스턴스의 몰락은 세계금융위기의 시작을 알리는 대표적인 사건이었다. 베어스턴스의 몰락을 시작으로 2008년 9월부터 월스트리트 투자은행들 사이에서 위기관리(risk management)가 붕괴하는 현상이 나타났고, 뒤이어 세계금융위기가 발생하고 경기침체가 계속되었다. 2008년부터 시작된 이 사태는 낙관주의에서 비롯된 것으로, 유례 없는 규모의 경기침체를 낳았다.

특히, 심한 압력을 받을 때 기업의 경영자는 확실하지 않은 가설을 밀어붙일지 모른다. 시간이 지나면 그들의 가설은 허점을 드러낼 것이고, 자신이 미래를 정확하게 예측할 수 있다고 생각할수록 상황은 더 심각해질 것이다. 예측에 대한 자신감은 어디에 근거한 것일까? 자신감의 기반은 기억과 경험의 필터를 사용해 선별한 정보와 지식이다. 이에 대해서는 앞에서 이미 살펴보았다.

이렇게 낙관주의라는 편견이 의사결정에 미치는 영향에 대해서는 3장에서 살펴보기로 하자.

두려움 편견
: 잃을 것이 많을수록 더 신중한 결정을 내릴 수 있다?

어떤 일에서 실패하거나 자신이 가진 것을 잃어버릴지 모른다는 두려움에 사로잡히면 어리석은 결정을 내리게 된다. 코닥의 경우, 신상품을 공개하면 기존 상품의 매출이 감소할지 모른다는 두려움 때문에 중요한 신기술에 완전히 등을 돌렸고, 그로 인해 코닥이라는 기업의 역사는 돌이킬 수 없는 방향으로 흐르게 되었다.

◆ ◆ ◆ 코닥은 아마추어 사진술을 발명해 이 분야의 선구적인 기업으로 인정을 받았으며, 저렴한 카메라, 필름 제품, 인화용지를 연속적으로 제시해서 수십 년간 지속적인 성장을 이룩했다. 코닥 덕분에 사진에 대한 사람들의 생각이 달라졌다고 해도 과언이 아닐 것이다. 코닥은 카메라용 필름과 인화용지 분야에서 세계적인 리더로 성장했으며, 엄청난 수익을 벌어들인 덕분에 기업의 가치가 기하급수적으로 상승했다. 하지만 1980년대 후반에 디지털 이미지 기술이 보급되자 아마추어 사진은 모두 디지털에 흡수되었으며, 그로 인해 필름을 구입하거나 현상할 필요가 없어졌다.

하지만 코닥에 대해 우리가 잘 모르는 부분도 있다. 사실 코닥은 최초로 디지털 사진술을 개발, 보급한 기업이다. 하지만 코닥 경영진은 기존의 필름 판매가 영향을 받을까 두려워해서 이 기술을 시장에 선보이지 않기로 결정했다. 그들은 기존 사업을 보호하고 확장하려는 욕심에서 다른 카메라 제조업체들이 디지털 사진술 특허를 사용하도록 허가해주었으며, 새로운 제품의 연구개발은 포기한 채 기존 사업에만 계속 주력했다. 코닥은 아마추어용 필름 제작에 심혈을 기울여서 한층 향상된 필름을 더 빠르게 생산해 저렴한 가격으로 공급했다. 하지만 그 결과로 자신은 시장에서 도태되고 말았다. 그들이 처음에 우려한 것이 현실로 나타나버린 것이다. 급기야 2012년 초반에 코닥은 파산신청을 하는 지경에 이르렀다.

이러한 두려움이라는 편견이 의사결정에 미치는 영향에 대해서는 4장에서 자세히 살펴보기로 한다.

야망 편견

: 개인적 야망이 강할수록 보다 나은 결정을 내릴 수 있다?

야망은 이 세상에서 가장 강력하고 창의적인 힘이라고 말할 수 있다. 야망은 많은 일을 시행하는 원동력이다. 야망을 가지면 발전할 수 있고 더 많은 결과를 이룰 수 있고 최고가 될 수 있다.

하지만 적절히 제어하지 않은 야망은 큰 위험을 초래한다. 야망이 커지면 사람이 거만해지고 탐욕적으로 변한다. 기업의 발전을 위한 야망이 아니라 개인의 야욕이 커질수록 자만심에 빠지고, 결국 자멸하는 경우가 많다.

◆◆◆ 자만심에 눈이 멀어 실패한 사례로 스코틀랜드왕립은행의 CEO였던 프레드 굿윈(Fred Goodwin)을 꼽을 수 있다. 굿윈은 대서양을 기점으로 양쪽 대륙에서 차입매수˙를 일삼았다. 2000년에는 스코틀랜드왕립은행의 3배 규모였던 네트웨스트를 매입하기도 했다. 굿윈의 행적을 살펴보면 그가 얼마나 오만했는지 알 수 있다. 마지막으로 차입매수한 네덜란드은행 역시 굿윈에게는 분에 넘치는 시도였다.

굿윈은 자산과 자본의 균형에 대한 전문가들의 신중한 조언을 모두 무시하고 독단적으로 매입 결정을 추진했다. 그 결과 스코틀랜드왕립은행은 과소자본 문제에 봉착했고, 영국경제에 악영향을 주지 않기 위

˙ 차입매수(LBO, Leveraged Buy-Out) : 자금이 부족한 매수기업이 매수 대상의 자산과 수익을 담보로 금융기관에서 자금을 차입해서 매수하는 것을 말한다. 즉 빚을 내서 다른 회사를 매수하는 것이다. — 옮긴이

해 급히 국영은행으로 전환하게 되었다. 굿윈이 불명예를 안고 CEO에서 물러난 것도 놀랄 일이 아니다.

굿윈은 세계 최대 규모의 기업가가 되려는 야망을 안고 있었다. 실제로 스코틀랜드왕립은행은 2008년에 굿윈의 주도하에 자산규모가 1.9조 파운드에 달해 세계 최대 규모의 기업 자리에 올랐다. 당시 스코틀랜드왕립은행의 주식시장 가치는 세계 5위를 기록했다. 하지만 은행 측이 영국 상장기업 사상 최악의 손실액인 240억 파운드의 손실을 선언하기 한 달 전에 굿윈은 CEO직을 사임했다. 한 사람의 지나친 야망, 그리고 기업을 안정적으로 운영하기에는 어려움이 많다는 것을 충분히 이해하지 못한 것이 실패의 원인이었다.

굿윈의 지인들과 직속부하들은 수차례 경고했다. 하지만 야망에 사로잡힌 굿윈은 전혀 귀를 기울이지 않았다. 많은 사람들처럼 굿윈에게도 자신의 야망이 힘의 원동력이었다. 이러한 야망을 높이 평가하는 사람도 있고 이를 오만의 또 다른 이름이라고 경계하는 사람도 있다. 굿윈은 한없이 강한 자신감으로 주변 사람들의 넋을 빼놓았고, 폄하하려는 사람들에게 비판을 받긴 했지만 목표의식이 분명하고 목표지점에 도달하면 어떻게 대처해야 하는지 누구보다 잘 아는 사람이라는 이미지를 남겼다. 하지만 야망이 지나친 오만으로 변질되면서 결국 직업, 커리어, 인생의 대부분을 잃고 말았다. 물론 스코틀랜드왕립은행에 근무하는 수많은 직원들과 고객들의 손실은 말할 것도 없다.

5장에서 야망이라는 편견이 의사결정에 미치는 영향에 대해서 자세히 살펴볼 것이다.

애착 편견
: 사람이나 아이디어에 애착이 강할수록 더 나은 결정을 내릴 수 있다?

단독으로 의사결정을 할 때도 우리는 다른 사람들이 이 결정을 어떻게 받아들일지 생각하게 된다. '혹시 배신감을 느끼면 어떻게 하지?', '나에게 실망하는 것은 아닐까?', '나를 탓하고 비난하면 어떻게 하지?', '팀원들이 손가락질하지 않을까?' 같은 두려움은 지극히 인간적인 것이다.

우리는 사람이나 단체, 여러 사람과 공유하는 경험에 대해 애착을 갖는다. 특정 전략이나 아이디어, 심지어 브랜드에도 애착이 생길 수 있다. 이와 같은 감정 또는 소속감은 의사결정에 영향을 끼친다. 기업 운영에 대한 책자를 보면 애착에 사로잡혀 어리석은 결정을 내린 기업가들의 이야기가 심심찮게 등장한다. 특히 매몰비용* 원칙에 의거해 이미 수명을 다한 전략에 애착을 버리지 못한 사람들의 사례는 안타깝기 그지없다.

◆ ◆ ◆ 수익이 계속 떨어지자 맥도날드는 2001년에 대대적인 구조조정을 선언했다. 그 당시 맥도날드는 갈수록 부채가 늘어나고 주가가 3년 만에 60% 이상 하락하는 등 난항을 겪고 있었다. 2001년에 들어서는 기존 매장을 재정비하는 것이 아니라 새로운 매장을 추가하는 것 외에는 다른 전략이 없었다. 그들은 애착이라는 편견에 빠진 것

---

* 매몰비용(sunk cost) : 현재 집행 중에 있는 정책이나 계획에 따라 이미 투입된 경비나 노력, 시간 등을 말한다. 어떤 선택을 하더라도 다시 회수할 수 없는 비용이다. ― 옮긴이

이다. 즉 기업 성장을 위해 오로지 한 가지 전략에만 몰두하는 실수를 범했다.

전세계 인지도 6위를 자랑하는 기업임에도 불구하고 최근 10년은 수익이나 주가 면에서 최악의 시기였다. 설상가상으로 경쟁업체와 비교해 맛에 대한 고객들의 만족도가 하락했다. 몇몇 프랜차이즈 가맹점은 본사의 방침에 반기를 들었고, 비용절감을 위해 레시피를 바꾸었다가 단골고객을 적잖이 잃었다.

당시 CEO와 회장직을 겸했던 마이클 퀸랜(Michael Quinlan)은《뉴스위크》인터뷰에서 '변화의 필요성을 인정하는가?'라는 질문을 받고 이렇게 응수했다.

"변화라니요? 우리가 왜 달라져야 합니까? 우리 브랜드는 단연 세계 최고란 말입니다."

자신들이 절대 실패할 리 없다는 생각과 암묵적으로 이를 합리화하려는 분위기가 기업 전체에 팽배했다. 하지만 무엇보다도 세계 최대 규모를 유지하고 강화하는 데 있어서 한 가지 전략에 지나치게 집착한 것이 가장 큰 문제였다.

결국 맥도날드는 열린 생각과 새로운 아이디어로 무장한 새로운 리더를 맞이했다. 새로운 리더는 매장을 추가해서 성장을 도모하는 기존 방식에 연연하지 않고 기존 매장을 재정비해서 매출을 늘리는 방향으로 전략을 수정했다. 이처럼 감정을 배제하고 침착하게 새로운 시도를 하는 것이야말로 맥도날드의 생존에 필수적이었다. 다행히 맥도날드는 애착이라는 편견을 떨치고 중립적인 시각을 되찾았다.

이와 같은 애착이라는 편견이 의사결정에 미치는 영향은 6장에서 자세히 살펴볼 것이다.

가치관 편견
: 기업문화 또는 신념체계가 공고할수록 더 나은 결정을 내릴 수 있다?

특정 가치관이나 신념에 사로잡히면 생각지 못한 문제에 봉착해서 돌이킬 수 없는 실패를 겪을 우려가 있다. 이 점에 있어서 연방준비제도(Fed) 의장을 다섯 번이나 역임한 앨런 그린스펀(Alan Greenspan)을 대표적인 사례로 꼽을 수 있다.

◆ ◆ ◆ 앨런 그린스펀은 모든 평론가들의 찬사를 한 몸에 받았고 '역사상 가장 뛰어난 금융 전문가'라는 평가를 얻었다. 미국에서만 그렇게 인정한 것이 아니었다. 프랑스에서 레지옹도뇌르 훈장을 수상한 바 있으며 영국에서는 명예기사 작위도 받았다.

하지만 2008년 10월에 위기가 닥쳤다. 당시 금융위기에 대한 조사가 진행 중이었고 그린스펀은 미국 하원의원들에게 사태를 설명해야 했다. 서브프라임모기지 사태를 시작으로 신용위기, 은행 공황 사태, 외환위기, 무역위기가 이어졌고 그로 인해 유동성위기가 발생했다. 하지만 더 심각한 문제가 기다리고 있었다. 국제경제가 무너지자 하나의 시장 운영방식에만 의존하던 이데올로기마저 위기를 맞았다.

그린스펀은 시장이 스스로 조절·통제하는 방식으로 운영된다는 모형을 주장했다. 그 모형에 이의를 제기하거나 의문을 품는 사람은 아무도 없었고, 수많은 금융 전문가들이 그린스펀의 모형을 지지했다. 마이클 루이스(Michael Lewis)도 금융 서적을 집필하면서 그린스펀의 모형을 수차례 인용한 바 있다.

그린스펀이 할 말을 찾지 못하면서 당황하는 모습을 보이자 한 하원의원이 다음과 같이 말했다.

"한마디로 당신의 생각과 이데올로기가 완전히 틀렸다는 것이 증명된 것 아닙니까?"

"정확한 지적입니다. 저도 바로 그 점 때문에 큰 충격을 받았습니다. 무려 40년 이상 내 생각과 주장이 옳다는 증거를 수없이 보았으니까요."

그린스펀은 자신도 충격을 받았다는 사실을 부인하지 않았다. 그동안 노벨상을 수상한 경제학자들을 포함해 수많은 관계자들이 통제를 철저히 거부하는 그린스펀의 독단적인 태도에 강한 이의를 제기했다. 하지만 그린스펀은 당시 미국 상품선물거래위원회(Commodity Futures Trading Commission) 의장 브룩슬리 본(Brooksley Born)을 저지하는 법안을 통과시키는 등 반대자들에게 강경히 맞섰다. 본 의장은 파생상품 시장에 대한 규제가 필요하다고 주장한 경제학자다. 그린스펀은 누구의 말도 듣지 않고 자신이 생각하는 시장 모형을 절대적으로 확신하고 있었다.

우리도 그린스펀처럼 행동할 때가 있다. 어떤 생각이 무조건 옳다고 믿으며 그것을 가치관의 핵심적 요소로 여기고, 누가 이의를 제기하거나 반대 증거를 제시해도 묵살해버리는 것이다. 그러다가 심각한 상황이 벌어지면 그제야 자신이 얼마나 독단적이었는지 깨닫지만, 때는 이미 늦었고 마음속에 그리던 성공은 이미 사라진 경우가 대부분이다.

지금까지 살펴본 착각과, 그것의 기반을 이루는 가치관이라는 편견에 대해서는 7장에서 자세히 살펴볼 것이다.

권력 편견
: 통제력이나 권력이 강할수록 더 나은 결정을 내릴 수 있다?

자신에게 부여된 권한에 의존하면 새로운 사고를 시도하기 어렵고, 자신의 견해를 지지하거나 자신의 주장에 이의를 제기하지 않고 힘을 실어줄 사람들만 찾게 된다. 그래서 CEO라는 지위의 권력에 의존하는 리더는 반드시 실패한다. 전략이 실패하거나 주가가 폭락하거나 스캔들이 터지는 등, 실패의 전조 현상이 반드시 나타난다.

◆◆◆ 초대형 기업 CEO가 퇴출된 사례 중에서 가장 비참한 사례는 모건스탠리의 CEO였던 필립 퍼셀(Philip Purcell)이라고 할 수 있다. 고위간부들이 도저히 퍼셀과 함께 일할 수 없다며 줄지어 회사를 떠났고, 떨어진 주가는 좀처럼 오를 기미가 보이지 않았으며 수익에 대한 전망도 불투명했다.

퍼셀을 비난하고 공격하는 사람들의 이유는 다양했다. 퍼셀은 복종과 충성을 강요하고 자신에 대한 반감을 퍼뜨리는 직원들에게 가차 없이 보복을 가하며 자신의 권력을 함부로 사용했다. 들리는 바에 의하면, 퍼셀은 무자비하고 독단적이며 냉정한 마키아벨리 스타일의 CEO였다. 수많은 고위간부들이 퍼셀을 맹렬히 비난하면서 회사를 떠났다.

1997년에 CEO 자리에 오를 때 퍼셀은 최고를 자부하는 프랜차이즈 투자은행인 모건스탠리와 소매 중개업 네트워크 기업인 딘위터(Dean Witter)를 단일형 금융서비스 기업으로 통합하려는 목표를 세웠다.(딘위터는 퍼셀이 이전에 근무한 곳이다.)

퍼셀은 통합 과정에서 반대나 새로운 의견을 전혀 받아들이지 않았다. 결국 퍼셀의 말에 무조건 복종하며 기업에 맹목적인 충성을 바치는 직원들만 곁에 모였다. 뿐만 아니라 퍼셀은 당시 법정에서 검토 중이던 여러 가지 문제를 처리할 때도 고압적이고 오만한 태도를 드러내 관계자들의 분노를 샀다.

임기가 끝날 무렵 이사회는 기업의 속사정을 파악하기 위해 퍼셀의 직속부하라 할 수 있는 고위간부들을 대상으로 별도의 인터뷰를 실시했다. 직원들은 사기가 저하되었고 단합성이 저해된 상태였다. 이에 대해 퍼셀은 자신에게 책임이 없다고 주장했다.

결국 퍼셀의 횡포를 이기지 못하고 회사를 떠난 고위간부 8명이 힘을 합쳐 두 달 동안 퍼셀 사퇴를 요구하는 캠페인을 벌였다. 처음에 이사회는 이 사태가 회사를 떠난 고위간부들이 퍼셀에 대한 개인적인 악감정을 분출하는 것이라고 생각했으나, 결국에는 퍼셀의 독단적인 태도에 문제가 있다고 판단해 퍼셀을 CEO 자리에서 쫓아냈다.

퍼셀이 CEO로 군림하는 동안 권력 위주의 의사결정 때문에 경영

스타일이 크게 위축되었다. 이사회는 약 4년 전에 권력쟁탈전에 희생되어 밀려났던 존 맥(John J. Mack)을 다시 CEO로 불러들였다.

권력이라는 편견이 의사결정에 미치는 영향에 대해서는 8장에서 자세히 살펴볼 것이다.

◆ ◆ ◆ ◆ ◆ ◆

편견에 사로잡힌 사고방식이 얼마나 큰 손실을 초래하는지 주요 기업과 리더의 사례를 통해 간단히 알아보았다. 이들의 실패는 의사결정에 관한 여덟 가지 착각과 편견에서 기인한 것이다. 이처럼 편견에 사로잡힌 의사결정을 내리면 엄청난 비용을 치러야 한다. 2부에서 살펴보겠지만, 편견에 사로잡힌 의사결정은 1회성 실패로 끝나지 않는다.

30여 년의 비즈니스·컨설팅 경험을 분석한 결과, 위의 여덟 가지 편견에 사로잡혀 실패를 경험한 수백 명의 리더를 찾아냈다. 그들의 사례를 분석하면 의사결정을 내릴 때 주의해야 할 점을 알 수 있다.

지식은 매우 중요하다. 하지만 우리는 머릿속에 이미 자리잡고 있는 지식의 틀, 경험의 법칙 등을 거의 인지하지 못한다. 그래서 충분히 생각하지 못하고 판단을 내리며, 정확성을 확보하지 못한다. 또한 감정이나 문화에 휘둘리고 의사결정권자로서 신뢰성을 깎아내리는 결정을 내리게 된다.

하지만 의사결정 과정이 이처럼 부정확하다고 해서 벌써부터 망연자실할 필요는 없다. 우리에게는 아직 희망이 있다. 지식을 쌓고 주의 깊게 관찰하고 정보를 수집하려고 노력하며, 리더에게 필요한 간단한 기술을 몇 가지 익히면 착각이나 편견에서 벗어나 의사결정을 내릴 수 있다.

다음 도표는 2부에서 살펴볼 몇 가지 기술을 간단하게 요약한 것이다. 이는 의사결정에서 편견을 극복하거나 피하도록 도와줄 것이며, 더 훌륭한 의사결정을 내리고 리더로서 성공할 수 있도록 도와줄 것이다.

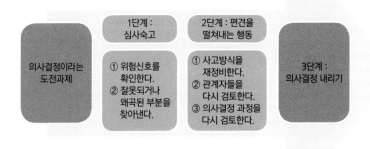

▶▶▶ 의사결정의 뼈대

알림 :
각 장의 마지막을 장식하는 '위험신호'는 의사결정 과정에 왜곡된 부분이나 잘못된 부분을 찾아내도록 도와주는 코너다. 위험이 감지되면 의사결정권자는 사고방식과 관계자 또는 의사결정 과정을 재정비해서 성공적인 의사결정 전략을 수립해야 한다.

The Secret
Life of
Decisions

리더의
잘못된 판단과 결정에
뒤따르는 대가

"컴퓨터는 세계시장에서 수요가 5대 정도밖에 안될 겁니다."

— 토머스 왓슨 주니어(Thomas Watson JR), 1956~1970년 IBM 대표

"등장인물이 직접 대사를 말하는 것을 누가 기대하겠어?"

— 1927년 워너브라더스의 해리 워너(Harry M. Warner)

"일단 사운드가 마음에 들지 않습니다. 이 그룹은 사람들에게 금방 잊힐 것 같군요."

— 1962년 데카레코드(Decca Records)가 비틀즈를 퇴짜 놓으면서 한 말

"텔레비전은 어느 시장에 진출해도 6개월 이상 버티지 못할 겁니다. 누가 밤마다 합판 상자만 쳐다보고 있겠어요?"

— 1946년 20세기폭스의 대릴 자누크(Daryl F. Zanuck)

"발명될 만한 것은 이미 다 발명되어 있습니다."

— 1899년 특허청장 찰스 듀엘(Charles H. Duell)

지금에 와서 돌이켜보면 어불성설이지만, 이들은 인간의 판단이 얼마나 잘못될 수 있는지 여실히 보여준다.

이제부터 우리가 사물을 보고 해석하고 그 해석을 토대로 미래를 판단하는 방식을 자세히 알아볼 것이다. 또한 세상을 이해하는 개인의 사고 모형을 기반으로 의사결정과 판단을 내리는 주요한 방식도 검토

할 것이다. 이것을 '의사결정의 비밀'이라고 부를 것이다. 이 과정은 눈에 보이지 않고, 이를 공식화하는 사람도 드물기 때문이다. 물론 시간이 흐른 뒤에 자신이 내린 의사결정을 분석해서 교훈을 이끌어내는 경우는 예외로 한다. '의사결정의 비밀'을 확인하지 않은 채로 의사결정을 내리다 보면 치명적인 타격을 입게 되며, 팀 전체나 기업 전체가 무너질 수도 있다.

이러한 편견과 착각은 기업경영에 얼마나 밀접하게 관련되어 있으며 어떤 피해를 초래할까? 이 점을 이해하려면 기업의 리더가 반드시 극복해야 하는 어려움부터 파악해야 한다. 의사결정에 관련된 어려움은 다음과 같이 다섯 가지로 정리할 수 있다.

- "우리의 미션은 무엇인가?" — **전략적 투명성과 일관성을 수립한다.**
  : 주변 상황과 시장이 어디로 흘러가는지 판단한 후에 기업의 포지셔닝에 대한 비전을 수립한다.

- "누구를 팀원으로 선택할 것인가?" — **목표에 맞는 팀을 선정, 개발한다.**
  : 비전을 현실화할 역량을 가진 사람을 찾거나 선발한다.

- "누가 중요한 사람인가?" — **주주를 참여시킨다.**
  : 기업이 실제로 어떻게 운영되는지 전반적인 흐름을 알려주고, 장기적인 상호이익을 염두에 두고 모든 주주들이 적극적으로 참여하도록 유도한다.

- "무엇을 바꿔야 하는가?" — **변화를 주도하고 추구한다.**

  : 걸림돌이나 장애물을 제거하는 데 필요하다면 다소 어려운 결정이라도 과감하게 추진한다.

- "위험요소는 무엇인가?"

  — **조직을 강화하는 데 관련된 위험요소를 파악한다.**

  : 기업의 안정성 유지와 관련된 실질적이고도 근본적인 문제점을 파악한다.

위의 다섯 가지 사항을 고려할 때 비밀스런 힘이 작용한다는 사실을 결코 잊지 말아야 한다. 이것은 무의식 또는 잠재의식의 단계에서 작용하기 때문에 우리가 의사결정을 내릴 때 어느 정도로 영향을 끼치는지 쉽게 파악할 수 없다. 빙산이 수면 아래에 거대한 몸체를 숨기고 있듯, 의사결정을 내리는 우리와 그 결정에 영향을 받는 사람들은 그 비밀스런 힘을 인지하지 못하며, 그것이 얼마나 많은 편견을 끌어들이는지도 알지 못한다.

1부에서 의사결정을 저해하고 왜곡하는 여덟 가지 편견을 알아보았다. 각 항목에 관련된 위험요소까지 함께 정리한 것이 52쪽의 표다. 리더라면 누구나 다섯 가지 핵심 분야에서 의사결정을 내려야 하는데, 이때 표에 나오는 위험요소를 반드시 주의해야 한다.

2부의 각 장에서는 컨설팅 경험에서 얻은 사례를 살펴보고, 의사결정을 저해하는 착각과 편견을 극복하는 전략과 의사결정에 필연적으로 뒤따르는 위험을 줄이는 전략을 소개할 것이다. 이러한 비밀을 가

	여덟 가지 편견	위험요소
1장	과거에 대한 기억은 의사결정을 내릴 때 신뢰할 만한 정보다	자신의 확신과 달리 기억은 종종 왜곡될 수 있다
2장	경험이 많을수록 더 나은 결정을 내릴 수 있다	경험이 오히려 덫이 될 수 있다
3장	결과에 대한 자신감이 강할수록 더 나은 결정을 내릴 수 있다	낙관주의가 우리의 시야를 흐릴 수 있다
4장	잃을 것이 많을수록 더 신중한 결정을 내릴 수 있다	두려움이 강하면 득보다 실이 많다
5장	개인적 야망이 강할수록 보다 나은 결정을 내릴 수 있다	야망에 눈이 멀어 중요한 점을 보지 못할 우려가 있다
6장	사람이나 아이디어에 감정적 애착이 강할수록 더 나은 결정을 내릴 수 있다	애착 때문에 잘못된 방향으로 이끌릴 수 있다
7장	기업문화 또는 신념체계가 공고할수록 더 나은 결정을 내릴 수 있다	가치관에 집착하다가 정작 중요한 점을 놓칠 우려가 있다
8장	통제력이나 권력이 강할수록 더 나은 결정을 내릴 수 있다	권력은 부정부패에 노출되기 쉽다

▶▶▶ 의사결정권자가 알아야 하는 편견과 관련된 위험요소

의사결정의 어려움	기억 편견	경험 편견	낙관주의 편견	두려움 편견	야망 편견	애착 편견	가치관 편견	권력 편견
우리의 미션은 무엇인가?	●	●	●	●	●	●	●	●
누구를 팀원으로 선택할 것인가?	●	●	●	●	●	●	●	●
누가 중요한 사람인가?	●	●	●	●	●	●	●	●
무엇을 바꿔야 하는가?	●	●	●	●	●	●	●	●
위험요소는 무엇인가?	●	●	●	●	●	●	●	●

※ 여기에 제시된 위험요소의 단계는 비즈니스 상황에 따라 달라질 수 있으므로 참고자료로만 활용하기 바란다.

위험수준 높음 ●
위험수준 중간 ●
위험수준 낮음 ●

▶▶▶ 의사결정에 대한 편견과 그에 수반되는 위험요소 구분

능한 한 빨리 알수록 좀더 유리한 고지에 서서 지혜롭게 의사결정을 내릴 수 있다.

앞으로 이러한 편견을 하나씩 자세히 살펴볼 것이다. 그러나 앞의 표에 제시된 것처럼 편견을 이렇게 깔끔하게 분류하는 것은 불가능하다. 사례를 통해 알 수 있듯이, 편견은 다양한 요소가 복잡하게 얽혀 있게 마련이다.

이제 의사결정의 놀라운 비밀을 본격적으로 알아보자.

"기억은 우리의 경험을 복사기로 복사한 것이 아니라,
기억이 필요한 시점에 황급하게 재구성한 것이다."

기억은 속일 수 있다

과거에 대한 기억은 현재의 의사결정에
믿을 만한 정보라는 편견에 도전하기

심리학자 탈리 샤롯(Tali Shalot)은 인간의 기억은 불안정하다고 힘주어 말한다. 샤롯의 저서 《설계된 망각(The Optimism Bias)》은 2001년 9월 11일 벌어진 사건을 목격한 사람들의 기억이 왜곡되어 있다는 증거를 적나라하게 보여준다.

사람들은 당시 기억이 동영상처럼 생생하게 떠오른다고 호언장담했지만, 잘못 기억하는 것이 한두 가지가 아니었다. 미국 전역에서 시행한 설문조사 결과를 보면, 테러가 발생한 지 11개월이 지나자 테러 당일의 증언과 비교할 때 기억의 정확도가 63%로 떨어졌다. 여객기 명칭 같은 세부사항을 제대로 기억하지 못하는 것은 말할 것도 없었다. 그런데도 사람들은 자신의 기억이 틀림없다고 호언장담했다. 왜 이렇게 기억이 왜곡되는 것일까?

기억은 우리의 경험을 복사기로 복사한 것이 아니라, 기억이 필요한 시점에 황급하게 재구성한 것이다. 회상할 때 떠오르지 않는 부분은 주변 기억이나 관련 정보를 토대로 논리적으로 추론해서 적절히 구성한다. 세부사항을 기억해낼 때는 소위 말하는 '경험의 법칙'이 적용되어 모든 사고력과 상상력이 동원된다. 따라서 기억 속의 정보를 사용할 때는 주의 깊게 검토해 착각에서 기인한 정보를 걸러내야 한다.

이처럼 착각이 섞인 기억의 재구성은 개인의 경험에 국한되지 않는다. 비즈니스 세계에서도 이러한 오류는 자주 발생한다.

기억의 문제점

지나간 일에 대한 기억은 결코 완벽할 수 없다. 이 점을 증명해줄 방법은 눈을 감고 즐거웠던 일을 떠올려보면 된다. 천천히 정확하게 기억해내려고 노력해야 한다. 기억 속에 당신의 모습도 보이는가? 대부분의 사람들이 그렇다고 대답한다. 하지만 이것은 당신의 기억이 당시 상황과 다르게 재구성되었다는 증거다. 과거의 그 순간에 당신이 자신의 모습을 바라보고 있었을 리 만무하기 때문이다.

해당 사건에 대한 당신의 감정과 그 사건에 당신이 부여한 의미는 기억에서 상당히 큰 부분을 차지한다. 경험에 대한 기억은 주변 세상을 인지하는 필터 역할을 한다. 동일한 일을 겪고도 사람마다 조금씩 다르게 기억하는 것도 같은 원리다.

그래서 기업경영인들 중 많은 사람이 실패나 실수를 겪을 때 분노·상처·실망·슬픔을 느끼는데, 그로 인해 자신도 어느 정도 실패나 실수에 책임이 있다는 사실을 잊어버리거나 그 경험에서 교훈을 얻으려고 하지 않는다. 그 대신 그들은 그 순간을 회상할 때 운이나 외적인 요소에 더 큰 의미를 부여하는 경향이 있다. 이것은 실패나 실수를 자기 탓으로 돌리지 않으려는 정신적 기제와 관련된다. 실제로 동기가 어떠하든 간에 기억은 시간이 흐를수록 정확성이 떨어지게 마련이다.

기억 왜곡에 대한 연구자료를 보면 사람의 기억이 얼마나 쉽게 달라지는지 알 수 있다. 복잡한 기억이든 단순한 기억이든 예외는 없다. 최근 30년간 이루어진 기억 왜곡에 대한 연구결과는, 사람의 기억은 자신의 모든 행동이 차곡차곡 모이거나 합산된 결과물이 아니라는 것을 알려준다. 기억은 당사자의 행동뿐만 아니라 느낌과 감정, 생각, 당시 주변 사람들의 말까지 모두 포함하는 것이다.

앞으로 살펴보겠지만, 어떤 일이 발생한 직후에 그것을 합리화하려는 경향은 자신에게 유리한 방향으로 기억을 왜곡시킨다. 이뿐만 아니라 기억은 그 사람 특유의 '가치관'에 맞추어 당시 상황이나 관련된 사실을 적절히 수정하는 놀라운 역량까지 발휘한다.

기억은 기업운영자의 모든 의사결정과 밀접한 관련이 있다. 판단을 내릴 때마다 눈앞에 필요한 자료와 정보가 항상 준비되는 일은 드물다. 따라서 우리는 수많은 판단을 내릴 때마다 기억에 의존하게 된다. 즉 우리는 장기기억에 보관된 과거의 정보 중에서 당면과제와 관련성이 높다고 생각되는 것을 선별해 중요한 판단을 내릴 때 반영한다. 우리의 기억이 과거의 경험을 100% 고스란히 반영한 것이 아니며 기억을 꺼내는 과정에서 많은 편견이 작용하지만, 우리 중 누구도 자신의 기억에 오류가 있을 것이라고 생각하지 않는다.

지나간 일에 대한 기억을 되살릴 때, 외부에서 강한 영향력이 작용하지 않더라도 왜곡 현상이 발생할 수 있다. 왜곡이라고 해서 항상 심각한 수준은 아니다. 아주 사소한 점이라도 잘못 기억하거나 빠뜨릴 수 있지 않은가? 잘못된 정보는 매우 미묘한 형태로 나타나며, 오류가 아주 미미해서 우리가 알아차리지 못하는 경우도 있다. 특정 사건의 목격자들이 서로 이야기를 나누거나 유도심문을 받거나 특정 대답을 암시하는 질문을 받을 때, 또는 해당 사건에 대한 뉴스 보도를 접할 때 잘못된 정보가 의식으로 흘러들어와서 기억을 왜곡할 수 있다. 물론 그 밖에도 기억을 왜곡시키거나 기억에 편견을 가하는 요소는 얼마든지 있다. 자세한 내용은 잠시 후에 살펴보기로 한다.

기억의 문제점 자세히 살펴보기

두뇌, 인지과학 연구결과에 의하면 기억 저장소는 다음과 같이 세 부분으로 나뉜다.

- **감각저장소** : 감각정보가 들어온 지 불과 몇 초 만에 이를 감지해 변형한다.
- **단기저장소** : 대부분의 의식적 사고가 이루어지는 곳으로, 단기기억을 처리한다.
- **장기저장소** : 주요 개념, 이미지, 사실, 처리과정, 정신적인 경험(인지적 도구상자라고도 한다) 등을 저장하는 장기기억 저장소로서, 용량이

비교적 크다. 일생을 살면서 내리는 판단이 축적되어 장기기억을 형성한다고 말할 수 있다.

뿐만 아니라 장기기억과 단기기억에 제약을 가하는 두 가지 요소가 있다.

- **용량** : 정보가 얼마나 효율적으로 암호화되는지에 따라 기억 용량이 증가 또는 감소한다.
- **해석** : 정보에 부여한 의미는 기억을 되살리는 과정에 큰 영향을 준다. 이 과정에는 정보 자체뿐만 아니라 그 정보에 관련된 연상 작용도 포함된다.

다시 말해서 우리의 기억은 두뇌의 저장 용량과, 과거의 사건을 어떻게 해석하는지에 영향을 받는다. 따라서 정확성 외에 많은 요소들이 과거에 대한 기억, 기억에 대한 해석, 또 다른 경험과의 연결성에 영향을 준다. 의사결정의 기초가 되는 우리의 예측은 결국 우리가 경험에 부여하는 의미와 제한적이고 오류투성이의 기억체계가 한데 어우러진 결과인 것이다.

인간의 기억을 연구하는 심리학자와 인지과학 전문가들은 기억의 정확성이 떨어지는 이유는, 과거의 사건을 기억하는 신경계가 기억용으로만 발달한 것이 아니기 때문이라고 주장한다. 인간의 기억은 원래부터 과거의 경험을 완벽히 재생하는 도구가 아니라, 개인의 생각과 예측에 영향을 받으면서 필요하지 않다고 판단되는 일부 사항은 삭제하고 필요한 사항은 추가하는 방식으로 운영된다.

전문가들은 인간의 기억은 가변성이 높으며 다음과 같은 여러 가지 방법으로 왜곡되거나 변질될 수 있다고 주장한다.

- 잘못된 정보가 기억에 미치는 영향
- 프레임이 기억에 미치는 영향
- 연상작용이 기억에 미치는 영향
- 감정이 기억에 미치는 영향
- 자아정체성이 기억에 미치는 영향
- 시간과 순서가 기억에 미치는 영향

엘리자베스 로프터스(Elizabeth Loftus)는 1970년대에 기억의 오류에 대한 연구를 시작해 이 분야에서 잘 알려진 전문가다.[1] 로프터스의 말에 의하면, 기억은 정확한 기록이 아니라 추후에 여러 가지 정보와 사건을 접할 때마다 심하게 왜곡되며, 다양한 편견이나 착각에 의해 재구성된다고 한다. 로프터스는 목격자의 증언에 대한 연구에서 몇 가지 흥미로운 질문을 조명했다.

- 범죄나 사고 현장을 목격한 사람의 기억은 얼마나 정확할까?
- 목격자가 경찰의 심문을 받은 후에는 어떤 변화가 일어날까?
- 경찰이 사용한 질문에 편견이나 오류, 착각이 들어 있으면 목격자의 기억에 어떤 영향을 주는가?

로프터스는 실험실에 틀어박혀 연구한 것이 아니라 전세계를 들썩인 주요 사건 현장에서 목격자 전문가로 활동하고 있다. 로프터스가 참여한 사건으로는 로드니 킹 폭행 사건, 마이클 잭슨 사건, 헤이그에서 벌어진 보스니아 분쟁에 관한 재판, 오클라호마시티 폭탄 사건 등을 꼽을 수 있다.

로프터스는 현재 캘리포니아대학에서 심리학·법학 교수로 재직 중이다. 로프터스는 DNA 증거에 따라 무고한 사람을 수십 년이나 감금한 후에도 유죄 판결을 번복한 사례가 수없이 많다는 점을 들면서, 기억과 회상 과정에서 엄청난 오류가 발생한다는 것을 강력하게 내세운다.

이제부터 기억에 관련된 편견을 하나씩 자세히 알아보자.

잘못된 정보가 기억에 미치는 영향

잘못된 정보는 사람들을 혼란스럽게 만든다. 이 때문에 사람들은 자신이 생각하거나 상상한 것을 실제로 보았거나 들었다고 착각하고 만다. 어떤 사람은 자신의 기억이 아주 생생하다며 강하게 확신하지만, 기억이 생생하거나 세부사항을 많이 기억하고 있다고 해서 정확한 기억이라고 장담할 수는 없다.

로프터스가 이끄는 연구진은 최근에 있었던 일이라도 잘못 기억하기 쉽다는 점을 증명한 바 있다. 그것이 단순한 사건이든 복잡한 사건이든 기억의 정확성에는 아무런 영향을 미치지 않는다.

실험과정은 비교적 단순했다. 먼저 실험 참가자들에게 자동차 사고를 시뮬레이션한 영상을 보여주었다. 이것은 비교적 복잡한 상황을 제시한 것이라고 할 수 있다. 그 후 참가자 절반에게 사고 장면에 대한 잘못된 정보를 제시했고, 나머지 참가자들에게는 아무런 정보도 제공하지 않았다. 그리고 나서 모든 참가자들에게 시뮬레이션으로 보여준 장면을 기억해보라고 했다.

비슷한 실험으로 참가자들에게 사고 장면을 보여준 다음 일부 참가자들에게만 사고 현장에 있었던 신호등에 대해 잘못된 정보를 제공하기도 했다. 틀린 정보를 받은 사람들은 사고 장면에서 빨간 신호를 분명히 보고도 다른 신호를 보았다고 진술했다. 시간이 흐른 뒤 사고 장면에 어떤 신호가 켜진 것을 보았느냐고 질문하자, 잘못된 정보를 받은 참가자들은 자신이 본 것보다 나중에 들은 잘못된 정보가 사실이라고 굳게 믿었으며, 그 결과 빨간 신호가 아니라 파란 신호가 켜졌다고 주장했다. 반면 추후에 아무런 정보를 받지 않은 참가자들은 사고 장면을 정확히 기억해냈다.

이와 비슷한 실험이 그 후로 여러 차례 실행되었지만 결과는 동일했다. 사고 장면에는 유리창이 멀쩡했는데도 뒤에 제시된 정보에 현혹되어 유리창이 깨진 것을 보았다고 주장하는 사람도 있었으며, 사고 차량의 색상도 다르게 기억했다.

이처럼 자신도 모르게 잘못된 정보에 노출되면, 그것이 기억을 왜곡하거나 덮어버릴 수 있다. 또한 기억의 왜곡과 변형은 우리가 생각하는 것보다 훨씬 더 강하게 나타난다.

이 점은 기업가에게 시사하는 바가 크다. 비즈니스에 관한 수많은 의사결정이 정보에 기반을 두기 때문이다. 그 정보에 빠진 점이 있거나 틀린 부분이 있다면 수시로 바뀌는 기억에 의존해서는 안될 것이다. 지나간 일을 기억해낼 때는 반드시 왜곡과 변형이 발생하기 때문이다. 뿐만 아니라 우리는 회상 과정에서 발생하는 복잡미묘한 기억의 왜곡을 거의 인지하지 못하므로 감수해야 하는 위험을 정확히 판단할 수 없다. 그러다 보니 위험을 줄이거나 피할 방법도 마련하기 어렵다.

프레임이 기억에 미치는 영향

무방비 상태에 놓인 사람에게 잘못된 정보를 제시하는 것이 기억을 왜곡하는 유일한 방법이라고 생각하면 큰 오산이다. 유도심문 역시 기억을 상당 부분 왜곡시키기 때문이다.

경험에 대한 기억은 그 후에 발생한 또 다른 사건이나 경험에 영향을 받는 것 같다. 특정 정보가 암시된 질문을 하거나 질문 방식에 따라 기억이 바뀌는 것이다. 목격자 증언에 관한 실험은 우리가 아무리 정확히 기억하려 해도 질문 방식에 따라 기억이 좌우될 수밖에 없다는 사실을 여실히 보여준다.

로프터스는 실험에 참가한 사람들에게 자동차 사고 장면을 보여주고 다음과 같은 세부사항에 관한 질문을 던졌다.[2]

- "혹시 헤드라이트가 망가진 것을 보셨나요?"
- "헤드라이트가 망가져 있는 것을 보셨지요?"

첫 번째 질문은 헤드라이트가 망가졌는지 아닌지에 대해 다소 모호한 입장을 드러낸다. 반면 두 번째 질문은 헤드라이트가 망가졌다는 것을 이미 전제하고 있다. 실험 참가자들은 질문에 헤드라이트가 망가져 있었다는 전제가 포함되자 그 사실을 자신의 기억에 포함시켰으며, 사고 장면에서 헤드라이트가 망가진 것을 직접 본 것처럼 진술했다.

이러한 '프레임 효과'는 이미 수많은 연구에서 입증된 바 있으며, 아주 미묘하게 작용하는 것으로 알려져 있다. 예를 들어 자동차가 서로 충돌했을 때 각각의 주행속도가 어느 정도였느냐고 질문하면, '충돌'이라는 단어 때문에 '단순히 부딪혔다'거나 '살짝 닿았다' 같은 표현은 사라지고 사고 당시 주행속도에 대한 목격자들의 느낌이 크게 과장된다. 이를 통해 단어 하나만으로도 기억이 크게 왜곡될 수 있으며, 심지어 기억 전체를 바꿀 수도 있다는 사실을 알게 되었다.

미묘한 프레임 효과는 오늘날 비즈니스 현장의 의사결정 과정에도 적잖은 영향을 미친다. 기억에 기반을 둔 의사결정 역시 질문이나 사안을 정의하거나 틀에 가두는 방식에 영향을 받기 때문이다. 그래서 무방비 상태에 있던 의사결정권자는 자신도 모르는 사이에 최적의 선택사항을 버리고 엉뚱한 선택을 할 가능성이 있다.

연상작용이 기억에 미치는 영향

실험결과를 보면, 사람들은 대화 중에 주고받은 문장을 통째로 기억하는 것이 아니라 의미를 기억해두었다가 연상되는 이미지나 정보를 사용해 적절하게 표현한다. 그리고 대화 당사자들이 이미 아는 사실이 무엇인지 헷갈리거나 대화의 순서를 착각하는 경우도 적지 않다. 이것은 대화에 부여하는 의미나 대화 내용에서 연상되는 의미에 크게 좌우된다.

자신을 방어하거나 체면을 지키려 하거나 자신의 인생관에서 벗어나면 안된다는 강박관념 역시 기억에 큰 영향을 줄 수 있다. 이 점은 1장 후반부에서 자세히 살펴볼 것이다.

로프터스가 이끄는 연구진은 또 하나의 흥미로운 실험을 했다. 피실험자에게 벅스바니(Bugs Bunny)가 등장하는 거짓 광고를 보여주며 디즈니랜드 홍보자료라고 거짓말을 했다. 그런 다음 피실험자들에게 광고의 여러 가지 특징을 평가해보라고 했다. 참가자의 16%는 자신이 벅스바니를 직접 만나보았다고 진술했다. 하지만 벅스바니는 워너브라더스의 대표적인 캐릭터이므로 디즈니랜드에서 봤을 리 만무했다. 벅스바니를 봤다고 회상한 사람들 중 62%는 벅스바니와 악수를 했고, 46%는 포옹을 나누었다고 주장했다. 귀나 꼬리를 만져보았다고 응답한 사람도 있었다.

이처럼 벅스바니를 직접 만나보았다는 상상이 실제 경험인 양 기억에 자리잡은 것을 보면, 그 기업을 잘 안다고 해서 기억의 정확성이 보장되는 것은 아니라는 것을 알 수 있다. 이 경우에는 보편적으로 만화 캐릭터를 만드는 기업과 특정 기업에 대한 정보가 서로 뒤엉켜 오류를 낳았다.

같은 회의에 참석한 사람들 사이에서도 토의한 내용이나 최종 결정한 사안에 대해 의견차가 발생할 수 있다. 이처럼 회의를 마무리하는 시점에 대한 기억이 서로 다른 것은 연상작용 때문이다. 사람들은 자신이 중요하다고 여기는 대화는 정확하게 기억하지만, 중요하지 않다고 생각한 내용은 세세하게 기억하지 못한다. 이를 가리켜 '선택적 경청'이라고 부른다. 그리고 무의식 속에서는 경험에 대한 기억 위에 자신이 생각하는 바람직한 가치관이나 도덕관을 한 겹 덧씌우게 된다. 그래서 회의가 끝난 후에도 각자의 가치관에 근거한 연상작용 때문에 최종 기억이 달라지는 것이다.

어쩌면 선택적 경청보다 '선택적 기억 회상'이라는 말이 더 적절할지 모른다. 바로 이 때문에 중요한 사안을 결정한 후에는 모두가 따라야 할 핵심적인 과정이나 절차를 재확인해야 한다. 안 그러면 기억의 왜곡과 경험의 영향으로 인해 중요한 의사결정에 대한 사람들의 기억이 저마다 달라질 수 있다.

감정이 기억에 미치는 영향

특정 기억에 포함된 즐거움과 고통 역시 왜곡을 유발하는 요소다. 이를 흔히 '돌출 효과'라고 한다. 감정은 내면 깊숙이 자리잡고 있으며 눈 깜짝할 사이에 작용하므로, 감정의 원천을 구분하기란 매우 어려운 일이다.

그런가 하면 고통을 겪으면 자신도 모르게 특정 대상을 회피하게 된다. 그 대상이 최근에 고통을 겪은 기억을 떠올리게 하기 때문이다. 그래서 자신에게 고통을 피하려는 두려움이 생겼다는 것도 모른 채 회피하는 행동부터 취하게 된다. 물론 주변 사람에게는 그런 행동이 아주 이상하게 보일 수 있다.

연구결과에 의하면, 시간이 지날수록 과거의 힘들고 괴로운 사건에 대한 기억은 축소하고 즐거움과 행복은 과장하려는 경향이 있으나, 전반적으로 볼 때 부정적인 경험에 대한 기억이 더 강하게 작용하는 것으로 나타난다. 다시 말해서 부정적인 사건은 더 정확히, 그리고 더 자주 기억하므로 자기도 모르는 사이에 부정적인 사건의 발생빈도나 가능성을 과장하게 된다.

예를 들어 생각해보자. 어떤 기업의 간부가 CEO에게 이의를 제기했다가 퇴짜를 맞고 한동안 승진 대상에서 제외되었다가 결국에는 회사에서 쫓겨나고 말았다. 그로 인한 충격과 고통은 쉽사리 잊히지 않고 수시로 떠오르면서 더욱 또렷하게 기억될 것이다. 그러면 다른 회사에서 일하게 되어도 자신이 위험해질 수 있는 상황이나 기회를 회피하게 되고, 자신보다 직위가 높은 사람에게 이의를 제기해야 할 이유가 충분한데도 필요 이상으로 몸을 사리게 된다. 물론 주변 사람들에게는 그런 행동이 매우 이상하고 못마땅하게 보일 것이다.

단 한 번의 충격적인 경험 때문에 그 사람은 자기보호를 위해 평생 사람을 대하는 방식이나 업무를 처리하는 방식이 달라질 수 있다. 사람이라면 누구나 자기방어에 대한 욕구가 있지만, 기억의 돌출 효과 때문에 겪어야 할 위험과 두려움이 과장되는 것이다. 그러면 어떤 의사결정을 내리더라도 그 트라우마에서 자유로울 수 없다.

물론 이것은 자신의 능력이나 역량, 업적에 대해 필요 이상으로 긍정적인 평가와 견해를 갖는 현상과 극명한 대조를 이룬다. 이런 편견에 대해서는 3장에서 다루고 있다.

자아정체성이 기억에 미치는 영향

자아정체성을 형성하고 자신의 인생을 돌아보는 과정에서 기억은 매우 중요한 역할을 한다. 연구 결과를 살펴보면, 자신의 인생에 관한 기억은 시간이 흐름에 따라 변한다. 이미 말했듯이 우리는 자신의 가치관이나 세계관, 자아정체성에 대한 애착에 따라 기억을 조작하려는 성향이 있기 때문이다.

기억은 우리에게 과거의 일을 알려줄 뿐만 아니라 현재를 살아가는데 가이드 역할을 하며, 우리가 생각하는 미래를 열어준다. 사람들은 흔히 기억이 머릿속에 들어 있는 정보라고 생각한다. 자아정체성의 변화에 따라 기억도 달라질 수 있다는 사실을 아는 사람은 많지 않다. 하지만 콜롬비아대학교 정신의학과 에델 퍼슨(Ethel Person) 박사의 말처럼, 기억은 살아 숨쉬는 유기체라서 시시각각으로 변한다. 퍼슨 교수는 가치관이나 생각이 기억에 미치는 영향을 집중적으로 연구하고 있다.

사람들은 자신에 대한 이야기를 잘 '포장'하기 위해 주요 사건에 대한 기억을 서슴없이 재해석한다. 이것은 다른 사람을 대할 때만 그런 것이 아니라 혼자 생각을 정리할 때도 마찬가지다. 예를 들어 이혼이나 승진 대상에서 제외된 기억 등은 얼마든지 바꾸어버린다. 이 과정에서 과거에 무시했던 요소를 중요하게 여기거나, 한때 중시했던 부분을 이제는 전혀 중요하지 않은 것으로 치부해버린다.

이혼한 사람들은 헤어진 배우자를 떠올릴 때 자신의 현재 모습을 정당화하는 방향으로 그 사람의 모습을 그려낸다. 업무에 관한 중요한 사건을 기억할 때도 비슷한 현상이 나타난다. 자신이 주도해 어떤 기업을 인수했는데 예상한 가치창출 효과가 나타나지 않으면 자기도 모르게 기억에 미묘한 변화가 일어난다. 자신의 비즈니스 역량에 대한 확신을 잃지 않기 위해서 특정 정보를 잘라내거나 추가하는 방식으로 기억을 수정해버리는 것이다.

리더 자리에 있는 사람들은 종종 자신의 기대치에 따라 자신에 대한 사람들의 평가를 재해석한다. 그러다가 갑자기 기업으로부터 더 이상 필요 없는 사람이라는 통보를 받고 망연자실한다.

이런 일을 겪은 사람은 어차피 자기 인생에서 새로운 도전과제를 찾고 있었다거나, 해고 통보를 받기 전에 이미 회사를 떠날 마음을 먹었다고 주장하면서 당시 상황을 다르게 해석하려 한다. 다시 말해서 자신의 가치관이나 신념, 내면의 생각이 흔들리지 않게 하려고 과거 사건에 대한 기억을 뒤늦게 합리화하는 것이다.

우리는 선택적으로 과거의 기억에 이러저러한 경험을 덧붙이거나 덧씌운다. 이것은 자신에 대한 신념, 자기 가치에 대한 확신을 유지하려는 방어기제의 일종으로 볼 수 있다.

시간과 순서가 기억에 미치는 영향

시간과 순서 역시 기억에 미치는 영향이 크다. 앞으로 살펴보겠지만 사건의 발생 순서 또는 시기는 중요한 요소다.

프레젠테이션을 하거나 인터뷰를 한다고 가정해보자. 한 자리에 앉아서 여러 사람을 만나거나 여러 가지 프레젠테이션을 접할 경우 초두 효과, 즉 처음에 접한 자극이 얼마나 강한 영향을 미치는지 잘 알 수 있다. 반면 최신 효과는 가장 마지막에 받은 자극이 발휘하는 영향을 뜻한다. 초두 효과(첫인상이라고 이해해도 무방하다)가 최신 효과보다 더 강하게 나타나는 상황도 있고, 반대상황을 겪을 수도 있다. 초두 효과와 최신 효과는 대조적이지만 비슷한 것처럼 보이는데, 사실 이들은 발생 원인이나 시사하는 바가 전혀 다르다고 한다.

이를 단순히 기억에 존재하는 특이사항이라고 치부하는 사람이 있을지 모른다. 하지만 시간과 순서가 의사결정에 미치는 영향이 크다는 점은 결코 부인할 수 없다. 의사결정권자에게 제시한 정보가 단순한지 복잡한지, 그리고 지속기간이 어느 정도인지에 따라 다양한 효과가 발생하는 것으로 보인다. 또한 의사결정 과정이 단계적으로 이루어지는지 아니면 자연스럽게 결정을 내릴 시점에 이루어지는 것인지에 따라서도 다른 효과가 나타난다.

다시 말해서 대량의 복잡한 정보를 잠시 접했을 뿐 이를 주의 깊게 검토할 시간이 없고 의사결정이나 판단을 최후 순간까지 미룬 경우와, 단계별로 모든 정보를 검토하면서 전체적인 상황에 대한 이해도를 넓혀가는 경우는 큰 차이가 있다. 후자의 경우 최근에 접한 정보가 의사결정에 더 큰 영향을 미치게 된다.

하지만 인터뷰나 프레젠테이션이 너무 길어지면 중간 과정에서 가치판단을 하는지에 관계없이 초두 효과가 강해지는 것 같다. 그도 그럴 것이, 집중시간이 길어지면 피로도가 높아져서 깊이 생각하지 않고 첫인상에 의존해서 판단을 내리게 되는 것이다.

같은 회의에 참석해도 해석은 저마다 다르다

피터는 시행전략이 틀림없이 승인될 것이라고 확신하며 회의장에 들어섰다. 최근 수십 년을 돌이켜볼 때 회사의 가장 중대한 투자 관련 결정이었다.

회의 분위기는 다소 경직되어 있었다. 길고 지루한 토의가 이어졌지만 임원단의 동의를 받아내서 기분이 좋았다. 1억 5,000만 달러 규모의 IT 인프라 비용은 규모만큼이나 중대한 문제였으므로 임원단이 관심을 보이는 것도 놀랄 일이 아니었다. 회사 역사상 가장 규모가 큰 단일 프로젝트였다.

CEO는 이 프로젝트가 위험성이 크긴 해도, 목표한 수익을 내지 못하거나 특히 회사의 레거시시스템˚에 관한 사항이 빨리 처리되지 않으면 회사의 입장이 몹시 난처해진다는 점에 수긍하면서 피터에게 이 문

˚ 레거시시스템(legacy system) : 낡은 기술이나 방법론, 컴퓨터 시스템, 소프트웨어 등을 말한다. 현대까지도 남아서 사용되는 기술을 부르는 말일 수도 있지만, 더 이상 쓰이지 않더라도 현대의 기술에 영향을 주는 경우도 포함한다. ─ 옮긴이

제를 전적으로 맡겼다. 또한 CEO는 과거의 투자 실패로 인해 이사회 임원들은 물론이고 시장주도 사업단에게도 이번의 신규투자를 확신시키지 못했음을 인정했다. 게다가 회사는 기대에 미치지 못한 ROI(투자수익률)를 낸 투자 실패를 만회하느라 시장 내 주요 이슈에 집중할 수 없었다.

피터는 이 문제로 동료들과 수개월간 고심했다. 특히 시장주도 사업단은 이처럼 진례 없는 규모로 투자가 이루어질 경우, 그룹에서 성장자본을 얻어내거나 각자의 분야에서 그동안 손쉽게 할 수 있었던 소규모 합병의 기회가 줄어들 것이라고 여겼다. 그래서인지 그들은 과거에 실패한 투자 사례를 자꾸 들먹였다. 그들과 마주하고 있으면 피터는 한 걸음 앞으로 나갔다가 두 걸음 물러나는 느낌이 들었다. 서로 이해하고 양보하면서 합의했던 기억은 갈수록 희미해졌다.

피터가 구체적인 사업 전략을 제시했지만 시장주도 사업단은 각자의 분야에 비추어볼 때 피터의 전략이 어딘지 모르게 부족하다고 생각했다. 그들은 어떻게든 피터를 궁지로 몰아넣으려 했고, 피터에게 각 분야별로 새로운 기술의 잠재적 이익을 파악할 시간과 자료를 주려 하지 않았다.

상황이 이처럼 열악했지만 피터는 CEO의 후원에 힘입어 각 부서로부터 필요한 자료를 확보했고, 마침내 이사회 모임에 앞서 지지세력을 모을 수 있었다. 이사회는 비용지출에 대해 순탄하게 동의했다. 이에 힘을 얻은 피터는 각 부서에서 넘겨받은 자료를 토대로 시장주도 사업단에게 자신의 시행전략과 계획을 강력하게 피력했다.

마침내 동료들이 피터의 계획에 서명을 해주었으나, 피터가 보기에는 이사회를 열기 전에 논의한 이슈가 다시 쟁점을 이루고 있었다. CEO는 해당 사안을 충분히 논의하도록 시간을 허락해주었고, 다행히도 회의가 끝날 무렵 시행전략의 주요점에 대한 합의가 모두 이루어졌다. 하지만 피터는 어딘지 모르게 석연치 않은 느낌을 떨칠 수 없었다.

피터는 회의를 마치자마자 CEO에게 동의 의사를 재차 확인했다. 그러고 나서 주요 결정사안과 회의에서 합의된 향후 업무 단계를 정리한 다음 회의록을 작성해 모든 동료들에게 전달했다. 결과를 과장하지 않으면서 회의 분위기를 그대로 전달하기 위해 회의 중에 작성한 노트를 최대한 활용했다. 그 노트에는 회의 중에 사람들이 우려를 표한 사항이 빠짐없이 기록되어 있었다. 사안이 복잡한 만큼 결정된 사항도 많았다. 이를테면 시행계획 3단계에 대한 자세한 설명과 각 단계를 시작하고 끝내는 시기, 선정된 기술 파트너와 판매자의 공식 임명에 대한 사항 등이었다. 한시름 놓은 피터는 이제 계획을 실행에 옮기는 일만 남았다고 생각했다.

피터는 동료들에게 지정 거래처를 안내하고 각 부서가 프로젝트 이행에 필요한 자원을 마련하도록 촉구하는 이메일을 보냈다. 그때 문제점이 하나 드러났다. 가장 큰 부서의 책임자인 존이 답신을 통해 최종 허가가 아직 이루어지지 않은 상태에서 거래처를 정한 것은 성급한 행동이라고 지적하고 나선 것이다.

뿐만 아니라 존은 이번 회의가 비용지출에 대한 이사회의 승인을 얻고 프로젝트의 규모에 대해 합의한 것이지, 시행계획이 최종 승인된 것은 아니라고 주장했다. 이메일의 요점은 거래처 지정이 앞으로 할 일에 포함되긴 하지만, 프로젝트의 규모를 정하고 그 밖의 사안에 관계자들이 모두 동의할 때까지 보류하라는 것이었다. 존은 과거에도 이와 비슷한 투자계획을 시행했다가 수익을 내기는커녕 기업과 고객들에게 큰 불편을 야기한 것을 잊지 말라고 당부했다.

피터는 당황스러웠지만 즉시 회의록을 챙겨서 존의 사무실로 향했다. 그들이 과연 같은 회의에 참석했던 것인지 의문스러웠다. 어째서 존은 회의의 목적이 시행계획이 아니라 프로젝트의 범위를 정하는 것이라고 생각했을까?

회의에서 결정된 사항을 다시 논의하느라 이사회의 기대에 못 미치는 방향으로 상황이 흐를까 봐 가장 걱정스러웠다. 피터는 존이 프로젝트 자체를 반대하는 것일지도 모른다고 생각했다.

피터의 생각에 영향을 준 편견

피터는 획기적인 프로젝트를 관철시키고 관련된 모든 부서와 사업단으로부터 동의를 얻어내기 위해 오랫동안 기다려야 했다. 피터는 회의 결과가 명백했다고 생각했지만 또 다른 문제가 있었다. 그것은 바로 사람들이 회의 결과를 저마다 다르게 해석하는 것이다. 피터는 자신의 계획이 회사에게 유리한 것이라고 너무나 확신한 나머지, 이런 장애물을 충분히 예상할 수 있었는데도 이를 별로 생각해보지 않았다.

존은 회의 결과나 프로젝트 자체에 피터만큼 감정적인 애착이 없었고, 회의에서 결정된 사항의 중요성에 대해 피터와 다르게 생각했다. 즉 존은 시행전략과 프로젝트의 범위 중에서 후자를 더 중요하게 생각한 것이다. 피터는 존의 이메일을 읽고 매우 비상식적인 행동이며 이미 합의된 사안에 뒤늦게 딴죽을 건다고 느꼈다. 이사회가 이미 프로젝트의 규모에 관해 충분히 합의했다는 것을 존이 모를 리 없었으니 말이다.

이런 문제가 발생한 이유는 결국, 회의의 결정 사안이 얼마나 확고한지에 대한 생각이 서로 달랐기 때문이다. 두 사람이 회의에 대한 기억을 재구성할 때 서로 다른 사안에 의미를 부여했기에 회의 결과에 대한 해석이 크게 달라졌다.

상황의 추이나 결과가 완전히 달라질 가능성이 있었는가?

지나간 일에 대한 기억은 회상하는 시점에 재구성되며 무의식적으로 자기가 기억하고 싶은 내용 위주로 변형되거나 자신의 목적이나 우선순위, 가치관, 결과의 명료성, 사건의 최근성 등에 크게 영향을 받는다. 피터가 이 점을 유의했더라면 상황에 대처하는 데 도움이 되었을 것이다.

피터는 프로젝트 이행시 이사회의 기대치에 부응하는 것이 중요하긴 하지만, 최종 결과보다는 결과에 도달하는 과정에 더 유의했어야 했다. 투자에 실패한 전력이 있으므로 좀더 객관적인 시각으로 실패 요인을 검토했어야 한다. 또한 이번 투자는 실패로 끝난 투자와 어떤 점이 다른지 파악해서 관계자들에게 실패의 원인을 설명하고 이번 투자계획은 거기에서 얻은 교훈을 충분히 반영한 것임을 증명했어야 한다.

뿐만 아니라 자신의 편견과 동료들의 편견도 냉철하게 분석할 필요가 있었다. 자신이 우려하는 점을 솔직히 공개하고 그들이 우려하는 점도 발언할 기회를 마련했어야 한다. '최악의 시나리오'를 그려보는 것도 나쁘지 않았을 것이다. 함께 머리를 맞대고 최악의 시나리오가 벌어졌을 때 위험부담을 최소화하는 방안을 연구할 수 있기 때문이다.

또한 선택적 경청과 선택적 회상을 방지하기 위해 회의의 최종 결론을 다른 방식으로 처리했더라면 좋았을 것이다. 회의를 마친 후에 회의록을 배부하는 것이 아니라, 회의를 마치기 전에 주요 결정사항과 그에 따르는 결과를 다시 한 번 정리했다면 누군가 반대의견을 내놓았을 것이고, 회의를 끝내기 전에 이를 해결하거나 충분히 토의할 시간을 가졌을 것이다.

자신이 특정 결과를 염두에 두었듯이 다른 사람들도 각기 다른 결과를 기대할지 모른다는 가능성도 생각했어야 한다. 그러면 사람들이 회의 결과에 대해 저마다 다르게 생각하더라도 그리 놀라지 않았을 것이다. 이번처럼 중대한 사안을 논할 때는 회의 절차를 자의적으로 해석하거나 기억하는 일이 생기지 않도록 '보다 철저하고 논리정연한' 회의 절차를 따랐어야 했다. 그렇게 했더라면 실패로 끝난 과거의 투자계획처럼 회사 안팎에 불필요한 잡음이 발생하지 않았을 것이다.

중요하게 생각하는 기준에 따라 기억은 왜곡된다

애크미의 경영진인 샐리와 빌은 애크미의 주요 거래처인 트라이포스와 업무상 긴밀한 관계를 유지하고 있다. 두 사람은 연간 고객관리 활동의 일환으로 트라이포스의 COO(최고운영책임자)인 존을 만나기로 했고, 이를 준비하기 위해 따로 시간을 내기로 했다.

애크미는 수십 년간 트라이포스와 거래하면서 지속적으로 거래규모를 확장했다. 트라이포스의 CEO가 여러 차례 바뀌었고 경제적인 위기도 겪었지만, 혁신과 리더십에 대한 가치관이 비슷해서 협력관계를 계속 유지할 수 있었다. 애크미는 서로에 대한 충성도를 빌미로 이득을 추구할 의사가 없었다. 마케팅 책임자인 샐리와 영업 책임자인 빌은 최근에 경쟁사의 압박으로 시달리는 트라이포스를 지원하는 데 총력을 기울였다. 트라이포스는 매우 중요한 거래업체였기에 업체 직원들 한 사람 한 사람과 긴밀한 연락을 주고받으며 고객경험의 질적 수준을 관리하고 최우선 서비스를 제공했다.

하지만 세계금융위기를 기점으로 상황이 달라졌다. 트라이포스 경영진은 전략적 사안을 더 우선시했고, 내부적으로 중요한 전략을 재검토하기 시작했다.

마침내 트라이포스의 COO인 존을 만나서 최근 1년간 각 시장의 매출·마케팅 실적을 검토하고 향후 매출·마케팅을 계획하게 되었다. 존은 앞으로도 협력관계를 가장 우선적으로 고려할 것이라는 회사의 입장을 전달했다. 또한 이 분야에서 혁신적인 리더 기업이라는 평판이 협력관계를 유지·발전시키는 주된 이유이며, 이러한 평판을 유지하는 데 총력을 기울이고 있다고 강조했다.

존은 두 기업의 계약을 3년 더 연장하자고 제안했다. 그 후로 매출·수익 예상에 대한 토론이 길게 이어졌다. 최근에 색다른 비즈니스 모형을 앞세워 시장에 진입한 새로운 경쟁사에 맞서기 위한 전략도 논의했다. 회의는 순조롭게 마무리되는 것 같았다. 존은 방금 토의한 전략적 사항의 중요성을 다시 한 번 강조했다.

회의를 마치기 전에 존은 몇 가지 분야의 시장에서 비용 압력이 증가한다는 점을 언급하면서 향후 몇 년간 트라이포스가 일정 수준의 트레이드오프*를 실시해야 할 것이라고 조심스럽게 말했다. 하지만 그 내용을 자세하게 설명하지는 않았다. 현재 트라이포스가 전반적인 전략을 재검토 중이라서 세부적인 사항을 밝힐 수 없다며 말을 아꼈다.

샐리와 빌은 회의가 무난하게 끝났다고 생각하면서 사무실로 돌아왔다. 두 사람은 각자의 부서로 돌아가서 업무를 처리한 후 주말이 되

• 트레이드오프(trade off) : 하나를 얻으려면 반드시 다른 하나를 희생해야 하는 경제관계를 말한다. 완전고용과 물가안정처럼 서로 모순된 관계에 있는 것이 그 예다. ─ 옮긴이

기 전에 다시 만나서 회의 내용을 정리하기로 했다. 회의에서 거론된 예상수치와 존이 언급한 내용을 확인한 다음 그에 따라 가격조정 여부와 예상수익을 산출할 계획이었다.

며칠 후 샐리와 빌은 다시 한자리에 모였다. 그런데 두 사람의 입장은 적잖은 차이를 보였다. 샐리는 격앙된 목소리로 따지기 시작했다.

"빌, 지난번 회의에서 존이 우리 회사의 혁신을 무엇보다 중요하게 생각한다며 길게 설명했잖아요? 그것을 벌써 잊었나요? 트라이포스의 성공 여부도 우리 회사의 혁신에 달려 있다고 했잖아요? 그런데 어떻게 가격을 이렇게 조정할 생각을 한 겁니까? 이런 마진으로는 우리 제품을 계속 혁신할 수 없을뿐더러, 시장주도기업의 위치도 유지하기 어려워요. 존이 우리 기업의 리더십과 혁신을 무엇보다 중시한다고 말한 것을 당신도 분명히 들었잖아요. 가격을 조정해버리면 우리 입장이 경쟁사와 크게 다를 바 없잖아요. 알다시피 경쟁사들은 하나같이 매출이 부진하단 말이에요. 이건 존이 말한 의도와 전혀 맞지 않아요."

샐리의 말도 틀린 것은 아니지만, 빌은 가격 문제가 가장 우선순위이며, 트라이포스가 애크미에게 트레이드오프를 요구할 가능성이 있다는 말에 초점을 맞추고 있었다. 시장의 변화로 인해 트라이포스 같은 고객은 예상비용을 넘어선다고 판단되면 언제라도 애크미를 등질 수 있다는 것이다.

"가격은 반드시 낮춰야 합니다. 그래야 가격 면에서 경쟁력을 유지할 수 있어요."

빌도 샐리 못지않게 강경한 입장을 고수했다. 샐리도 가격이 경쟁력에 미치는 영향을 모르는 바가 아니었지만, 아무래도 빌이 고객이 한 말을 제대로 이해하지 못한 것 같았다. 샐리가 생각하기에 고객이 가장 중시하는 것은 애크미의 리더십과 혁신이었으며, 이를 저버리면 고객이 애크미를 등질 수도 있었다. 샐리는 가격은 고려 대상이지 두 회사의 관계에서 핵심적인 요소가 아니라고 생각했다.

트라이포스와의 관계에서 애크미의 경쟁적 우위가 무엇인가 하는 문제는 두 사람이 이미 오랫동안 논의해온 사안이었다. 샐리는 빌이 이렇게 돌변한 것을 도무지 이해할 수 없었다.

의사결정에서 드러난 두 사람의 관점의 차이

샐리는 회의 내용 중에서 자신이 생각하기에 트라이포스에게 중요한 점 위주로 기억하고 있었다. 모든 기억은 회상 시점에 재구성되는 것이므로, 빌 역시 자기가 중요하다고 생각하는 것을 위주로 기억하고 있었다. 영업 담당자는 수익을 기준으로 모든 것을 판단하므로 당연히 빌에게 가장 중요한 문제는 가격이었다. 오랜 회의 끝에 상대방이 가격 문제를 잠시 언급한 것에 불과했지만, 빌은 트라이포스가 실제로 중시하는 것보다 가격을 논할 때 가장 예민해졌다.

두 사람이 같은 시간에 같은 회의에 참석했지만 서로 중시하는 면이 달랐기에 회의의 주요점을 다르게 기억하고 있었다. 이 경우에는 특히 중요성과 최근성이 크게 작용했다. 빌과 샐리는 중요하게 여기는 사안이 명백히 달랐다. 이를 가리켜 '기준의 편견'이라고 한다. 각각 마케팅과 영업 책임자로서 기본적인 가치관과 관심사가 다르며, 이로 인해 각자의 입장과 회의 결과에 대한 이해 정도, 기억이 다를 수밖에 없다는 점을 이해하고 생각의 차이를 좁히기 위해 적절히 노력했더라면 어떻게 되었을까? 아마도 이런 갈등을 겪지 않고 실용적인 결론을 도출했을 것이다.

두 사람은 의견차로 시간을 낭비하느라 한 가지 중요한 사실을 간과하고 있었다. 그것은 바로 트라이포스가 언제까지나 애크미를 기다려주지 않을 것이며, 혁신과 가격을 모두 중시한다는 것이다. 샐리와 빌이 회의 결과를 어떻게 기억하고 회상하든지, 누가 어느 사안을 얼마나 중시하든지 간에, 두 사람의 입장을 하나로 정리해 경쟁력 있는 해결책을 트라이포스에 제시해야 한다. 그것이야말로 두 기업의 관계를 공고히 다지는 유일한 방법이다.

상황의 추이나 결과가 완전히 달라질 가능성이 있었는가?

사람의 기억에는 한계가 있으며 각자 중요하게 기억하는 점은 다를 수밖에 없다. 이 점을 감안할 때 '누가 더 옳은가'를 논할 것이 아니라 '두 사람이 공통적으로 중시'하는 부분을 찾아서 정리하는 편이 낫다. 사람은 자신의 입장과 경험에 따라 상황을 해석하고 기억하므로 두 사람의 의견이 완벽하게 일치하기란 거의 불가능하다.

회의에서 중요하고 복잡한 사안을 다룬 경우에 참석자들의 기억에 편차가 생기는 것은 놀랄 일이 아니다. 샐리와 빌은 트라이포스 관계자를 만나기 전에 각자의 생각, 즉 개인의 필터를 확인하고 이해하는 시간을 가졌어야 한다. 마케팅 책임자라면 당연히 브랜드와 가치 제안을 중시할 것이고, 영업 담당자라면 당연히 매출과 수익에 민감할 것이다. 이처럼 사전회의를 통해 서로를 충분히 이해하고, 서로 다르게 기억할 가능성이 있는 부분을 미리 검토하는 것이 좋다. 각자의 입장을 내세우기보다 트라이포스를 대하는 회사의 입장을 명확히 설정하고, 서로의 가치관이나 우선순위가 다르다는 것을 인정하고 수용하면 보다 안정적으로 회의를 이끌어갈 방안을 마련할 수 있다.

또한 트라이포스와 회의를 할 때는 혁신과 가격설정 문제 등으로 어느 정도 긴장이 유발될 수 있다는 것을 예상해야 한다. 갈등 사안에 대해 질문할 때는 상대방에게서 구체적인 정보를 얻도록 지혜롭게 질문을 준비해야 한다. 그러면 뒤늦게 서로의 기억을 더듬거나 의견차로 입씨름을 하거나 트라이포스의 입장을 섣불리 넘겨짚을 필요가 없다.

**기억 편견의
위험신호**

다음의 경우에 기억의 오류나 부정확성이 의사결정에 결정적인 영향을 끼칠 수 있다.

- 여러 사람이 함께 동일한 경험을 하거나 상황을 겪은 후에도 기억하는 내용이 다르다.
- 의사결정으로 인한 이득이나 손실이 큰 사람이 관련 사건을 회상한다.
- 결과를 충족하기 위해서 선택적 경청 또는 선택적 회상을 통해 기억을 재해석한다.
- 회의를 마친 후에 의사결정을 할 때 회의에서 토론한 내용과 전혀 다른 결정을 내린다.
- 달갑지 않은 사건이 일어난 후 뒤늦게 합리화한다.
- 사건을 원하는 방향으로 틀에 넣어 관련된 사람들의 기억을 특정 방향으로 유도한다.

- 일련의 사건을 겪거나 여러 사람을 면접한 후, 또는 여러 개의 프레젠테이션을 마친 후에 참여한 패널들이 각기 다른 방식으로 사람이나 상황을 유리하거나 불리하게 판단한다.
- 주어진 상황에 대한 정보나 명백한 사실로 설명하기 어려운 상황이나 기회를 비합리적인 이유로 회피한다.

**기억 편견의
성공전략**

회상 또는 재구성된 기억의 정확성을 높이고 중립적인 시각을 투영하기 위해 다음과 같은 성공전략을 시도할 수 있다.

사고방식 재검토하기

- 기억을 토대로 한 가치판단에 특히 유의한다. 가치판단의 기준이 되는 정보나 데이터의 출처를 확인한다.
- 실패나 실수, 역경에 관한 기억을 사용할 때 고통을 과장하거나 또는 억누르는 필터가 작용해 해당 사건에 대한 감정적인 요소가 기억에 영향을 준다는 점을 감안한다.
- 지나간 일을 기억할 때는 자신이 원하는 대로 기억을 조작하거나 자신의 가치관이나 목표 때문에 기억이 왜곡되지 않았는지 재확인한다.
- 자신이나 다른 사람이 지난 일을 기억할 때 감정적인 요소가 직접적 또는 간접적으로 작용하지 않는지 확인한다.

- 의사결정을 하는 사람이 기억을 근거로 의사결정을 내릴 때 중립적이 될 수 있는지 검토한다.

관련된 사람들 재정비하기

- 사람들이 선택적 경청을 하는지 점검해서(선택적 경청은 선택적 회상으로 이어지게 마련이다) 모든 사람이 관련된 모든 사안에 적절한 주의를 기울이도록 유도한다.
- 필요하다면 주요 관계자를 한자리에 모아서 지나간 일에 대한 기억을 분명히 정리하고 확인한다.
- 다른 사람들이 관련 사건이나 상황을 어떻게 기억하는지 물어보고 최대한 많은 자료를 모은 다음 자신의 기억과 비교해본다. 이렇게 하면 해당 사안에 대해 객관적인 기억을 확보할 수 있다.

진행과정 주의하기

- 회의가 끝날 때마다 참석자들이 모두 있는 자리에서 "이 결론에 모두 동의하십니까?"라고 확인한다.
- 다음 네 가지 규칙을 적용해 요약기술을 발전시킨다.
  ① 어떤 점을 결정했는가?
  ② 왜 그렇게 결정했는가?(추론 과정이나 결론에 도달하는 과정에 대한 합의를 유도한다.)
  ③ 이 결정은 어떤 영향을 미칠 것인가? 그로 인해 어떤 결과를 예상할 수 있는가?
  ④ 외부 사람들에게 어떤 점을 전달할 것인가?(회의 참석자들이 동일

한 결론을 전달하도록 준비시킨다.)

- 의사결정을 하기 전에 기억 회상에서 발생할 수 있는 오류를 예상해 적절한 대응책을 강구한다.
- 여러 개의 프레젠테이션을 하거나 여러 사람을 대상으로 면접을 실시한 후에 의사결정을 내릴 때는 마지막 순간까지 판단을 미루는 것이 아니라 단계별로 의사결정을 진행하는 방식이 더 낫다.

"당신이 가진 도구가 망치뿐이라면
모든 사물을 못처럼 다루게 될 것이다."

경험은 덫이 될 수 있다

경험이 많을수록 더 나은 결정을 내릴 수 있다는 편견에 도전하기

발명은 기존에 있던 것에 대한 불만에서 시작된다. 그리고 기존에 있던 것은 풍부한 경험에서 비롯된 것이므로, 종종 경험은 다양한 가능성으로 눈을 돌리는 데 걸림돌이 될 수 있다. 이 점과 관련해 가장 대표적인 사례는 발명가로서 놀라운 행보를 보여준 제임스 다이슨(James Dyson)을 꼽을 수 있다.

◆ ◆ ◆ 가전제품 시장은 일렉트로룩스(Electrolux)와 후버(Hoover)가 장악하고 있었으며 거의 100년 동안 단순한 디자인이 우세를 떨쳤다. 그러나 제임스 다이슨은 이러한 흐름을 단번에 바꿔놓았다.

다이슨은 5년간 5,127개의 샘플을 주요 가전제품 업체에 보냈지만 모두 퇴짜를 맞았다. 그러다가 'DC01'이라는, 세계 최초의 먼지주머니 없는 진공청소기로 대박을 터뜨렸다. 'G포스 듀얼 사이클론'은 진

공청소기 시장에 등장하자마자 큰 반향을 일으켰다.

사실 다이슨의 샘플에 퇴짜를 놓은 기업들은 청소기용 먼지주머니 판매로 연간 5억 달러에 가까운 수익을 얻고 있었다. 기존 업체들은 그들의 틀에 박힌 사고방식을 버릴 의향이 전혀 없었다. 다이슨의 획기적인 제품 디자인이 거절당한 것도 놀랄 일이 아니었다. 하지만 다이슨은 완전히 새로운 방향을 제시해 16억 달러 규모의 기업으로 성장했다. 다이슨의 아이디어는 아무도 생각하지 못한 놀라운 혁신이었다.

이 발명품은 다이슨이 1978년에 생각해둔 것이었다. 영국 코츠월드에 살던 다이슨은 집수리를 하다가 진공청소기의 흡입력이 금세 약해진다는 것을 알게 되었다. 그것은 누가 봐도 설계상의 결함이었지만 100년이 넘도록 이 문제를 개선하는 사람이 아무도 없었다. 다이슨은 이 문제를 고쳐보려고 수백 개의 샘플을 만들었다. 그러다가 주머니가 아니라 원심력을 이용해 공기와 먼지를 분리하는 진공청소기를 개발하게 되었다. 현재 다이슨은 세계시장에서 23%의 점유율을 확보하고 있으며, 영국 내에서는 시장점유율 40%를 기록하고 있다.

다이슨은 주머니에 먼지가 많이 차서 진공청소기의 흡입력이 약해지는 것이 아니라 청소기를 사용한 지 얼마 지나지 않아 미세먼지가 주머니의 구멍을 막아서 공기흐름이 차단되는 것임을 알아냈다. 뿐만 아니라 기존의 진공청소기에서 빠져나가는 공기는 주머니의 먼지 때문에 심하게 오염되어서, 청소기를 사용하고 나면 실내공기가 오염되고 지독한 냄새가 퍼진다는 사실을 알게 되었다.

주머니를 진공청소기에 끼우는 것도 쉽지 않았고, 주머니를 매번 사오는 것도 번거로웠다. 주머니를 잘못 끼우면 청소기 내에서 파열될 가능성도 높았다. 많은 소비자들이 몇 년째 그 문제를 지적하며 불편을 호소했지만 진공청소기 업계에서는 어쩔 수 없는 일이라며 이를 외면했다. 다이슨이 등장할 때까지 어느 기업도 고객의 불편에 진심 어린 관심을 기울이지 않았다.

다이슨은 주머니 없는 청소기로 큰 호응을 얻었지만 거기에 만족하지 않았다. 다이슨은 날개 없는 선풍기, 히터를 비롯해 다양한 가전제품의 혁신을 시도했다. 다이슨의 아이디어가 정말 효과적이라면 주요 대기업에서 일찌감치 선보였을 거라고 주장하는 사람들도 있었다. 실제로 1999년에 후버에서 주머니 없는 진공청소기를 출시했다. 이는 특허 침해를 둘러싼 법정싸움으로 번졌고, 결국 다이슨이 승소했다.

그렇다면 수십 년간 아무런 변화가 없었던 가전제품 시장에서 다이슨이 이토록 주목을 받은 이유는 무엇일까? 단지 무게를 줄이고 디자인을 보강하는 것만이 성공비결은 아니다. 다이슨은 기존 경험에 의존하는 사고방식에서 과감히 탈피했다. 시대를 앞선 발명 덕분에 다이슨의 제품은 엄청난 고가였지만 소비자들은 타사의 추종을 불허하는 신제품의 혜택을 누린다는 점에 매우 만족스러워했다.

다이슨은 이렇게 조언한다.

"포기하지 마라. 그리고 '전문가'의 조언에 휘둘리지 마라. 습관적으로 반대하기 좋아하는 사람들에게 휘둘리면 아무것도 발명할 수 없다. 수많은 시행착오를 통해 자신의 발명품에서 문제점을 스스로 찾아내고, 꾸준한 노력과 창의적인 사고를 통해 해결책을 찾아내라. 관습을 거부하고 새로운 것을 창조할 때 진정한 발명이 시작된다. 남과 다른 것을 두려워하지 마라."

다이슨의 획기적인 발명품은 박물관에서도 만날 수 있다. 다이슨의 제품은 런던의 빅토리아앤알버트박물관, 샌프란시스코현대박물관, 파리에 있는 퐁피두센터, 시드니의 파워하우스박물관 등 전세계 곳곳에 진열되어 있다. 다이슨의 사고방식이 기존의 틀을 넘어서지 못했다면 이렇게 전세계적으로 인정받지 못했을 것이다.

다이슨처럼 전향적인 발명가는 다양한 분야에서 찾아볼 수 있다. '경험'이라는 편견을 거부한 많은 사람들이 각자의 분야에서 획기적인 발명가로 인정받고 있다.

경험의 문제점

일상생활에 뿌리 깊이 자리잡은 패턴을 깨기란 여간 어려운 일이 아니다. 특히 오랜 세월에 걸쳐 형성된 패턴으로서 숱한 경험에 근거한 원리 또는 규칙은 쉽게 무너지지 않는다. 우리는 경험에 의존해 많은 것을 판단한다. 일례로 경험에 따라 자신이 감기에 걸렸는지 판단하고, 하늘의 구름을 보고 비가 쏟아질 것이라고 예상해 우산을 챙긴다. 매출이 제자리걸음을 하면 기존 제품이 소비자에게 외면받거나 소프트웨어 시장에서는 투자자들이 보다 안전한 투자대상을 찾아 떠났다고 결론짓는다.

1장에서 우리는 기억 또는 과거의 일에 대한 회상이 우리의 의사결정에 오류를 유발할 수 있다는 것을 살펴보았다. 2장에서는 경험(우리가 보고 느끼는 현상과 그로부터 배우는 점)이 편향된 의사결정을 유도하거나 생각의 폭을 제한할 수 있다는 것을 보여줄 것이다. 흔히 경험은 합리적이고 유리한 결정을 내리는 데 도움이 된다고 생각한다. 이러한 생각이 어디서부터 잘못되었는지 이번 장을 통해 알게 될 것이다.

예전에 성공한 경험은 우리의 생각에 많은 영향을 준다. 사람은 성공을 반복하려는 경향이 강하기 때문에, 예전 상황과 현재 상황에 다른 부분이 있다는 점을 쉽게 간과해버린다. 사람은 반복되는 패턴에 대해 편안함을 느끼며, 이것을 통해 일상생활의 문제에 대한 해결책을 수립한다.

우리가 사용하는 패턴, 즉 필터의 상당수는 우리가 활동 중인 전문분야 또는 우리가 축적한 경험이나 전문성에서 비롯된 것이다. 그래서 '회계 담당자처럼 비즈니스에 접근한다'거나 이 세상을 '엔지니어의 관점으로 본다'는 말을 종종 들을 수 있다. 자신의 업무처리 방식이나 전문분야는 세상 전반을 바라보는 시각에 알게 모르게 영향을 주게 마련이다. 모든 경우에 단 하나의 프레임만 사용하면 사고의 폭이 제한되고 의사결정의 질적 수준이 크게 저하될 것이다.

사람들은 저마다 다양한 프레임을 갖고 있기 때문에 평소에는 이런 문제를 우려할 필요가 없다. 그러나 CFO(재무담당최고책임자)가 비용에 너무 집착한 나머지 그보다 더 중요한 수익창출에 집중하지 못하거나, 위험관리자가 합리적인 수준의 위험을 감수하면서 업무를 추진하기보다는 위험을 회피하려는 경향을 강하게 드러낼 수도 있다. 이러한 예시는 기존의 경험과 훈련이 거의 자동적으로 경험의 제약을 받는 반응을 유도한다는 점을 보여준다.

방금 예로 든 CFO나 위험관리자는 자신의 내면에 깊이 자리잡은 패턴을 극복하기 위해 의식적인 노력을 기울이고 경험의 폭을 넓히기 위해 부단히 애써야 한다. 그런데 문제는, 우리가 지금껏 훈련받은 사고방식만 패턴에 대한 의존성을 유발하는 것이 아니라는 점이다. 경험도 이런 문제를 유발하는 또 하나의 요소다.

간단한 예를 생각해보자. 신흥시장에 대한 경험이 없는 리더는 성숙시장(成熟市場)의 비즈니스 모형에만 친숙할 것이다. 그는 신흥시장 비즈니스 모형에 대한 이해가 부족하며, 신흥시장과 성숙시장의 근본적인 차이점을 모른다. 그래서 성숙시장의 비즈니스 모형을 신흥시장에 바로 적용할 수 없으며 적잖은 변형이 필요하다는 점을 간과할지도 모른다. 한마디로 그는 성숙시장이라는 렌즈를 통해 사물을 판단하는 것이다.

자산관리만 생각해보더라도 성숙시장에 대한 경험만 풍부한 리더는 분명히 자신이 잘 아는 전략을 선호할 것이다. 유럽 같은 성숙시장에서는 자산을 유지하는 전략이 가장 중요하기 때문에 대부분의 프라이빗뱅커는 고객의 자산유지 전략을 집중적으로 연구·개발한다. 그런데 유럽에서 오래 근무한 프라이빗뱅커를 아시아 같은 신흥시장으로 보내면 어떻게 될까? 신흥시장에서는 자산유지보다 자산창출이 더 중요한데도 그는 기존의 '경험'에 의존해 새로운 시장을 판단하려 들 것이다.

이런 이유 때문에 많은 기업이 '외부인의 통찰력'을 체계적으로 활용하고 있다. 엘리 릴리(Eli Lilly)의 이노센티브(InnoCentive)라는 회사를 생각해보자. 이 회사는 까다로운 연구개발 문제를 대중에게 공개하고, 해결책을 제시한 사람에게 보상을 제공한다. 사내의 인재에만 의존하는 것이 아니라 외부의 다양한 인재들로부터 아이디어를 최대한 얻겠다는 논리다. 흥미롭게도 이노센티브에서 공개한 문제의 30~50%는 6개월 내에 해결된다고 한다. 이런 문제를 기업이 직접 해결하려고 했다면 6개월 만에 해결하는 것은 꿈도 꾸지 못했을 것이다.

　문제해결 속도 못지않게 흥미로운 점이 또 하나 있다. 그것은 바로 대부분의 문제가 비전문가의 손에서 해결된다는 것이다. 예를 들어 화학 문제는 물리학자가 해결해주고, 공학 문제는 화학자의 아이디어로 해결된다. 이를 통해 외부인의 지혜를 빌리는 것이 틀에 박힌 사고를 극복하는 가장 좋은 방법이라는 사실을 알 수 있다. 특정 분야에서 상식이나 당연한 원칙으로 여겨지는 것을 내부인이 극복하기란 어려운 일이지만, 외부인에게는 그리 어려운 일이 아니다.

경험의 문제점 자세히 살펴보기

이제 패턴을 형성하는 과정과 이를 극복하는 방법을 자세히 살펴보자. 이는 앞으로 우리가 자신의 경험이라는 덫을 이해하고 이를 피할 수 있도록 도와줄 것이다.

　패턴 행동에 영향을 주는 인지적 필터는 다음과 같이 두 가지로 구분된다.

- 세부필터
- 전문가필터

인지능력 또는 지능과 관련된 세부필터

세부필터는 전문가필터보다 훨씬 넓은 범위에 적용된다. 전문가필터는 커리어에서 얻은 지식이나 경험에서 만들어지지만, 세부필터는 우리의 기본 지능과 관련이 크다. 여기서 말하는 기본 지능은 인지적 사고의 기본 재료라고 할 수 있다. 고도의 전문가필터가 세부필터와 겹칠수록 설명하기 어려운 복잡한 패턴들이 형성되며, 두 가지 필터는 의사결정을 내리는 당사자조차 인지하지 못하는 방식으로 작동한다.

두 가지 필터는 패턴을 인지하는 방식에 영향을 준다. 예를 들어 인지적 특성상 논리적 사고가 강한 사람은 주어진 아이디어를 검토할 때 논리나 수학적 흐름을 중시할 것이다. 하지만 인간관계 지향적인 사람은 아이디어의 배후에 숨겨진 의도를 파악하려고 아이디어를 제시하는 사람의 미묘한 행동이나 비언어적 특징에 더 집중한다.

한동안 인간의 의사결정을 좌우하는 기본 지능은 논리·수학적 사고와 언어적 사고로 양분되었다. 그러나 1983년에 하버드대학의 심리학자 하워드 가드너(Howard Gardner)가 이분법적 방식을 비판하면서 포괄적인 지능 이론을 제시했다.[1] 가드너는 하나의 일반적인 능력이 지능을 좌우하는 것이 아니라 다양한 형태의 지능이 통합적으로 작용한다고 주장하면서 기본 지능을 일곱 가지로 구분했다. 사람들은 일곱 가지 지능 중에서 한두 가지 대표적인 지능을 지닌다. 그것이 바로 여기에서 말하는 '세부필터', 즉 개인이 세상을 인지하고 대응하는 방식이라고 할 수 있다.

가드너가 말하는 일곱 가지 지능은 다음과 같다.

- **공간 지능** : 머릿속에 공간을 직접 그려볼 수 있는 능력이다. 공간 지능이 뛰어난 사람은 퍼즐에 강하며 낯선 곳에서도 쉽사리 길을 잃지 않고 재빨리 방향을 파악한다. 예술가, 디자이너, 건축가들이 주로 공간 지능이라는 세부필터를 사용한다.

- **언어 지능** : 단어 사용이나 언어 구사력을 말한다. 언어 지능이 뛰어난 사람은 읽기, 쓰기, 스토리텔링, 날짜 기억, 외국어 학습에서 강세를 보인다. 언어 지능이라는 세부필터를 사용하는 사람은 작가, 웅변가, 스토리텔러 같은 직업 분야에서 많이 활동한다.

- **논리수학 지능** : 논리적 사고, 추론능력, 추상적 패턴을 인지하는 능력, 과학적 사고력, 조사하는 능력, 복잡한 계산을 수행하는 능력을 통틀어 일컫는 말이다. 체스 게임을 잘하는 사람, 연구형 과학자, 통계학자들이 주로 사용하는 세부필터다.

- **신체운동 지능** : 신체 움직임에 대한 통제력 또는 기술을 가리킨다. 눈의 움직임에 대한 통제력, 특정 반응을 꾸준히 훈련해 반사작용에 비할 정도로 근육에 기억시키는 능력이라고도 할 수 있다. 운동선수, 파일럿, 무용수, 음악가, 연기자, 외과의사, 프로게이머 등이 신체운동 지능을 주로 사용한다.

- **음악 지능** : 음악, 리듬, 음높이 등 음악 전반에 대한 남다른 이해력과 통찰력을 갖춘 사람은 음악 지능이 높다고 할 수 있다. 음감,

리듬감, 음정, 멜로디에 대한 이해·적응이 빠르며 노래, 악기 연주, 작곡을 쉽게 해낸다. 음악 지능이 뛰어난 사람에게는 연주자, 가수, 지휘자, 디스크자키, 웅변가, 작가, 작곡가 같은 직업이 어울린다.

- **대인관계 지능** : 인간관계와 상호작용에 대한 지능이 높은 사람은 외향적이며 상대방의 기분, 감정, 기질, 동기에 민감하게 반응하고, 상대방을 자신의 편으로 동화시키는 능력이 뛰어나다. 여러 사람의 협동을 유도하는 능력이 뛰어나므로 리더나 조력자 역할을 훌륭히 수행한다. 영업, 정치, 교육, 사회복지 등의 분야에서 일하는 사람들이 대인관계 지능이라는 필터를 많이 사용한다.

- **자기성찰 지능** : 자신을 돌아보고 반성하는 능력을 말한다. 자기성찰 지능이 뛰어난 사람은 자신의 장단점과 상대방의 장단점을 잘 파악하며, 감정이나 반응을 예상·조절할 수 있다. 성직자, 심리학자, 카운슬러, 철학자 등이 자기성찰 지능에서 높은 점수를 보인다.

위의 일곱 가지 지능은 어떤 의미에서 가장 기본적인 수준의 인지적 필터다. 우리가 보는 세상을 다른 모습으로 바꿔주는 마이크로렌즈에 비할 수도 있다. 필터가 다르면 동일한 경험을 하고도 전혀 다른 결론을 얻게 된다. 특히 문제를 해결해야 할 때 일곱 가지 지능을 적절히 사용하면 혁신적, 창의적인 결과를 얻을 가능성이 높아진다. 하지만 세부필터를 사용하는 만큼 의사소통에 오해가 생길 여지가 크며, 이해의 폭이 좁아지고 역량을 충분히 발휘할 수 없는 상황에 처할 수도 있다.

필터를 잘 사용하면 혁신의 기회가 무궁무진하다. 여기에 전문가필터가 적절히 혼용되면 성공 가능성은 더욱 커진다. 일상생활에 큰 변화를 가져온 위대한 발명이 우연한 기회에서 시작된 경우가 얼마나 많은가? 그 점을 생각해보면 세부필터가 혁신적인 사고를 억누를 가능성이 크다는 점을 인정하게 된다.

티백, 페니실린, 포스트잇, 점자 등은 수년간 축적된 지식과 전문성을 벗어났을 때 얻은 발명품이다. 흥미롭게도 최종 사용자 또는 고객이 새로운 아이디어를 제시한 경우도 많다. 이 또한 사람들이 각자의 인지세계에 갇혀 있다는 증거다. 따라서 전문성이나 경험에 너무 매달리지 말고 외부의 시각에 관심을 가져야 한다.

커리어에서 얻은 지식이나 경험에서 만들어진 전문가필터

세부필터는 기본 인지능력 또는 지능과 밀접하게 관련된다. 여기에 오랜 세월과 경험에서 생성되는 전문가필터가 더해져서 우리의 시각과 관점에 큰 영향을 준다.

현재 직면한 상황과 비슷한 경험을 떠올릴 때, 과거와 현재의 중요한 차이점을 간과하고 유사점에만 주목하는 것은 매우 위험하다. 유사점이 정말 중요한 차이점을 가릴 수 있기 때문이다. 그러면 과거와 동일한 행동을 반복할 뿐 아무런 발전이 없다. 이렇게 과거의 경험에 의존하면 상황에 대한 판단력이 크게 흐려진다.

단지 경험(또는 관련된 분야에서 전문적인 훈련을 받은 것)에 의지해 판단력이 흐려진 것이라고 치부할 문제가 아니다. 이것은 두뇌 속에서 일어나는 부조화의 속성과도 관련이 있다. 특정 정보나 경험이 부조화, 즉 우리의 경험상 서로 양립할 수 없는 두 가지 사실이라는 결론을 유발하면, 우리는 즉시 부조화를 밀어낼 핑계를 찾아내 둘 중 하나를 부정해버린다.

《다시 생각하라(Think Again)》라는 책에서는 클리브 톰슨(Clive Thompson) 경의 사례를 다루고 있다.[2]

◆◆◆ 톰슨은 한때 영국에서 내로라하는 기업으로 인정받은 해충 박멸회사 렌토킬(Rentokil)의 CEO이며, 10년 만에 130여 개의 중소기업을 성공적으로 인수·통합하면서 명성을 얻었다.

톰슨은 지난 10년간 연수익 20% 상승을 유지하라는 압력을 계속 받으면서, 중소기업 인수만으로는 그 요구에 응할 수 없다고 판단했다. 그래서 렌토킬의 3분의 1 규모인 시큐리가드(Securiguard)와 BET를 인수하기로 결정했다.

하지만 톰슨은 이들을 인수하는 과정에서 자기도 모르게 결정적인 실수를 범하고 말았다. 이들을 인수하는 것도 지금까지 성공적으로 해낸 기존의 인수·통합 절차와 별반 다를 바가 없을 것이라고 가정한 것이 문제였다. 시큐리가드와 BET를 인수하면서 방심한 나머지, 기존의 인수에서 반복된 패턴이 이번 거래에는 잘 맞지 않는다는 각종 위험신호를 무시하고 말았다.

우리 모두는 일종의 '전문가필터'를 사용한다. 전문가필터는 각자의 분야에서 쌓은 경험, 지식, 전문적인 훈련을 통틀어 일컫는 말이다. 전문가필터는 눈앞에 벌어진 문제를 규정하는 방식은 물론이고 그에 대한 해결책을 찾아가는 과정에도 큰 영향을 준다. 전문가필터라는 편견은 하나의 분야를 통째로 넘어뜨릴 수도 있다. 일례로 타자기 생산업체들은 워드프로세스라는 새로운 아이디어를 받아들이지 않고 기존의 제품 생산만 고집하다가 설 자리를 잃고 말았다. 이와 대조적으로 제록스는 경험의 덫을 벗어버리고 서류 전문회사로 탈바꿈하는 데 성공했다. 제록스가 복사 기술에만 매달렸다면 아마 타자기 생산업체들처럼 사라지고 말았을 것이다.

그런데 전문가필터는 지식만 가리키는 것이 아니라 우리가 편안하게 느끼는 연구나 조사를 뜻하기도 한다. 둘 다 전문가의 인지적 부조화를 유발한다는 공통점이 있다. 전문가는 특정한 방향이나 분야에 자신의 필터를 집중시키는 사람들이다. 그들이 축적한 지식과 주로 사용하는 조사·연구 방법은 그 분야의 전문성을 습득할 때 사용한 방식에 크게 좌우된다.

일례로 금융관리 분야에서 집중적인 훈련을 받은 사람은 수량화할 수 있는 요소에 크게 주목할 것이다. 수량화할 수 없는 요소는 아예 무시하거나 대수롭지 않게 여겨서 그냥 지나칠지도 모른다. 전문가로서 수량화할 수 없는 요소가 부조화를 야기했으며, 이를 간과하는 것으로 그 부조화를 해결한 것이다.

《블링크(Blink)》에서 말콤 글래드웰(Malcolm Gladwell)은 전문가필터 때문에 전문가들이 중요한 요소를 놓친 사례를 다수 소개한 바 있다.[3] 요즘 사회처럼 복잡하고 변화가 많으며, 특히 예측이 불가한 변화가 계속 일어나는 세상에서는 전문가의 결론, 즉 전문가필터에 따라 도출한 결론에 의지하는 것이 매우 위험하다. 제임스 다이슨이 전문가의 조언에 휘둘리지 말라고 강조한 것도 이 때문이다.

따라서 전문가필터라는 편견을 개선하기 위해서는 자신의 경험을 좀더 면밀히 분석하고, 실패나 실수에서 올바른 결론을 얻고자 노력하면서 인지적 부조화에 익숙해지도록 해야 한다. 인지적 부조화에 익숙해지면 '상황에 따라 다르다'는 원칙을 인정하고, 새로운 이론에 대한 개방적인 관심을 갖게 되며, 의사결정을 내리기 전에 반대의견이나 경쟁자의 입장을 수용하는 넓은 마음을 갖게 된다.

인지적 부조화에 대한 불편함

자신의 분야에 대한 전문성과 기술이 쌓일수록 오류에 대한 불안이나 불편함은 커지게 마련이다. 그러면 새로운 해결책이나 색다른 해결책을 모색하려는 창의성이나 의지는 약해진다. 창의적인 사람은 인지적 부조화(자신의 머릿속에 인지된 오류)를 능숙하게 처리하며, 인지된 오류를 적당히 합리화하거나 얼버무리는 것이 아니라 이를 깊이 이해하고자 노력한다.

하지만 대부분의 사람들은 기본 교육, 대학 교육을 받고 전문분야에서 경험을 쌓는 동안, 오류가 보이면 걱정하는 습관이 생기고 만다. 또한 실수는 애당초 하면 안되는 것이라는 편견도 생긴다. 기업은 실수에 뒤따르는 비용에 매우 민감하므로, 우리는 의사결정을 내릴 때 위험을 피하느라 방어적인 태도를 보인다.

그러나 창의적인 사람은 이와 전혀 다른 태도를 보인다. 그들은 다양한 가능성을 자유롭게 탐색하며, 즐겁게 노는 아이처럼 스스럼없이 행동한다. 그들은 뻔히 실패할 줄 알면서도 새로운 아이디어나 생각을 검토해보고 실험해본다. 오류가 발생하면 그것에서 배울 점을 찾아 생각의 폭을 넓혀간다. 이들은 끊임없이 경계선을 확장한다. 전문성, 경험, 주변의 압박 같은 요소가 만들어놓은 경계선에 속박되지 않고, 계속 창의적이며 새로운 방법과 아이디어를 실험하는 것이다.

요약하자면, 의사결정을 내릴 때 단독으로 결정하든 부서 차원에서 결정하든 관계없이, 우리는 자신도 모르게 전문가필터를 통해 판단하려는 경향이 있다. 전문가필터는 지금까지 우리가 경험하고 배운 것을 하나로 집약한 것이다. 전문가필터는 자신의 분야로 시야를 제한하고 판단력을 저해하며 궁극적으로 다양한 분야가 서로 협조하고 통합을 이루는 것을 방해할 뿐만 아니라 기업의 창의성과 민첩성을 저해할 수 있다.

심리학자 에이브러햄 매슬로(Abraham Maslow)는 이런 명언을 남겼다. 경험이 우리의 시야를 좁힌다는 점을 아주 적절하게 설명한 말이다.

"당신이 가진 도구가 망치뿐이라면 모든 사물을 못처럼 다루게 될 것이다."

경험은 새로운 시장에서 걸림돌이 될 수 있다

프라이빗뱅크의 선두주자인 웰스에서 인정받는 실력자인 크리스티앙
은 이미 취리히에서 20년간 스위스 최대 갑부들을 상대로 성공적인 커
리어를 쌓았다. 고객관리 능력을 눈여겨본 스위스 은행업계의 대부인
구스타브가 크리스티앙을 스카우트해서 다년간의 멘토링을 통해 자신
감을 북돋워준 상태였다.

　퇴직을 앞둔 구스타브는 크리스티앙에게 유럽 지역의 고액 자산보
유자 관리를 맡길 의향을 밝혔다. 크리스티앙으로서는 다소 부담스러
운 기회였지만 그리 걱정할 일은 아니었다. 그는 이미 사내에서도 금융
제품 개발팀과 우호적인 협력관계를 구축해 실력을 널리 인정받았으
며, 고객관리와 실적 면에서도 흠잡을 것이 없었다. 크리스티앙의 고객
관리 능력과 업무실적은 유럽 경쟁사들 사이에서도 소문이 자자했다.

　당시 이사회 임원이었던 구스타브는 퇴직과 동시에 이사회에 제안
을 하나 내놓았다. 크리스티앙을 웰스의 차기 CEO로 키우려면 신흥시
장에서 경험을 쌓게 해 역량을 더욱 가다듬고 세계시장을 파악하는 안

목을 키워줘야 한다는 것이었다.

크리스티앙이 고액 자산보유자를 성공적으로 관리해내자 이사회는 그를 홍콩으로 보내 아시아 시장을 맡기기로 결정했다. 크리스티앙은 부푼 희망을 안고 정식 임명이 나기 몇 달 전에 홍콩으로 날아갔다. 그는 미리 그곳 시장의 주요 인물들과 인맥을 쌓으면서 현지 기업이나 주요 인물들의 능력을 파악했다. 또한 고위인사들과 주요 고객들을 만나서 그들이 웰스와 거래하는 데 어느 정도 만족하는지 파악해두었다.

하지만 크리스티앙이 정식으로 홍콩에서 근무한 지 6개월이 지난 후에도 그는 목표를 달성하지 못했다. 이사회가 이를 추궁하자 크리스티앙은 자신이 아시아 시장에 진출한 시간이 길지 않으며 적응하는 과정이 필요하다고 변명했다. 또다시 6개월이 흘렀다. 시장은 빠른 속도로 성장했지만 수익성은 계속 제자리걸음이었다.

CEO는 문제를 자세히 알아보고자 홍콩에서 열리는 아시아 전략보고 회의에 직접 참석했다. 이는 크리스티앙이 사회를 맡은 행사로서, 각 부서의 책임자와 시장 담당자들이 모두 참석하는 자리였다. CEO는 회의에 참석한 후에 주요 고객과 잠재적 고객을 몇 사람 따로 만나보았다. 그러나 회의 결과나 고객 면담 결과는 생각보다 좋지 않았다.

크리스티앙의 이전 경험은 새로운 시장에 대처하는 데 오히려 걸림돌이 되고 있었다. CEO는 이러한 문제점을 한눈에 파악했다. 제품 매트릭스는 새로운 시장환경과 잘 맞지 않았다. 크리스티앙이 스위스에 있는 제품 제휴사와 밀접한 관계를 유지하고는 있었지만, 그들은 아시아의 특성에 맞춰달라는 크리스티앙의 요구에 응하지 않았다. 뿐만 아니라 현지의 프라이빗뱅크 관계자들은 크리스티앙의 접근방식을 탐탁지 않게 여겼다.

하지만 크리스티앙은 시장의 특성이나 경험의 차이를 인정하지 않고 서구문화와 아시아문화의 차이라고 변명했다. 각종 수치자료를 검토해보니, 관리목표 자금의 상당 부분은 경쟁사가 장악하고 있었으며 크리스티앙이 맡은 부분은 고객 자산의 일부에 불과했다. 게다가 일부 고객은 크리스티앙의 업무처리 방식에 문제가 있다고 느꼈지만 겉으로 표현하지 않고 있는 상태였다.

크리스티앙이 안정된 성숙시장에서 업무 경험을 쌓았기에 자산유지 업무에 유능한 것은 사실이었다. 하지만 그는 대부분의 프라이빗뱅크 전문가들처럼 직접 발로 뛰면서 사업 영역을 넓히는 것이 아니라 선배들의 포트폴리오에 크게 의존했다. 뿐만 아니라 신흥시장에서는 유럽처럼 부모에게 거액의 자산을 물려받는 사람들보다 자수성가한 부자들이 많았기에 고객 연령층이 매우 젊은 편이었다.

이처럼 포트폴리오 관리와 투자방식이 유럽과 큰 차이를 보였으므로 전략도 달라져야 했다. 아시아 시장의 고객들은 자산유지 전략보다는 스스로 축적한 자산을 가능한 한 빠른 시일 내에 확장하거나 투자를 주도하는 경향이 강했다.

크리스티앙이 지금까지 이 분야에서 실패를 모르는 실력자로 인정받은 것은 사실이지만, 자신의 경험 때문에 새로운 시장의 특성을 파악하지 못했고, 시장에 맞추어 전략 등을 변화할 필요성을 느끼지 못한 것이 근본적인 문제였다.

크리스티앙의 의사결정에 나타난 편견

크리스티앙은 새로운 패러다임에 자신의 생각을 맞추기 위해 부단히 노력했다. 하지만 오랫동안 성공의 밑거름이 된 경험 위주의 프레임을 타파하기란 쉬운 일이 아니었다. 그의 경험은 일종의 필터로 작용하면서 본인도 모르는 사이에 새로운 임지에서 리더로서 그가 상황을 판단하거나 업무를 추진하는 모든 과정에 영향을 주고 있었다. 사실 기업 리더의 입장에서 지금껏 축적한 경험이 현재 상황과 전혀 관계가 없다고 생각하는 것은 어려운 일이다. 특히 지금까지 단 한 번도 실패해보지 않은 사람에게는 더더욱 그렇다.

상황의 추이나 결과가 완전히 달라질 가능성이 있었는가?

비슷한 상황이 주어질 때 지혜로운 사람은 문제에 대한 접근방식과 태도를 달리 할 것이다. 그저 스케줄에 따라 주요 고객과 부서원들을 만나서 인사를 나누는 것이 아니라 사전준비와 탐색기간을 가졌다면 훨씬 좋았을 것이다. 또한 새로운 지역에서 기업이 성공할 수 있는 비결이나 이유에 대한 자신의 예상이나 기대를 떨쳐내기 위해 다음과 같이 노력했어야 한다.

- 아직 웰스와 거래하지 않은 고객을 만나서 그들이 웰스를 찾지 않는 이유를 알아본다. 웰스가 어떤 변화를 시도하면 그들이 자산관리를 맡길 것인지 물어볼 수도 있다. 경쟁사를 분석한 자료나 벤치마크한 자료를 읽는 것만으로는 현지 고객의 필요를 제대로 알

수 없다.

- 아시아에서 활동해온 자산관리 분야의 전문가들을 만나서 아시아라는 새로운 시장에 대한 이해를 구한다. 그리고 자신의 생각이나 부서에 대한 생각에 과감하게 이의를 제기하도록 촉구한다.

- 새롭게 개척할 시장이 지금까지 활동한 시장과 비슷할 것이라는 생각을 버리고, 새로운 시장의 특징과 기존 시장과의 차이점을 자세히 조사한다. 인지적 부조화가 발생해도 당황하거나 부인하지 말고, 유사점보다 차이점에 주목한다. '현재 시장에 대해서 내가 아는 것보다 모르는 점이 훨씬 많다'는 사실을 인정한다.

- 언뜻 보기에 비슷해 보이는 방법도 자세히 알아보면 큰 차이점이 있게 마련이다. 다양한 방법의 미묘한 차이점과 지역적·문화적 차이 등을 파악한다. 이를테면 중국인 특유의 도박 본능은 그들의 투자 습관에 적잖은 영향을 준다.

- 방문시 관계자를 대동하지 말고 콜드콜*을 시도해 자산관리 전문가로 자신을 소개한다. 스위스에서는 콜드콜은 상상도 못할 일이지만 아시아에서는 그렇지 않다.

---

* 콜드콜(cold call) : '사전접촉 없는 방문'이라는 뜻이다. 거래가 없는 고객에게 상품을 판매하기 위해 사전약속 없이 전화를 하거나 방문하는 행위를 말한다. ─ 옮긴이

경험은 편협한 시각을 만들 수 있다

북아시아 지역을 맡은 아쇼크는 베트남 투자계획 외에는 여념이 없었다. 하지만 제품과 시장에 대한 뿌리 깊은 불신과 문제점들이 해결되지 않아서 관계자들을 설득하는 데 애를 먹었다. 베트남은 여러 가지 측면에서 볼 때 충분히 투자가치가 있는 신흥경제국이지만, 제네시스 금융서비스 주식회사는 이 지역에 대한 투자에 여전히 회의적이었다. 아쇼크가 보기에 제네시스는 새로운 투자기회에 보수적인 입장을 고수했다. 그로 인해 일부 핵심인력이 좀더 적극적으로 베트남에 투자하는 기업에 합류하고자 제네시스를 떠나는 것도 큰 문제였다.

아쇼크는 기업 내 관계자들, 특히 제품 책임자에게 투자계획을 확실히 주지시키고자 만반의 준비를 했다. 그는 전문가에게 자신의 투자계획을 보여주고 의견을 구했다. 뿐만 아니라 리스크관리협회에 베트남의 전망에 대한 객관적인 의견과 기업투자에 관련된 리스크 자료를 달라고 요청했다. 그리고 부서 직원들을 모두 동원해 베트남에 진출한 경쟁업체들의 전략을 철저히 분석했다.

만반의 준비를 갖춘 아쇼크는 관계자들 중에서 투자계획을 강경하게 반대하는 사람들 몇 명을 직접 찾아갔다. 이들은 제네시스가 이미 두각을 드러내는 시장에 안정적으로 투자하는 것을 원할 뿐, 새로운 시장을 개척하려는 계획에는 흥미를 보이지 않았다. 하지만 아쇼크는 베트남에 진출해 시장을 확대해야 하는 중대한 이유가 있다고 주장했다. 이번만은 자신의 투자계획을 입증할 근거나 자료가 충분하다고 자신했다.

베트남 지역 책임자의 사회로 회의기 시작되었다. 아쇼크는 전폭적인 지지를 얻기 위해 베트남에 투자해야 하는 이유를 분명하고도 설득력 있게 제시했다. 제품 관계자들은 베트남 시장의 법적 규제가 까다로우므로 일부 제품은 비용이 상승할 것이라고 우려했다. 그들은 새로운 지역에 투자하다 보면 기존에 투자하던 시장을 유지·관리하는 데 어려움이 있으며, 일부 시장은 신제품 개발이 시급하므로 베트남 진출을 고려할 때가 아니라고 반박했다.

제품과 시장을 바라보는 시각 차이로 인해 회의는 결국 아수라장이 되고 말았다. 회의장을 나서는 아쇼크는 마음이 몹시 무거웠다. 회의 참석자들은 베트남 투자기회를 제대로 이해하지 못했다. 그 때문에 이번 기회를 놓친다면 제네시스에게 매우 애석한 일이었다. 이번 기회를 놓치면 베트남 진출이나 이를 기반으로 제네시스의 발전을 도모하는 것은 사실상 불가능했다.

제네시스의 회의에서 드러난 편견

동류집단이 자신의 경험과 편협한 시각을 버리지 않았기 때문에 제네시스는 베트남에서 입지를 넓힐 수 있는 절호의 기회를 놓치고 말았다. 동류집단 내에 단 하나의 세부필터 또는 전문가필터가 작동할 경우에는 기업 전체에 합당한 관점을 형성하지 못해 결국 기업에게 불리한 결정이 내려질 수 있다. 설상가상으로 부족한 자원을 두고 경쟁이 벌어지면 이러한 문제는 더욱 심각해진다.

상황의 추이나 결과가 완전히 달라질 가능성이 있었는가?

팀원들을 단결시키려면 분열의 원인을 파악해야 한다. 그런데 원인을 파악하기에 앞서 두 가지 요소를 이해해야 한다. 하나는 속성에 대한 이해이고, 다른 하나는 출처 또는 근원에 대한 이해다. 이런 팀이 집단적인 목적을 설정하려면 집단의식부터 형성되어야 한다. 그렇게 하려면 다양한 세부필터 또는 전문가필터 때문에 형성된 사고방식의 차이를 인정해야 한다.

가치관의 차이와 각 팀의 독특한 이력도 비슷한 효과를 낸다. 집단적인 목표를 설정하고자 노력했다면 대화의 방향이 달라지고 긍정적인 결과를 얻었을지도 모른다. 예를 들자면, 팀원들이 서로의 다양한 경험을 들어보고 새로운 부분을 배울 기회를 얻을 수도 있었다.

뿐만 아니라 한 걸음 물러나서 "당신을 비롯해 당신의 부서는 무엇을 가장 중시합니까?", "당신의 생각을 좌우하는 가치관은 무엇입니까?" 같은 질문을 검토했더라면 좋았을 것이다. 그러면 서로의 생각이

다를 수밖에 없는 이유를 알게 되어 대립구도가 형성되지 않고 이해와 양보를 이끌어낼 수 있었을 것이다. 대화가 잘 진행되면 서로의 차이보다는 비슷한 점을 차츰 알게 되고 유대감이 형성되었을 것이다.

비슷한 점을 찾는 데 너무 급급하면 역효과가 나게 마련이다. 서로의 생각과 관점의 차이를 심도 있게 이해하고자 노력할 때 비로소 기업 전체에 도움이 되는 의사결정을 내릴 수 있다.

경험 편견의
위험신호

다음과 같은 경우에는 당신의 경험이 의사결정에 부정적인 영향을 주는 것은 아닌지 검토해볼 필요가 있다.

- 주변 사정이나 상황의 변화를 전혀 고려하지 않고 한 가지 전략만 고집한다.
- "예전부터 이 방식대로 했어"라는 반응이 나온다.
- 자신의 생각과 반대되는 경험이나 지식, 정보 등에 반감이 든다.
- 한 가지 사고방식만 고집한다. 예를 들어 새로운 매장을 여는 것만이 문제의 해결책이라고 주장하는 경우
- 동류집단의 갈등이 오래 지속되었거나 심화된다.
- 전문가들이 각자의 분야를 벗어나서 유연한 사고를 하지 못하거나 가치사슬 전반을 고려하는 수평적 사고에 취약하다.
- 매출이나 이익이 떨어짐에도 불구하고 오랫동안 비즈니스 형태나 운영방식을 검토의 대상으로 삼지 않는다.

- 기업 내에서 당연한 것으로 자리잡은 패턴이 존재하며 이를 바꾸려는 생각조차 하지 않는다.
- 흑백논리에 따라 세상을 판단하며 회색지대를 인정하지 않는다.

경험 편견의
성공전략

다음 성공전략은 과거의 경험이 의사결정에 끼치는 불합리한 영향력을 크게 줄여준다.

사고방식 재검토하기

- **프레임 재구성** : 경험에서 비롯된 편견의 대다수는 프레임 재구성을 통해 극복할 수 있다. 간단히 말해서, 질문을 제시하는 방식만 조금 바꾸면 된다. 내용이 같은 질문이라도 어떻게 제시하는지에 따라 사람들의 반응이 달라진다. 어설픈 질문은 의사결정의 방향을 틀어버릴 수 있다. 자신의 첫 번째 프레임을 비판적으로 검토해 프레임 때문에 왜곡이나 편견이 발생하지 않았는지 살펴보라.
- 단 하나의 프레임이 모든 사고과정을 지배하는 것은 아닌지 확인해보라. 하나의 프레임에만 의존하면 생각이 편협해져서 의사결정의 질적 수준도 낮아진다.
- 전문가라면 자신이 어떤 전문가필터를 사용하고 있는지 자문해보

라. 또한 의사결정에 큰 영향을 미치는 필터의 특성을 파악하라.

- 오랫동안 고수해온 이론이 있다면 한번쯤 비판적인 시각으로 검토해보라. 전문가들이 강하게 주장하는 사안이라도 합리적인 범위 내에서 비판적인 시각으로 검토해보는 것이 좋다.

- 자신의 생각과 맞지 않는 정보 또는 부조화가 있더라도 방어적으로 행동하지 않도록 하라. 상황에 따라 달라질 수 있다는 점을 인정하고 유연하게 대처하라.

- 다음 질문을 사용해 자신을 성찰해보라. 또한 다른 사람들로부터 객관적인 의견이나 조언을 구해보라.

  ① 내가 놓치고 있는 패턴이 있는가?

  ② 내가 놓치거나 거부하는 생각이 있는가?

  ③ 내가 대책을 마련하지 못한 위험요소는 무엇인가?

  ④ 비즈니스의 '방식'이나 '내용'보다는 '이유'를 먼저 검토해보라. 그러면 기업 전체의 목적을 생각할 때 제한된 경험에 갇혀 편협한 의사결정을 내릴 가능성이 낮아진다.

- 현재의 사안에 대한 자신의 입장이나 생각과 반대되는 입장에서 생각해보라.

관련된 사람들 재정비하기

- **역할 교체** : 전문가를 새로운 환경에 노출시킨다. 이를테면 마케팅 담당자나 브랜드 담당자를 하루 정도 매장에서 근무하게 하거나, 은행 간부를 하루 정도 영업점에서 일하도록 할 수 있다. 그러면 기업의 목적을 폭넓은 시각으로 생각하게 되고, 고객을 직접 대하

면서 새로운 부분을 배우게 된다. 새로운 환경은 익숙한 작업환경에서 미처 생각하지 못한 것들을 깨닫는 계기가 될 것이다.

- 외부전문가, 비전문가, 고객을 참여시켜서 지배적인 사고과정을 자극한다.
- 혁신의 출처를 공개하거나 고객이 참여하는 공동제작 과정을 실시해 문제를 인식하는 방식에 얽혀 있는 장애물을 제거한다. '고객의 결정에 따르겠습니다' 또는 '고객의 생각이 최고입니다'라는 광고문구를 실제 기업의 운영방식으로 도입하는 것이다.
- 반대입장을 고수하는 경쟁팀을 만들어서 관련된 모든 이슈를 객관적으로 고려한다.
- 부하직원을 직속상사의 멘토로 삼아서 고위간부들의 사고방식에 이의를 제기한다.
- 경계선 확장에 유능한 사람들을 찾아서 의사결정 과정에 참여시킨다.

진행과정 주의하기

- 주요 의사결정권자들이 정기적으로 고객을 접할 기회를 제공해 고객의 입장에서 생각하고 고객의 입장에서 문제를 파악하도록 한다.
- 다양한 아이디어를 사용하거나 실험할 기회를 만들어준다. 특히 반대되는 아이디어를 아무런 제약이나 편견 없이 검토한다.
- 팀의 리더라면 검토 초반 단계에 관여하지 않는다. 그래야 리더의 눈치를 보느라 자신의 의견을 포기하거나 양보하는 팀원들이 줄어든다.

"우리는 부정적인 메시지보다

긍정적인 메시지에 더 크게 반응하는 경향이 있다."

3

낙관주의는 시야를 흐릴 수 있다

결과에 대한 자신감이 강할수록
더 나은 결정을 내릴 수 있다는 편견에 도전하기

◆◆◆ 1955년에 오스트레일리아 뉴사우스웨일스 주지사는 시드니의 베닐롱포인트에 오페라하우스를 건설하겠다고 선언한 다음, 디자이너와 건축가를 경쟁입찰 방식으로 공모하겠다고 밝혔다. 전세계 230명의 건축가들이 초대장을 받았다. 오페라하우스가 현대건축의 명작으로 기억될 것이라는 소문이 퍼지면서 많은 사람들이 건축가 공모에 관심을 보였다. 현재 이 오페라하우스는 20세기의 대표적인 건축물로 인정받고 있다.

덴마크 출신의 건축가인 존 우슨(Jon Utzon)이 이끄는 건축팀이 공모에 당선되었다. 총 예산은 600만 호주달러였으며 1963년 1월에 완공될 예정이었다. 그 정도 규모의 공사라면 완공까지 6년 정도 걸리는 것은 놀랄 일이 아니었다. 우슨이 최종 설계를 마무리하지 않았으며 구조에 관한 주요 사안이 아직 해결되지 않은 상태였으나 공사는 서

둘러 시작되었다. 정부 관계자들은 여론의 반대에 부딪히거나 공사자금 조달에 문제가 생길까 봐 걱정한 나머지 성급하게 공사를 개시했다. 하지만 정부는 이번 공사가 얼마나 크고 복잡한 것인지 제대로 알지 못했다. 설상가상으로 건물이 들어설 자리가 당시에는 습지로 지정되어 있었다. 공사자금 담당처 역시 지금까지 호주 정부가 시도한 프로젝트들하고는 비교도 되지 않을 정도로 규모가 크다는 사실을 모르고 있었다. 정부 측은 막연히 잘될 것이라는 낙관주의만으로 공사를 성급히 밀어붙였다.

아니나 다를까, 얼마 지나지 않아서 문제가 발생했다. 폭풍으로 빗물이 공사장에 범람해 공사 일정에 큰 차질이 생겼다. 최종 도면이 나오지 않은 상태에서 공사를 시작한 탓에, 무대에 설치된 기둥이 지붕의 하중을 지지하지 못해 재공사가 필요하다는 판정이 났다. 그 후로도 재공사를 해야 할 곳이 계속 발견되었다. 예산은 눈덩이처럼 불어나서 1966년에는 1,600만 호주달러가 되었다. 공사를 둘러싼 여론도 날로 악화되었다. 예산을 놓고 건축가와 정부 간에 치열한 공방전이 벌어지기도 했다. 결국 우슨이 공사를 포기하고 덴마크로 돌아가자 일이 더욱 지연되었고, 우여곡절 끝에 이 프로젝트는 1973년에 완공되었다. 당초 계획보다 10년이나 늦어진 공사의 총 소요비용은 원래 예산보다 14배 이상 늘어난 1억 200만 호주달러였다.

이것은 건설업계에서만 나타나는 문제가 아니다. 주요 프로젝트의 자금원들은 종종 낙관주의에 기대 프로젝트에 드는 비용을 책정하려 한다.

낙관주의는 인간의 본능이라서 비즈니스뿐만 아니라 생활 속의 모든 결정에 영향을 끼친다. 심리학자인 데이비드 아모르(David Armor) 예일대학 교수에 의하면, 인구의 80%가 앞으로의 인생을 낙관적으로 바라본다고 한다. 즉 미래는 과거나 현재보다 훨씬 나아질 것이며, 나이가 들어도 현재의 생활보다 악화되지는 않을 거라고 생각한다. 2005년에 발표된 한 연구에 의하면, 60세 이상 성인들도 젊은 사람들처럼 절반 정도 채워진 컵을 보면 '아직 물이 반이나 남았구나'라고 생각한다.

낙관주의의 문제점

시간이 흐를수록 삶이 더 안정되고 균형 잡힐 것이라는 낙관적인 생각은 의미 있는 행동을 하려는 동기를 강화하며, 스트레스를 줄여서 정신과 질병을 예방하는 효과가 있다. 하지만 낙관주의는 시드니 오페라하우스의 사례처럼 잘못된 판단으로 이끌어 막대한 비용손실을 초래하기도 한다.

비즈니스와 마찬가지로, 인생을 살다 보면 낙관주의가 우리의 기대치를 크게 좌우한다. 일례로 현실에서는 이혼이나 별거율이 높게 나타나지만, 사람들은 여전히 자신의 결혼생활은 안정적이고 행복할 것이라고 예상한다. 실제로 심리학자 린 베이커(Lynn Baker)와 로버트 에머리(Robert Emery)가 결혼을 앞둔 로스쿨 졸업생들을 대상으로 실시한 연구조사는 이 점과 관련이 있다.[1] 영국 작가 새뮤얼 존슨(Samuel Johnson)은 재혼을 앞둔 사람들의 낙관주의를 "경험에 대한 희망의 승리"라고 표현한 바 있다.

기업 환경에서도 낙관주의에 빠져 심각한 문제를 과소평가하는 상황이 종종 발생한다. 낙관주의에 사로잡히면 문제점을 정확히 파악하지 못하고 간단한 해결책에 만족하게 된다. 예를 들어 경쟁업체가 가격을 낮출 때 낙관주의가 작동하면 어떻게 될까? 그 업체가 필사적으로 시장점유율을 유지하려고 가격을 낮추긴 했지만 그 가격으로는 결코 수익을 낼 수 없을 거라고 추론할지도 모른다. 하지만 현실은 다를 수 있다. 제품 공급방식을 개선해 생산비용을 낮췄기 때문에 소비자가격도 내렸을 가능성이 있다. 혹은 의도적으로 가격을 낮추어 다른 분야에 투자할 기반을 다지는 것인지도 모른다. 낙관주의라는 편견에 사로잡히면 전체적으로 지배적인 논리를 잘못 형성해 경쟁업체에 대한 대응전략도 잘못 수립할 우려가 있다.

부정적인 사건이 발생할 가능성은 낮고 긍정적인 사건의 발생 가능성은 높게 평가하는 것 역시 낙관주의의 영향이라고 볼 수 있다. 학습이론에 의하면 우리는 부정적 (또는 긍정적) 결과에서 교훈을 얻고 자신의 기대치를 수정한다. 하지만 항상 학습이 이루어지는 것은 아니다.

사회 전반의 학습 효과를 한번 생각해보자. 2008년에 발생한 신용위기와 비슷한 사건이 13세기 무렵에 이미 발생했다는 점을 생각해보면, 그 사건이 사람들에게 큰 가르침을 남겼다고 말할 수는 없다. 당시에 갑자기 대출이 중단되자 많은 사람들이 경제적으로 위축되었다.

레딩대학의 금융담당 교수와 중세역사가 두 사람이 나서서 중세시대의 경제를 연구했다.[2] 당시 경제는 금융 전문가 외에 군주와 수도승도 적극적으로 참여하는 등 고도로 발전된 양상을 보였다. 상인협회와 정부는 불안정한 현금흐름을 안정시키기 위해 혁신적인 방법을 도입했다. 즉 고도로 발전된 금융방안이 도입된 것이다. 영국의 수도승과 이탈리아상인협회 사이에 형성된 양모 시장에서 선도계약이 형성되어, 현금대출을 양모로 갚거나 종교시설에서 숙소를 제공하는 등의 서비스가 개시되었다.

그런데 2008년 신용위기와 유사하게, 이 당시에도 부정이득이 넘쳐났다. 교황에게 가야 할 성직자 세금의 상당액을 상인협회가 관리하면서 왕이나 다른 상인들에게 대출해주는 일이 빈번했다. 그러나 1290년대 초반부터는 교황이 성직자 세금을 대부분 가져갔으며, 프랑스 국왕은 국내에서 활동하는 이탈리아 상인들에게 엄청난 세금을 부과했다. 설상가상으로 1294년에 영국과 프랑스 사이에 전쟁이 발발했고, 에드워드 1세는 재정담당관에게 전쟁자금을 긴급히 요청했다. 하지만 주요 자금이 대출과 상거래에 묶이면서 1294년에 신용위기가 닥치고 말았다.

13세기는 2008년 신용위기 직전의 상황과 유사점이 많다. 사실 13세기부터 2008년까지 신용위기는 수차례 반복되었다. 이것은 50년 주기로 반복되는 경제계 낙관주의의 또 다른 예시라고 할 수 있다.

이제는 금융시장이 전세계적으로 연결되어 있으므로 금융위기가 전례 없는 규모로 발생한다는 것을 인정해야 한다. 어쨌든 비슷한 사건이 반복되는데도 우리는 신용위기 앞에 또 한 번 무릎을 꿇었다. 수많은 경제학자들이 신용위기 사이클을 주시했지만 소용이 없었다. 낙관주의의 편견은 그만큼 무서운 것이다.

기업은 또 어떠한가? 그들은 확실성을 높이 평가하고 보상을 제시하지만 불확실성이나 모호함은 외면한다. 회의에서 특정 계획을 제시하면서 실제로 계획을 수행할 자신이 없다고 솔직하게 말하는 사람은 없을 것이다. 관련된 리스크를 언급할 때도 주눅이 들기는커녕, 관련된 리스크를 모두 파악했으며 충분히 검토해 대처방안을 수립했다고 큰소리를 칠 것이다. 시장변화에 맞추어 낙관주의를 현실에 맞게 꾸준히 조정하지 않는 한, 이런 계획에 뒤따르는 의사결정은 자신감, 즉 낙관주의로 인해 왜곡될 수밖에 없다.

낙관주의의 문제점 자세히 살펴보기

낙관주의의 결말은 예상보다 훨씬 더 치명적일 수 있다. 영국의 석유회사 BP에서는 유정(油井) 기술에 대한 잠재적인 리스크를 언급하면서, 심해작업시 심각한 사건이 발생할 가능성을 거의 부정하다시피 했다. 하지만 BP는 그런 낙관주의 때문에 엄청난 재정적 손실을 입었다. 멕시코 만에서 유정이 폭발하는 사건이 발생해 11명의 작업자가 사망하고 대량의 기름이 유출되어 380억 달러에 달하는 환경피해가 발생했기 때문이다.

경험이 많은 기업 임원도 이런 낙관주의에서 자유로운 것은 아니다. 오늘날 기업의 의사결정이나 판단에서 가장 자주 발생하며 가장 심각한 결과를 초래하는 문제는 바로 과도한 자신감이다.

신경과학이나 사회과학에서는 인간이 필요 이상으로 낙관적이라고 말한다. 즉 현실을 눈앞에 보면서도 낙관주의의 환상에서 벗어나지 못한다는 것이다. 그래서 많은 사람들이 이렇다 할 근거도 없이 자신의 의사결정에 대해 강한 확신을 가지는 것이다.

떼려야 뗄 수 없는 낙관주의

진화 과정에서 낙관주의가 사람의 두뇌에 자리잡았음을 지지하는 과학적인 증거가 계속 쏟아져나오고 있다.

유명한 신경과학자 엘리자베스 펠프스(Elizabeth Phelps)는 MRI 스캐너로 흥미로운 실험을 진행했다.[3]

펠프스는 피실험자들이 미래에 발생할지 모르는 특정 사건을 상상하는 동안 그들의 두뇌활동을 MRI로 측정했다. 몇몇 참가자들은 멋진 데이트나 복권 당첨같이 긍정적인 사건을 상상했고, 다른 사람들은 지갑을 잃어버리거나 사랑하는 사람과 헤어지는 부정적인 사건을 상상했다. MRI 기록을 보니 전자의 기록영상이 후자보다 훨씬 생생하고 활동적으로 나타났다.

우리는 부정적인 메시지보다 긍정적인 메시지에 더 크게 반응하는 경향이 있다. 인지과학 전문가인 사라 벵트손(Sara Bengtsson)이 실시한 실험결과를 보면, 인지 테스트를 받기 전에 긍정적인 메시지를 많이 접한 실험군은 테스트 점수가 훨씬 높게 나타났다.[4]

낙관주의가 이렇게 우리와 떼려야 뗄 수 없는 관계라면, 리더들도 이 점을 유의해야 할 것이다.

지나친 낙관주의자와 정의사회에 대한 기대치

사람이나 상황을 가리지 않고 모든 경우에 정의와 선을 기대하는 것도 낙관주의의 일종이다. 엘리노 포터(Eleanor Porter)는 1913년에 발표한 소설 《폴리애나(Pollyanna)》에서 이러한 경향을 폴리애나이즘(Pollyannaism)이라고 명명했다. 지나칠 정도로 모든 일을 낙관적으로 생각하는 소설 속 주인공 폴리애나를 가리키는 말이지만, 지금은 어리석을 정도로 지나치게 낙관적이며 부정적인 사실을 인정하지 않는 사람을 비하하는 말로 사용된다.

오늘날 비즈니스 업계에 폴리애나 같은 사람은 없겠지만, 상업적인 측면에서 순진무구한 생각을 하는 사람은 간혹 있는 것 같다. 누가 봐도 문제가 발생할 것이 분명한데 자신만 문제를 예측하지 못하거나, 주변 사람들이 실망할 가능성이 농후한 아이디어나 인재를 적극적으로 후원하는 것이다.

이렇게 대책 없이 긍정적인 사람들은 현실을 있는 그대로 지각하지 못하며, 인정하기 싫은 사실은 외면하거나 부정해버린다. 빌라야누르 라마찬드란(Vilayanur Ramachandran)은 《두뇌 실험실(Phantoms in the Brain)》이라는 저서에서, 좌뇌는 개인의 가치관을 기준으로 사물을 판단하며 가치관과 맞지 않는 정보를 거부하지만, 우뇌는 좌뇌와 반대로 작동해 일관성에서 벗어난 패턴을 추구한다고 얘기한다.[5] 폴리애나이즘에 사로잡힌 사람들은 상대방이 냉소적이라는 것을 암시하는 증거를 처리하는 데 어려움을 겪으며, 문제가 있을 때 실패할 확률이 높다는 현실적인 결론을 빨리 받아들이지 못한다.

이처럼 세상은 정의롭고 모든 것이 올바르다고 생각하는 관점은 위험하거나 편견이 가득한 결론을 산출한다. 인텔의 창립자 앤디 그로브 (Andy Grove)가 《편집광만이 살아남는다(Only the Paranoid Survive)》에서, 편집증이 약간 있는 사람이 더 지혜롭게 산다고 말한 것도 놀랄 일이 아니다.[6]

결정을 내린 후에도 편견은 계속된다

폴리애나이즘과 무관한 사람도 자기예언적인 기대를 경험할 수 있다. 즉 자신이 기대한 것이 미래에 성취되는 것을 경험할 수 있다. 기대는 낙관주의와 달리 현실을 왜곡하지 않고도 세상을 바라보는 시각을 바꿔준다.

당신이 두 가지 전략 중에서 하나만 선택해야 한다고 가정해보자. 둘 다 흠잡을 것 없는 훌륭한 전략이다. 그중에서 하나를 선택하는 것이 힘들고 부담스럽지만, 일단 선택을 하고 나면 흥미진진한 상황이 펼쳐진다. 갑자기 자신이 선택한 것이 조금 전에 고민할 때보다 훨씬 좋아 보이고, 선택하지 않은 전략은 고민할 가치조차 없는 것처럼 쓸모없게 여겨질 것이다.

사회심리학자 레온 페스팅거(Leon Festinger)에 따르면, 우리는 비슷한 2개의 옵션 중에서 어렵게 하나를 고른 후에는 긴장감을 완화시키기 위해서 두 가지 선택사항의 가치를 재평가한다고 설명한다.[7] 심리학에서는 이를 가리켜 확증편향*이라고 한다.

---

* 확증편향(confirmation bias) : 자신의 신념과 일치하는 정보는 받아들이고 신념과 일치하지 않는 정보는 무시하는 심리적 경향을 말한다. ─ 옮긴이

서로 반대되는 두 가지 선택사항 중에서 하나만 골라야 하는 상황에서만 자기예언적 기대가 효과를 발휘하는 것은 아니다. 여러 가지 바람직한 대안 중에서 하나를 선택해야 하는 상황도 마찬가지다.

물론 고심 끝에 선택한 길이나 결정이 실망으로 끝날 때도 있다. 하지만 대부분의 경우 결정을 내리고 나면 자신이 선택한 것에 더 높은 가치를 부여하고 좋은 결과가 나올 것이라고 기대하게 마련이다. 현실이 아니라 가상적인 결정이라도 비슷한 심리가 작용한다.

이처럼 의사결정을 내린 후에도 무의식적인 편견은 계속 작용한다. 결정을 내린 후에도 확증편향이라는 편견이 작용하므로, 바람직한 결과가 나오면 우리는 자신의 능력 또는 선택이 옳았다고 믿는 반면, 결과가 좋지 않으면 운이나 확률 같은 외적 요소를 탓한다.

이로 인해 우리는 의사결정의 성공과 실패에서 배울 점을 찾지 못한다. 실패할 경우 자신의 잘못이나 부족함을 인정하지 않으려는 경향이 강하게 나타나는 이유도 여기에 있다. 의사결정이라는 경험에서 실패의 원인을 배우지 못하면 여러 가지 대안이나 가설을 검토할 때 충분히 준비하지 않으므로 또 다른 실패를 자초할 우려가 크다.

익숙하지 않은 상황이 주는 어려움

낯선 문제에 직면하거나 익숙하지 않은 상황에 처할 때 자신의 판단력을 과신하면 어리석은 결정을 내리게 된다. 그로 인해 원치 않는 결과를 감수해야 하거나 막대한 재정적 손실을 입을 수 있다. 관련 자료에 의하면 기업 인수·합병의 60%는 기대한 수익을 내지 못한다. 이처럼 일을 계획할 때 일이 잘못되거나 예기치 못한 장애를 만날 가능성을 무시하고 그저 잘될 것이라고만 생각하는 낙관주의는 우리 주변에 크게 자리잡고 있다.

어려운 문제나 익숙하지 않은 상황에 직면하면 우리의 두뇌는 이 상황에 도움이 될 만한 경험을 더듬어 찾기 시작한다. 관련된 경험이 기억나는 순간 우리는 이 문제를 순조롭게 해결할 수 있다는 자신감을 갖게 된다.

하지만 2장에서 살펴보았듯이, 유용하고 관련성이 있는 경험 여부를 판단할 때도 오류가 발생할 수 있다. 예를 들어 예전에 정말 비슷한 경험을 한 적이 있다고 자부하지만, 자세히 들여다보면 속사정이 판이하게 다를 때가 많다. 또한 예전 경험과 한두 가지 특징만 다르다고 판단했는데 알고 보니 비슷한 점이 단 하나도 없을 수도 있다.

이처럼 성급하게 긍정적으로 판단하면 이 문제를 잘 처리할 수 있다는 자신감만 커진다. 하지만 그것은 근거 없는 자신감일 뿐이다. 냉정하게 생각해보자. 자신의 경험이 특정 분야에서 내로라할 만한 것인지 모르지만, 다른 분야에서는 그것이 전혀 쓸모없는 것일 수도 있다. 예를 들어 기업의 성장전략만 추구하던 리더는 어떤 기업을 맡더라도 성장이 중요하다고 주장할 것이다. 흔히 새로운 시장에서 성공하는 유일한 방법은 그 시장을 완전히 장악하는 것이라고 생각한다. 하지만 그런 전략으로 새로운 시장에 진출했다가 쓰디쓴 실패를 맛본 기업이 얼마나 많은가? 이 점을 생각해보면 우리의 경험이 편협하고 미흡하다는 점을 새삼 깨닫게 된다.

불확실성을 대할 때는 먼저 주어진 상황에 관련된 불확실한 요소를 모두 파악해야 한다. 또한 다른 사람이라면 불확실한 요소를 어떻게 처리했을지 알아보고 대처방안마다 객관적인 증거나 자료를 확인해야 한다.

이처럼 꼼꼼하게 처리하는 와중에도 근거 없는 자신감이 불쑥 끼어들 수 있다. 그래서 우리는 또 하나의 질문을 갖게 된다. 희망을 잃지 않으면서도(희망은 낙관주의의 긍정적인 측면이라고 할 수 있다) 낙관주의의 덫을 피하려면 어떻게 해야 할까?

낙관주의는 크고 작은 문제에 눈을 감게 한다

메트로뱅크의 COO인 톰은 이사회와 CEO에게 받은 어려운 과제가 조금씩 풀리자 흥분을 감추지 못했다.

이사회 임원들과 CEO는 톰의 부서가 회사의 수익률에 크게 기여하리라고 기대하는 것 같았다. 그 목표를 달성하려면 톰이 이끄는 분야에서 2억 6,500만 달러의 운영비용을 삭감해야 했으며, 중소기업을 대상으로 하는 모기지 업무를 전부 아웃소싱하는 것만이 유일한 방법이었다.

메트로뱅크의 소액거래 콜센터는 이미 필리핀에 아웃소싱해서 성공적으로 운영되고 있었고, 목표한 매출액은 2년 이상 앞서가고 있었다. 물론 모기지 업무를 아웃소싱하는 것은 콜센터 운영보다 훨씬 어려운 계획이었지만, "고민할 필요도 없는 간단한 결정"이라는 컨설턴트의 말에 톰은 긴장을 놓아버렸다.

아웃소싱 1세대는 인도의 벵갈루루에 많이 모여 있었지만, 비용 효율 면에서는 푸나가 훨씬 유리했다. 2세대 아웃소싱의 경험이나 핵심

역량, 최신기술 면에서도 푸나가 가장 합리적인 선택이었다.

톰만 기대에 부푼 것이 아니었다. 이번 아웃소싱 계획은 톰이 이끄는 팀 전체가 흥분할 정도로 중요도나 규모 면에서 큰 프로젝트였다.

하지만 일각에서는 우려의 목소리가 높았다. 노사관계 책임자는 아웃소싱 때문에 모기지 분야에서 200명이 해고되면 노동조합과 톰의 관계가 악화될 것이라고 지적했다.

하지만 톰은 회사의 수익률이 지금 상태에 머문다면 결국 훨씬 더 많은 사람들이 실직하게 될 테니, 노동조합도 아웃소싱에 뒤따르는 필연적인 감축정책을 이해해줄 것이라고 반박했다. 그리고 톰은 노동조합 대표와 점심식사를 하기로 결정했다. 아웃소싱 계획은 공개하지 않았지만 머지않아 은행에 대대적인 긴축 바람이 불어닥칠 것이라고 귀띔해주었다.

이사회의 승인을 받아 인도에 있는 아웃소싱 업체 인포겐을 선택하는 등 오프쇼링* 계획이 본격적으로 추진되었다. 톰은 계획대로 일이 추진된다고 생각했다. 톰을 보좌하는 컨설턴트는 몇 차례 인도에 출장을 다녀와서 아웃소싱 업체에는 아무 문제도 없다고 전했다.

인포겐의 CEO인 산제이는 하버드대학을 졸업하고 뉴욕의 일류 컨설팅 기업에서 경력을 쌓은 실력자로, 열정과 긍정적 사고방식이 돋보이는 기업가였다. 직접 만나보니 톰은 한결 마음이 놓였다. 산제이처럼 총명한 인재라면 얼마든지 신뢰할 수 있었다.

• 오프쇼링(off-shoring) : 아웃소싱의 형태 중 하나로, 기업이 경비를 절감하기 위해 생산·용역·일자리 등을 해외로 내보내는 것을 말한다. ─ 옮긴이

산제이는 술자리에서 인포겐과 손잡고 있는 다른 주요 은행 관계자들도 소개해주었다. 톰으로서는 기대하지 않은 만남이었지만, 그의 컨설턴트가 이미 은행을 대표해 비슷한 아웃소싱 기업을 방문했기 때문에 별다른 부담은 느끼지 않았다.

똑똑하고 열정이 넘치는 대졸자들로 인도의 아웃소싱 팀이 구성되었고, 잠시도 쉬지 않고 이들을 지켜보고 감독하는 인도인 감독자도 있었다. 그들은 본사로 와서 4주에 걸쳐 아웃소싱 시험판 프로그램 사용법을 훈련받았다. 그러자 이들의 교육을 맡은 메트로뱅크 직원들이 곧 실직할 것이라는 소문이 돌기 시작했다.

사내의 불안한 기운을 가라앉히기 위해 톰은 언론 관계자들에게 인포겐 직원 교육은 일상적인 업무의 일부라고 밝혔다. 하지만 4주간의 시험기간이 끝난 후에 톰과 프로젝트 관계자들은 본격적으로 아웃소싱 계획을 실행에 옮기기 시작했다.

하지만 초반부터 실제 업무절차나 업무이해에 관해 부족한 점이 드러나기 시작했다. 뚜껑을 열어보니 몇 가지 중대한 오류도 발견되었다. 일례로 기존의 대출고객에게 200만 달러가 아니라 2,000만 달러를 대출한 사실이 뒤늦게 밝혀졌다. 2,000만 달러는 당좌대월액을 훨씬 넘기는 금액이었다. 하지만 산제이가 발 빠르게 대처했고 톰은 이를 크게 문제 삼지 않았다. 양면으로 된 모기지 문서를 어떻게 PDF로 전송할 것인지를 비롯해 크고 작은 문제들이 많았지만 모두 얼렁뚱땅 넘어가고 말았다.

가장 결정적인 문제는 톰이 프로세스 매핑(process mapping) 단계를 단축하기로 결정한 것이었다. 이 단계는 업무 인수인계에서 가장 핵심적인 단계다. 사내 분위기가 험악해지고 부정적인 언론보도가 쏟아지자 마음이 조급해진 톰이 업무전환에 뒤따르는 어려움을 어떻게든 빨리 처리하려고 한 것이 문제였다. 그래서 인도에서 온 직원들에게 업무를 충분히 파악할 시간을 주지 않고 훈련 프로그램을 급하게 마무리할 수밖에 없었다. 또한, 톰은 비용을 최대한 줄이려고 계획 1단계를 수행할 인포겐에게 최소의 운영비만을 지급했다.

업무 인수인계는 계획대로 순조롭게 진행되지 않았다. 본사에서 교육을 받은 인도 직원들이 몇 명 사직하면서 팀의 분위기가 술렁거렸다. 게다가 메트로뱅크에서 훈련을 받은 일부 팀원들이 다른 은행의 아웃소싱 요원으로 배치되면서 인포겐이 약속한 1단계 업무수행 능력이 현저히 저조하게 나타났다. 전환 단계에서 예상한 직원 이탈률은 15%였지만 실제 이탈률은 40%에 육박했다.

인도 현지 업무를 감독하고 현지 직원들을 교육·지원할 직원들을 파견했지만, 이들은 정작 자신들의 일자리가 사라질 것을 우려한 나머지 현지 근무자에 대한 교육 필요성이 날로 늘어나는데도 체류일정을 늘려서 현지 직원들을 돕기는커녕 예정된 날짜에 귀국하겠다고 고집을 부렸다. 본사 직원들이 철수하자 현지 업무는 당장이라도 와해될 것 같은 불안정한 상태가 되고 말았다.

한편 본사의 노동조합은 전국 단위의 업무 중지를 선언해 고객사업팀의 업무를 사실상 마비시켰다. 이로 인해 노동조합과 관계가 좋지 않은데다 노동조합의 영향력을 과소평가한 톰의 입장은 더욱 난처해졌다.

설상가상으로, 가장 유능하고 경험이 많은 직원이 새로운 업무를 추진하면서 팀에서 빠지게 되었고, 본사의 준비팀은 울며 겨자 먹기로 규모를 줄일 수밖에 없었다. 이런 식으로 핵심 요원들이 계속 빠져나가자 남아있는 직원들의 어려움은 더욱 가중되었고, 인력부족과 사기저하로 업무가 계속 지연되었다.

한편 인도의 상황도 그리 좋지 않았다. 재작업률은 줄어들 기미가 보이지 않았고 업무처리는 계속 지연되었다. 그로 인해 본사 업무가 가중되었고 시간부족으로 인한 스트레스가 쌓였다.

조금만 자세히 조사했더라면 인포겐이 소규모 모기지 업무에만 능숙할 뿐 기업 단위의 모기지처럼 복잡하고 어려운 업무에는 경험이 전혀 없다는 것을 알 수 있었을 것이다. 인포겐은 기업 단위의 모기지 업무는 훨씬 고도의 업무 기술을 요한다는 사실을 간과했다. 뿐만 아니라 현지에 대한 지식, 경험, 대출·보안 업무에 대한 이해 부족을 대수롭지 않게 여긴 것도 인포겐의 잘못이었다.

1년 정도 지나자 고객만족도는 바닥으로 떨어졌다. 기업고객의 특성상 대출 서비스가 마음에 들지 않더라도 은행을 바꾸는 일은 드물었지만, 지인이나 친구에게 메트로뱅크를 추천하거나 신규대출을 신청하는 사례는 찾아볼 수 없게 되었다. 시장 인지도와 점유율도 큰 타격을 입었다. 일부 기업고객은 단순한 업무처리 과정에도 어려움이 많다며 이사회에 직접 불편을 호소하기까지 했다.

톰의 의사결정에서 드러난 편견

톰은 누가 봐도 쉽지 않은 목표를 세우고는 무조건 할 수 있다는 자신감과 잘될 것이라는 낙관주의로 일관했다. 톰은 아웃소싱의 수준이나 기술전수에 소요되는 시간을 충분히 검토하지 않았으며, 인포겐의 역량에 대한 컨설턴트의 평가를 과신했다.

산제이의 '화려한 이력'도 톰의 판단력을 흐려놓았다. 톰은 산제이만 믿고 중요한 업무 관련 사항들을 꼼꼼하게 처리하지 않고 대충 넘어가는 오류를 범했다. 노동조합의 반발이나 본사 직원들에게 미칠 부정적 영향을 과소평가한 것은 톰의 낙관주의가 지나쳤다는 증거다.

또한 톰이 이끄는 팀원들 역시 톰처럼 낙관주의로 일관했고 비용절감이라는 목표 달성에만 매달렸다. 결과는 매우 절망적이었으며 기업 전체의 신뢰도와 업무처리 효용성이 크게 하락하고 말았다.

상황의 추이나 결과가 완전히 달라질 가능성이 있었는가?

이 정도 규모의 해외 아웃소싱을 성공적으로 처리하려면 리스크 매니지먼트 절차를 함께 수립했어야 했다. 또한 톰이 이끄는 팀과는 별도로 업무 전체를 조율하는 팀을 마련해 아웃소싱 업무에 참여시켜야 했다. 이렇게 톰의 영향력에 좌우되지 않는 팀이 계획대로 업무가 추진되는지 검토·추적했더라면 중요한 단계마다 톰에게 위험신호를 보내거나 적절한 시점에서 제동을 걸었을 것이다.

프로세스 매핑은 해외 업무위탁에서 매우 중요한 단계이며 잘못될 경우 돌이키기 어려운 연쇄반응을 유발하기 때문에, 아무리 시간이 촉박해도 적당히 넘겨서는 안되는 일이었다.

톰이 경쟁관계가 아닌 은행들에게 도움을 청해서 해외 업무위탁에 관한 이해를 얻고 관련된 어려움이나 문제점을 미리 파악했더라면 좋았을 것이다. 그러면 직원 이탈률이 40%로 치솟을 가능성을 미리 파악해 계획 단계에서 적절한 대책이나 예방책을 마련할 수 있었을 것이다.

안이하게 고른 인재가 몰고 온 참사

실비오는 영국의 초대형 은행인 캐피털뱅크의 CEO로 임명되었다. 캐피털뱅크는 세계금융위기에 큰 타격을 입어서 영국 정부로부터 긴급 구제 조치를 받았다. 실비오는 인터미디어뱅크에서 근무하다가 헤드헌터의 도움을 받아서 캐피털뱅크로 자리를 옮겼다. 보잘것없는 소규모 은행이었던 인터미디어뱅크는 실비오 덕분에 소액거래 은행의 강자로 성장해 유럽 3위에 오르는 기염을 토했다.

실비오는 최근 10년간 소형 주택금융조합, 예금은행, 자동차 할부금융업체, 모기지 기업을 인수하는 방식으로 인터미디어뱅크를 확장했다. 실비오는 합병할 만한 기업을 물색하고 기존 업무와 새로 인수한 기업을 통합하는 데 남다른 재능을 보였다. 꾸준한 고객서비스 기록과 독특한 고수익형 소액서비스 모델 덕분에 유럽 최고의 소형 은행 운영자를 찾던 헤드헌터들은 실비오를 주목하게 되었다.

실비오는 앞으로 캐피털뱅크가 "한결 단순하고도 민첩하며 고객이나 시장의 흐름에 발 빠르게 대처하는 기업"이 될 것이라고 선언했다.

실비오의 전략에는 이렇다 할 세부적인 계획이 없었지만, 사람들은 실비오라면 정부 보조금을 신속히 환원하고 다시 수익성을 높일 수 있을 것이라고 기대했다.

그로부터 6개월간 실비오는 인터미디어뱅크에서 자신의 전성기를 함께한 주요 임원들을 지속적으로 영입했으며, 경영구조를 대대적으로 재정비했다. 그로 인해 1만 5,000개의 일자리가 사라지자 주변에서 거센 반발이 일어났다. 재정비 계획의 허점이 드러나면서 직원들의 사기가 땅에 떨어졌다. 경기가 안 좋은 탓에 중간 경영실적보고는 예상한 목표에 전혀 미치지 못했다. 경영보고서를 세밀하게 검토해보니 투자은행, 기업금융 부서의 수익은 별다른 변화가 없었으나 운영비용만 비정상적으로 늘어나 있었다.

얼마 지나지 않아 금융시장에는 실비오가 캐피털뱅크의 소액거래 이외의 업무에는 이해가 부족하며, 소액거래 부서를 제외한 나머지 부서에서는 불안심리가 커지고 있다는 소문이 돌았다. 사람들은 신임 CEO의 개혁 시도는 실패했으며, 그가 기업금융 부서와 투자은행 부서에 지속적으로 투자할 필요성을 이해하지 못한다고 생각했다.

뿐만 아니라 금융분석가와 몇몇 전문가들도 실비오의 세부적인 경영방식이 인터미디어뱅크에서는 효과를 발휘했을지 몰라도 캐피털뱅크처럼 규모가 큰 은행에서는 장기적인 효과를 기대할 수 없다고 주장했다.

그 와중에 투자은행 부서의 책임자가 갑자기 사임하자 은행 안팎의 분위기는 더 어수선해졌고, 캐피털뱅크의 인지도와 신뢰도도 급격히 추락했다. 실비오가 다시 한 번 경영진 정비에 나섰지만, 주가는 걷잡을 수 없이 폭락했다. 이번에도 경험이 많지 않은 사람들이 경영진에 대거 합류했으며, 업무실적과 직원들의 사기는 계속 저하되었고 핵심인력은 줄지어 회사를 떠났다.

실비오가 CEO의 자리에 오른 지 8개월 만에, 이사회는 그가 대규모 은행을 지휘할 만한 인재가 아니라는 결론을 내리고, 은행 업무 전반을 심도 있게 파악하고 있는 인재를 새롭게 물색하기 시작했다.

이사회의 의사결정에 드러난 편견

캐피털뱅크 이사회는 처음에 실비오가 은행 총책임자로 손색이 없는 인재라고 평가했다. 인터미디어뱅크에서 실비오가 쌓은 실적과 단기간에 수익을 높이는 능력을 보고, 캐피털뱅크에서도 동일한 결과를 산출할 것이라고 생각한 것이다. 하지만 인터미디어뱅크는 어디까지나 소규모 은행이었다.

한편 실비오 역시 대규모 은행을 맡아서 소액거래 이외에 다양한 은행 업무를 총괄지휘하는 것에 대한 자신의 능력을 과대평가했다. 아마도 인터미디어뱅크에서 실행한 전략이 다른 은행이나 기업에서도 동일한 결과를 낳을 것이라고 확신했을 것이다. 이런 점에서 실비오 역시 2장에서 살펴본 경험의 착각에 빠진 것이다.

상황의 추이나 결과가 완전히 달라질 가능성이 있었는가?

이사회는 실비오의 경력만 믿을 것이 아니라 그의 배경을 좀더 철저히 조사했어야 했다. 특히 이사회에 금융서비스를 잘 아는 임원이 없었으므로, 다양한 금융 업무에 관련된 어려움이나 미묘한 점을 과소평가할 가능성이 높았다. 이사회뿐만 아니라 헤드헌팅 전문가 역시 실비오를 추천할 때 좀더 신중했어야 했다.

실비오 역시 CEO가 된 후에는 기업금융 전문가, 투자은행 전문가들을 만나서 자신의 생각과 계획에 대한 조언을 들어보고 잘못 이해한 점이 있거나 모르는 점이 있는지 확인하는 등, 자신이 익숙하지 않은 새로운 은행 업무를 파악하는 데 시간을 투자할 필요가 있었다. 캐피털뱅크로 자리를 옮긴 직후에 세 달 정도 투자해 각 부서의 책임자와 전문가를 만나보고 업무처리에 대한 여러 가지 어려움이나 자금조달에 관한 어려움, 기업 확장에 뒤따르는 문제점과 리스크 등을 세밀하게 알아봤더라면, 인터미디어뱅크 같은 소형 은행과는 판이하게 다른 점이 많다고 느꼈을 것이다.

지나친 자신감 때문에 성급한 결정을 내릴 가능성을 인정하고, 지금까지 사용한 기업 성장과 수익의 공식을 새로운 시각에서 분석·비판해줄 우호적인 논쟁 상대를 마련했더라면 좋았을 것이다.

다음과 같은 경우 낙관주의가 의사결정에 개입해 편향된 결과를 낳을 우려가 있다.

- 충분한 토론을 하지 않고 만장일치로 동의한다.
- 대규모의 긍정적인 성장을 예상한다.
- 보이지 않는 리스크를 포함해 체계적인 리스크에 대한 평가가 부족하다.
- 짧은 시간 내에 의사결정을 내린다.
- 합병이나 기업 인수에 대한 긍정적인 측면만 강조한다.
- 세간의 이목을 끄는 거래에 대해 근거 없는 기대감이 커진다.
- 기업실사 과정을 서둘러 시행하거나 적당히 얼버무린다.
- "이번에는 다르다"는 반응을 무시한다.

낙관주의
편견의
성공전략

낙관주의가 의사결정에 미치는 영향을 줄이기 위해 다음과 같은 전략
을 사용할 수 있다.

사고방식 재검토하기

- 잠시 멈추어 자신의 판단이 틀릴 수 있는 이유를 고려한다.
- 선택한 대로 행동하기 전에 이 선택이 틀렸음을 증명해주는 정보
  나 증거를 찾아볼 방법을 고려한다.
- 성공에 대한 기대가 크면 관련된 리스크를 과소평가할 수 있다는
  점을 명심한다.
- 의사결정과 관련해 불확실한 점은 무엇인지 검토한다. 자신이 원
  하는 옵션을 지지하는 증거가 얼마나 객관적인지 파악한다.

관련된 사람들 재정비하기

- 반대입장에 서서 당신의 선택에 이의를 제기할 사람을 확보한다.[8]
- 관련 사안을 따로 맡아서 이 사안이 실패할 이유를 모두 찾아줄 사람을 찾는다.
- 팀원 중 한 사람을 반대입장을 취하도록 공식 임명해 반대의견을 자유롭게 제시하고 필요한 경우 반대의견이 우선하도록 한다.
- 프로젝트나 계획을 전혀 다른 관점으로 생각하는 전문가를 찾아내 중립적인 입장에서 충분한 시간을 갖고 기존 프로젝트를 검토해줄 것을 의뢰한다.
- 당신의 생각에 적극적으로 이의를 제기할 '경쟁자'를 물색한다.

진행과정 주의하기

- 세 가지 데이터 소스를 확보한다. 그러면 복잡한 사안을 과소평가하지 않고 '세 가지 각도'에서 접근할 수 있다.
- 거래처, 규제기관의 관계자, 협력업체 등 기존의 상식을 넘어서는 대상에서 자료를 수집하는 습관을 갖는다.
- 실적이나 능력을 냉정하게 평가하는 시간을 갖는다. 그러면 프로젝트 적임자를 정할 때 보다 객관적이 될 수 있다.
- 실행에 옮기기 전에 최종점검 단계로서 다른 사람의 견해를 다시 한 번 고려한다.
- 다른 기업에서 실패한 비슷한 사례를 찾아서 비슷한 점과 차이점을 정리해본다.
- 전체 계획을 수립할 때 불확실성과 복잡성을 충분히 파악한다.

- 결정된 대로 프로그램이나 프로젝트를 실행해 완료했다고 가정하고, 실패 요인을 찾아보는 사전부검(pre-mortem)을 실시한다.(사전부검은 사후검시, 즉 부검을 통해 사인을 찾는 것과 같은 원리지만 실행하는 시기만 다르다고 말할 수 있다.)

- 2~3년이 흘렀다고 가정하고 실패 요인이 될 만한 것을 모두 파악한다. 이러한 위험에 대비할 위험완화 계획을 수립한다.

"두려움에 굴복하면 운명의 손아귀에 놀아날 수밖에 없다."

4

두려움은 득보다 실이 많다

잃을 것이 많을수록 더 신중한 결정을 내린다는 편견에 도전하기

◆◆◆ 2011년 3월에 발생한 후쿠시마 원전사고는 전례 없는 규모의 자연재해였다. 강도 9.0을 기록한 강진으로 쓰나미가 발생한 것이다. 하지만 2012년 6월에 나온 의회보고서에서는 원전사고 전후 상황을 들어서 이 사건을 인재로 규정했다.

원전사고가 발생한 후로 방사능 오염이 인체에 미치는 위험에 대해서는 공식적인 발표가 없었다. 그저 사건 발생 지역을 중심으로 출입금지 구역이 날로 확장되었다. 출입금지 구역이 확장된다는 발표는 있어도 시민들에게 미치는 위험을 자세히 분석한 보고는 없었고, 사람들은 알지 못하는 사이에 위험 수준의 방사능에 노출되었다.

이 사건이 발생하기 전인 2008년에 도쿄전력(TEPCO) 사는 쓰나미가 예상된다는 내용의 보고서를 작성했으나 원전사고가 발생하기 나흘 전까지 제출을 보류하고 있었다. 2008년에 쓰나미를 예상했지만

이와 같은 대참사에 아무런 예방책을 수립하지 않고 원전을 그대로 방치한 것이다. 그렇다면 당시의 관계자들은 원전사고의 강도에 대해서 왜 의견일치를 보지 못하고 우왕좌왕했을까?

지금으로서는 도쿄전력 관계자들의 대처가 적절하지 않았다는 의견이 우세하다. 그들은 원자로에 직접적인 타격을 주는 폭발을 막기 위해 발 빠르게 대처하지 않았다. 그들도 헬리콥터와 물대포로 원자로와 폐연료탱크를 냉각하려고 시도한 것이 사실상 무의미하다고 인정했다. 그러나 지금 우리가 주목할 대상은 일본 수상이다. 사건 발생 직후에 그가 보인 미온적인 태도를 본격적으로 분석해보자.

간 나오토(菅直人) 총리가 이끄는 일본 정부는 주민대피령 실시, 입장 표명, 재난대책반 운영 등 모든 면에서 질타를 받았다. 각국 정부와 관련 전문가, 재난구호 단체에서는 일본 정부의 대응이 미흡했다고 지적했다. 식품·해양 관련 방사능 노출과 오염 여부를 관리하는 면에서도 허술한 점이 드러났다.

일본 정부가 방사능 비상사태를 선언할 때도 나오토가 아니라 에다노 유키오(枝野幸男) 관방장관이 나섰다. 일본 정부 관료들은 적절한 대응책을 강구했다는 말로 국민들을 안심시키려 했지만, 실제로 방사능 오염이 미치는 영향이나 범위에 대해서는 함구했다. 심지어 방사능 유출이 감지된 바 없다고 큰소리까지 쳤지만, 얼마 지나지 않아서 방사능 유출이 심각하다는 점이 밝혀졌고 그들은 아무런 변명도 하지 못했다.

또한 일본 정부는 초반부에 국제원자력사고 척도상 4등급이라고 밝힌 일본 관료들의 의견을 지지했고, 이보다 훨씬 높은 등급의 재난이라는 국제사회의 의견을 무시했다. 전문가들은 뒤늦게 재난 등급을

5등급으로 조정했으며, 결국 국제사회의 따가운 시선을 받으면서 7등급임을 인정했다.

이러한 정부의 미온적 태도는 일본 국민들의 불안과 분노를 더욱 증폭시켰다. 나오토가 직접 임명한 후쿠시마 원전사태 자문관이자 도쿄대학 방사능 전문가인 토시소 코사코(小佐古敏授)는 주먹구구식 대처라는 비난을 이기지 못하고 사임하면서 다음과 같이 말했다.

"정부는 관련 법을 무시하고 현재 상황을 모면하려는 태도로 일관했습니다. 이로 인해 재난 사태를 수습하는 데 시간이 더 많이 걸릴 수밖에 없었습니다."

4월에《요미우리신문》에서 실시한 설문조사에서 응답자의 70%는 나오토가 이번 참사에 적절히 대응하지 못했으며, 사건 당일부터 추후 대응에 이르기까지 일본 정부의 전반적인 태도에 매우 실망했다고 말했다.

《타임》은 일본 원전 사태를 다음과 같이 정리했다.

"국가원수로서 나오토가 원전 사태 직후에 내린 결정을 보면, 진실을 공개했을 때 국민이 경악할 것이며 자신이 맡고 있는 미약하고 경험이 부족한 정부가 큰 타격을 받을 것이라는 두려움이 존재했음을 엿볼수 있다. 하지만 사태의 심각성을 고려할 때 정부가 받을 타격 운운하는 것은 매우 어리석은 짓이다. 나오토는 정권 약화와 전 국민의 비난을 지나치게 두려워한 나머지 신속하고 적절하게 대응하지 못했다."

원전 사태가 발생한 날에 즉시 적절한 조처를 취했더라면, 즉 도쿄전력과 관계자들에게 책임을 묻고, 외국의 원전 전문가들에게 도움을 구하고, 해수 오염의 심각성을 즉시 공표했더라면, 일본 역사상 가장 심각하고 절박한 순간에 국가원수답게 용기 있게 대처했다는 평가를 받았을 것이다. 하지만 나오토는 이번 사태를 제2차 세계대전 이후 최악의 위기라고 규정한 후 언론에 모습을 드러내지 않았다. 통합정부의 필요성을 주장할 때 잠깐 모습을 드러내긴 했지만, 자민당은 그의 제안을 단칼에 거절했다.

나오토의 지지세력은 도쿄전력이 장기집권 세력인 이전 정부와 관련이 있으며, 새 정부와는 협력관계가 제대로 형성되지 않았다고 변명했다. 그러나 이번 원전 사태 같은 국가적 재난에서는 결단력 있는 대처가 무엇보다도 절실했다. 하지만 일본 정부는 이러한 기대에 부응하지 못했다. 국민의 원성과 질타가 커질수록 나오토는 리더의 요구에 부응하는 것을 두려워하는 기색이 역력했다.

2012년 6월에 무소속 국회위원들은 정부, 대중의 안전보다 자사의 이익을 우선시한 기업 간 결탁, 모든 것을 정부의 권위에 의존하려는 순응적인 기업문화를 강하게 비판하는 보고서를 제출했다.

정부 측의 변명이 무엇이든 간에 두려움은 리더가 아무런 행동도 하지 못하게 만들었고, 의사결정이 시급한 순간에 리더십의 부재를 초래했다. 가장 심각한 것은 두려움 때문에 쓸데없는 걱정거리가 생겨난 것이었다. 이를테면 나오토는 연합정권의 앞날만 걱정했고 연합정권을 보호하는 데 초점을 맞추어 모든 의사결정을 내렸다.

이와 같이 복잡하고 민감한 사안에는 일본의 특수한 문화적 요소도 반영되었을 것이다. 하지만 두려움 때문에 꾸물거리는 것은 일본 정부에서만 볼 수 있는 현상이 아니었다.

'나는 사소한 일로 열을 내지 않아' 같은 무심한 태도나, '그들이 감히 나에게 이래라저래라 하면 안되지' 하는 거만한 태도는 현실을 이해하는 데 걸림돌이 된다.

이때 두려움도 큰 몫을 차지한다. 초반에 저지른 잘못이나 실수 때문에 창피를 당할지 모른다는 두려움에 사로잡히면 그 후에 올바른 결정을 내리기 어렵고, 처음의 실수를 감추기 위해 계속 거짓말을 하는 등 악화일로를 걷게 된다. 하지만 처음 실수를 은폐하려고 하다 보면 심각한 범죄를 저지르게 된다. 보잉의 전 CEO 해리 스톤사이퍼(Harry Stonecipher)나 HP의 전 CEO 마크 허드(Mark Hurd)가 얼마나 큰 대가를 치렀는지 생각해보라. 두 사람은 두려움에 사로잡혀 판단력을 잃었기에 무너진 것이다.

두려움의 문제점

앞서 3장에서는 낙관주의와 지나친 자신감이 의사결정에 부정적인 영향을 끼친다는 사실을 살펴보았다. 그런데 두려움도 비슷한 결과를 가져올 수 있다. 특히 요즘처럼 이해하기 어려운 복잡한 상황, 추적이 불가능할 정도로 변화가 심한 상황, 또는 한 치 앞도 예측할 수 없는 불확실성을 안고 의사결정을 내려야 하는 상황이 빈번할 때는 두려움이 크게 작용할 수 있다.

두려움과 걱정은 자연스러운 감정이다. 사람이라면 누구나 두려움을 느낀다. 두려움은 일종의 보호책이 되기도 한다. 두려움 때문에 직장에서 섣부른 행동을 삼가게 되고, 어디론가 훌쩍 떠나고 싶은 충동을 억제할 수 있다. 대화를 하거나 결혼할 배우자를 선택할 때도 두려움 때문에 신중하게 생각하고 행동하게 된다. 사실 비즈니스에서 성공하고 자신의 입지를 공고히 하려면 일정 수준의 경계심이 꼭 필요하다. 혹자는 이를 편집증이라고 생각할지도 모른다. 인텔 창립자인 앤디 그로브는 편집증을 주제로 《편집광만이 살아남는다》라는 책을 저술한 바 있다.[1]

그렇지만 두려움을 적절히 관리하지 않으면 심각한 부작용이 발생한다. 두려움에 사로잡혀 아무것도 하지 못하거나 우유부단하게 행동할 우려가 있다. 두려움이 많아지면 매사에 부정적이 되어 자신감을 잃고 일이 계획대로 풀리지 않을 것이라고 생각하게 된다.

성공적인 리더도 두려움을 느낀다. 하지만 이들은 두려움을 효과적으로 사용해 자신의 사고나 판단의 길잡이로 삼는다. 성공적인 리더는 낯선 현실이나 어려운 문제를 만날 때 불확실성으로 인한 두려움을 느끼지만, 그것을 의사결정 과정의 일부로 인정하고 받아들인다. 혼란과 불확실성 앞에서 바들바들 떠는 것이 아니라, 조직의 민첩성을 강화하는 기회로 여기고 이를 반갑게 맞아들인다.

대부분의 경우 두려움을 통해 새로운 사실을 깨닫거나 발견할 수 있다. 두려움은 자신의 가치관, 신념, 필요, 인간관계 등에 대한 중요한 정보를 알려줄 수 있다.

한 가지 사례를 생각해보자. 어떤 직원이 회사가 법의 허점을 악용하고 있다는 사실을 알게 되었다. 하지만 보편적 윤리에 따라 행동하는 것보다 자신의 직업 또는 생계수단을 잃을지 모른다는 두려움 때문

에 이를 못 본 체할지 모른다. 이처럼 두려움은 우리의 신념이나 가치 관에도 심각한 영향을 준다

개인의 삶에서도 우리는 여러 가지 두려움을 경험한다. 어리석게 보일지 모른다는 두려움, 모든 문제의 해결책을 알 수 없다는 두려움, 권위나 주변의 지지, 다른 사람의 인정을 잃을지 모른다는 두려움은 우리의 생각과 의사결정에 지대한 영향을 준다.

물론 자신이 그런 두려움에 끌려다니는 것을 인지하지 못할 때도 많다. 두려움이 무의식이나 내면 깊숙이 뿌리 내리고 있어서 두려움의 존재 자체를 느끼지 못하는 사람도 많다. 많은 사람들의 경우 깊이 자리 잡은 두려움은 자신감을 몰아내서 매사에 의욕이 없고 부정적인 생각을 하게 만든다. 이런 태도가 크고 작은 의사결정을 할 때 얼마나 심각한 영향을 주는지 말할 것도 없다.

기업이라는 측면에서 볼 때도 두려움은 무시무시한 것이다. 두려움은 기업을 통째로 삼킬 수 있다. 두려움 때문에 시장점유율이 낮아지거나 보장된 매출원 또는 단골고객이 송두리째 사라질 수 있다. 두려움 때문에 자멸적인 의사결정을 내리는 기업도 많다.

반면, 두려움이 긍정적인 효과를 발휘할 때도 있다. 과신이나 오만한 태도, 자만심, 현실에 안주하려는 태도는 어리석은 행동을 하게 만들지만, 두려움이 있으면 이런 성향을 뿌리 뽑을 수 있다. 위험관리 차원에서 강경한 대응책이 필요할 때도 일정 수준의 두려움이 필요하다.

이처럼 두려움은 긍정적인 것과 부정적인 것으로 양분된다. 폴라로이드의 사례는 일련의 편견이나 잘못된 통념 때문에 기업이 시장의 변화에 재빠르게 대응하지 못한다는 것을 증명하는데, 특히 두려움과 회

피가 기업을 순식간에 넘어뜨릴 수 있다고 알려준다. 폴라로이드 사례는 잠시 후에 자세히 살펴보기로 한다.

아무튼 이러한 두려움을 기존의 브랜드에 대한 합리적인 애착이나 충성심 또는 경쟁에 맞서는 용감무쌍한 태도로 착각할 수 있다. 개인 차원이든 기업 차원이든 간에 두려움을 정확히 이해할 때 비로소 올바른 판단을 내리게 된다. 상상 속의 두려움이든 실제로 존재하는 두려움이든 간에, 두려움을 파헤치면 그 속에 숨어 있는 비합리적인 요소가 드러나게 마련이다. 하지만 두려움을 샅샅이 파헤치는 기술은 결코 만만치 않다. 잠시 후에 이 기술을 자세히 살펴보기로 한다.

두려움의 문제점 자세히 살펴보기

두려움은 합리적일 때도 있고 그렇지 않을 때도 있다. 비행공포증처럼 비합리적인 두려움은 전적으로 감정적인 것이라서 분석하기가 여간 어렵지 않다. 반면에 합리적인 두려움은 이성·논리·추론에 의해 설명할 수 있다. 예를 들어 비용을 줄일 준비가 덜 된 상태에서 고객을 만난다고 생각해보자. 하지만 가격을 조정하지 않으면 고객을 잃을 것이라는 두려움을 감지해 결국에는 가격을 조정해주었다. 이런 것이 합리적인 두려움이다.

기업은 선택의 기로에서 비로소 두려움을 인정한다. 이전에 가본 길과 그렇지 않은 길을 두고 하나를 선택해야 할 때 어떤 두려움이 생길까? 당연히 변화나 알지 못하는 길에 대한 두려움도 있고, 실패나 적잖은 손실을 입을지 모른다는 두려움도 들 것이다. 이 시점에서 용기 있게 결정하지 않으면 두려움에 사로잡혀서 혁신을 포기하거나 새로운 미래를 창출할 기회를 놓칠 수 있다.

요즘 기업들은 변화를 제한하거나 손실을 줄이고 실패를 피하기 위한 의사결정에서 두려움이 작용하는 것 같다. 기업 관계자들은 미처 깨닫지 못하지만, 의사결정을 내리는 과정에서 이미 두려움이 작용하는 경우도 있다. 모든 두려움은 일정 수준의 변화와 관련이 있다. 경우에 따라 두려움은 독특한 뉘앙스를 드러내기도 한다.

• **미지의 대상이나 변화에 대한 두려움** : 미래의 불확실성에 대한 두려움이다. 특히 갑작스런 변화를 겪거나 갈수록 미래에 대한 예측이 모호해져서 어떤 정보도 신뢰할 수 없는 상태의 기업이 이러한 두려움을 안고 있다. 이로 인해 단호하게 의사결정을 내리지 못하고 꾸물거리거나 우유부단하게 대처해 중대한 결정의 순간을 놓치고 만다.

• **실패나 오류에 대한 두려움** : 이것은 완벽해야 한다는 강박관념과 밀접하게 관련되어 있다. 실패나 오류에 대한 두려움은 일을 제대로 처리하지 못하면 안된다는 부담을 증폭시킨다. 심각한 경우 아예 아무것도 하지 않으면 실패의 고통도 피할 수 있다는 생각을 유발할 수 있다. 하지만 유명한 기업이나 성공한 리더들도 수많은 실패와 좌절의 역사를 안고 있다. 그들은 실패와 실수를 통해 제대로 된 방법을 배운 것이다. 실패에 대한 두려움이 커지면

기업의 미래를 바꿔놓을 수 있는 중요한 기회를 그냥 흘려보낼 우려가 있다.

- **상실에 대한 두려움** : 상실은 변화를 연상시킨다. 변화는 그동안 소중히 여기던 것을 포기한다는 의미일 수 있다. 개인의 차원에서는 체면을 잃거나 영향력을 잃고 뒤로 물러나는 상황을 뜻한다. 익숙한 일상을 포기하거나 직장, 직위, 보잘것없지만 생계가 달린 사무실같이 자신의 정체성을 의미하는 대상을 잃을 수도 있다. 기업 차원에서 상실에 대한 두려움은 시장점유율 하락, 신용도 하락, 수입원의 차단 등을 들 수 있다. 합병이나 인수 과정에서도 상실에 대한 두려움이 발생할 수 있다. 합병이나 인수를 기점으로 자율성이나 특권 등을 뺏길 수 있기 때문이다.

자기합리화식 변명

두려움에 사로잡히면 어떻게 될까? 개인이든 기업이든 자신도 미처 알지 못하는 사이에 토로하는 변명이 이를 증명한다. 자신이 내린 결정에 대한 강한 변명도, 결정을 미루다가 좋은 기회를 놓치고는 추후에 그럴 수밖에 없었다고 합리화하는 것도 모두 '자기합리화식 변명'이다. '그때 그렇게 했으니까 지금 이렇게 하는 건 당연한 거야' 하는 식의 자기합리화는 한번 뿌리내리면 좀처럼 극복하기 어렵다.

편견에 사로잡혀 두려움을 합리화하는 변명들은 언뜻 듣기에 완벽하며 심지어 감탄을 자아내기도 한다. 몇 가지 예를 들자면 다음과 같다.

"나는 그저 관련된 사람들을 보호하려는 것뿐이야."

"문제를 더 복잡하게 만들고 싶지 않아."

"이렇게 해서 무엇을 이룰 수 있을지 확실치 않아."

"책임자는 저 사람이지 내가 아니잖아."

"결국에는 내가 옳다는 것이 입증될 거야."

"나는 무고한 사람을 보호할 책임이 있어."

"그들 때문에 내가 어쩔 수 없이 이렇게 하는 거야."

다른 사람을 탓하는 것은 가장 흔히 볼 수 있는 자기합리화식 변명이다. 그렇게 하면 상황이나 문제의 책임을 벗어날 수 있으므로 대책이나 해결책을 세우지 않은 것을 합리화할 수 있다. 또한 제3자가 자신의 행동에 막강한 권위나 영향력을 행사한다는 생각을 갖게 된다.

단기적인 실적을 중시하는 분석가들에 대한 두려움은 기업에 지대한 영향력을 행사한다. 분석가나 주주들의 비판을 두려워한 나머지 어리석은 의사결정을 내리는 기업도 많다. 그런데 이러한 두려움을 정확히 인지하는 기업은 많지 않다. 이를 인지한다 하더라도 공식적으로 인정하지 않고 숨겨둘 뿐이다.

한 가지 예를 들어보자. 분석가들은 기업의 상품구조가 너무 복잡하며 그로 인해 비용이 상승해 수익이 줄어드는 딜레마가 존재한다고 생각할지 모른다. 하지만 제품이나 서비스가 고객을 위한 통합서비스의 일환이라면 제품구조를 단순화하는 것이 쉽지 않으며 장기적인 노력을 요할 수 있다. 이 경우에는 혁신과 고객세분화 전략이 더 바람직하다. 어느 것을 매각하고 어느 것을 남길 것인지, 어느 것을 하고 어느 것을 하지 말아야 할지 지혜롭게 결정하지 못하면 고객에게도 지속적인 영향을 주어 장기적인 경쟁력이나 업무능력을 약화시킬 우려가 있다.

이런 딜레마에 직면한 기업은 자신이 없다는 이유로 분석가들의 의견을 묵살할지 모른다. 시장에 대한 이해를 달리하기보다는 단기적으로 좋아 보이는 것을 선택하게 된다. 두려움에 사로잡히면 우선 쉬운 길을 찾게 된다. 하지만 쉬운 길에는 반드시 희생이나 포기가 따른다. 심한 경우에는 쉬운 길로 가다가 목표에서 완전히 멀어질 수도 있다. 이렇게 고민하다 보면 의사결정 자체를 포기할 수도 있디. 기업의 장기적인 이익을 위해 위험부담이 큰 의사결정을 내리는 것보다는 '분석가들이 시장을 제대로 파악하지 못하고 있다'고 탓하는 것이 쉽기 때문이다.

하지만 최종 의사결정은 어디까지나 CEO와 이사회의 몫이다. 어떤 CEO는 두려움에 굴복한 나머지 단기적인 수익을 확보하기 위해 비용지출을 줄인다. 그렇게 하면 장기적인 기업 성장에 저해가 된다는 것을 알면서도 자충수를 두는 것이다. 그러고는 비용절감은 단기적 수익을 창출하며 분석가와 투자자를 안심시키는 효과가 있다고 자기합리화를 시도한다.

실제로 2009년 5월에 유니레버(Unilever)의 CEO 폴 폴만(Paul Polman)은 앞으로 분석가들에게 주당순이익(EPS) 데이터를 제공하지 않을 것이라고 선언해 세간의 이목을 끌었다. 그동안 유니레버가 단기적인 수익창출에만 치중했다고 지적하면서, 장기적인 가치창출을 위해 헤지펀드를 다른 곳으로 옮겨야 한다는 주장도 내놓았다. 이렇게 대세를 거스르면서 장기적인 가치창출에 다시 집중하려는 폴만의 용기는 많은 기업들에게 귀감이 되었다.

어리석은 용기

위험부담이 큰 의사결정을 내릴 때야말로 비즈니스 리더다운 용기가 필요하다. 하지만 주변을 돌아보지 않고 성급하게 행동하거나, 불필요한 싸움에 휘말리거나, 모두의 말을 들으려는 태도, 약간의 타협도 용납하지 않으려는 태도는 위험하다. 특히 강한 이미지를 추구하는 리더는 자신의 행동에서 권력과 확신을 증명하려는 경향이 있기 때문에 자칫하면 균형을 잃을 수 있다.

실패에 대한 두려움을 용기로 착각할 때도 있다. 실패에 대한 두려움이 생기면 반대자들의 코를 납작하게 하는 데 급급한 나머지 회사에 도움이 되지 않는 파격적인 진로를 선택할 수 있다. 매몰비용 이론에 따라 프로젝트를 중단할 용기가 없으면 애당초 프로젝트를 추진한 것이 잘못된 결정이었다는 것을 인정하지 않으려 할 것이다. 그러면 매몰비용 분석이 밑 빠진 독에 물을 붓는 명분이 되고 만다. 반갑지 않은 소식을 가져온 배달원을 죽이는 것도 흔히 볼 수 있는 문제점이다.

곧 회사를 떠나는 CEO는 자신의 평판을 망치지 않으려고 어리석은 결정을 내릴지 모른다. 이를테면 비용부담이 크지만 환경보호에 필수적인 문제에 투자를 하지 않으면서 그렇게 해야 회사의 재정균형이 유지된다고 주장할지 모른다. 하지만 이로 인해 종국에는 기업이 중요한 마케팅 타이밍을 놓치는 등 기업의 미래에 적신호가 켜질 수 있다. 이런 것이 어리석은 용기의 예시다. 지금까지 중요한 역할을 해온 가치관이나 자산에 해를 끼칠지 모른다는 두려움이 어리석은 결정을 내리도록 부추긴 것이다.

용기는 서서히 타오르는 분노와 같다

사람들은 흔히 결단력 있고 재빠르며 순간적으로 행동하는 것이 용기라고 생각한다. 그러나 진정으로 용기가 있는 의사결정권자는 수십 년의 경험에서 갈고 닦은 특별한 방법으로 위험에 대처한다. 그들의 행동은 철저히 계산적이다. 먼저 다소 힘들지만 성취 가능한 목표를 설정하고 가장 중요한 점이 무엇인지 면밀히 조사하며, 자신의 방식으로 성공을 이루기 위해 필요한 영향력을 모두 동원한다. 또한 위험요소와 필요한 비용, 희생 등을 따져보고 대의를 이루기 위해 한 발 물러서거나 양보할 시점을 이해한다. 물론 예기치 못한 상황이나 실패에 대한 방안도 마련해둔다.

중대한 사안을 결정할 때는 그만큼 스트레스가 크고 여러 가지 감정이 들 수 있다. 그렇다 하더라도 똑똑한 사람은 성급하게 결정하거나 나중에 후회할 짓을 하지 않는다. 또한 존경받는 의사결정권자는 결코 포기하거나 문제를 외면하지 않는다.

의사결정에서 용기는 두려움과 대조를 이룬다. 듀폰(DuPont)은 대공황 중에 대담하게도 연구개발비를 삭감하지 않았다. 덕분에 나일론, 네오프렌 등의 효자 상품을 개발했고 수십억 달러의 수익을 챙겼다. 두려움이 많은 리더는 위험한 시기에 아무것도 하지 않고 몸을 사릴지 모른다. 무엇을 하든 위험이 뒤따르기 때문에 가만히 있는 것이다. 하지만 가만히 있는다고 위험이 사라지는 것은 아니다. 불확실성의 시대에는 대담한 사람이 성공한다. 지나치게 조심성이 많고 위험을 회피하는 사람은 결국 실패하고 만다.

◆◆◆ 대담성에 있어서 코라도 파세라(Corrado Passera)에 비할 사람은 거의 없다. 파세라는 대규모의 복잡한 공공 우편서비스를 맡아서 유럽에서도 주목받은 CEO이다. 우편서비스 제도는 세상의 변화에 순응하지 못해 애를 먹였지만, 파세라는 이를 대대적으로 혁신해 수익을 창출하는 기업으로 바꿔놓았다.

이탈리아 우정국은 이탈리아에서 가장 큰 규모를 자랑하는 기업이지만 무려 50년째 손실을 기록해 엄청난 부채를 안고 있었다. 공기업 운영으로 따지자면 유럽 전체에서 가장 비효율적인 기업이었다. 이탈리아 우정국은 번호표를 뽑고 한참 기다리는 것이 당연한 일이었고, 직원들은 불친절했으며, 우편물 배달이 지연되기 일쑤였다. 그러나 파세라는 1998년에 우정국 책임자로 부임해 운영방식과 재정상태를 전면적으로 개혁했다.

기업의 미래를 열기 위해 예방책을 강구하고 적극적으로 기업의 운명을 개척하는 공기업은 전세계 어디에서도 찾아볼 수 없다. 이런 면에서 파세라의 행보는 독보적이었다.

두려움에 굴복하면 운명의 손아귀에 놀아날 수밖에 없다. 맥킨지(McKinsey)의 컨설턴트와 컴퓨터·사무용기기 전문회사인 올리베티(Olivetti)의 MD를 거쳐 이탈리아 우정국을 맡은 파세라는, 어떻게 보면 공기업 운영 분야에서 아웃사이더 같은 존재였다. 하지만 파세라의 용기는 우정국 개혁의 실패를 점친 수많은 비평가들을 무색하게 만들어버렸다.

파세라의 지휘에 따라 이탈리아 우정국은 대대적인 개혁을 거쳐 새롭게 출발했다. 업무효율이 빠르게 상승했고, 금융 분야에서도 새로운 비즈니스 모형을 과감하게 시도했다. 우편물이 감소함에 따라 우정국은 새로운 수입원을 찾아야 했고, 도시와 시골에 모두 적용할 수 있는 강력한 소매형 네트워크를 구축했다. 예전에는 통장에 의존하는 예금 계좌를 운영하고 우편채권의 이자수입을 얻는 것이 전부였다.

파세라는 대규모 네트워크를 적절히 활용하기 위해 다양화 전략을 도입했다. 먼저 경매를 통해 수많은 제품과 서비스를 은행이나 투자기금 등 외부 기업에 넘겨서 은행의 모든 업무를 처리하는 부담을 떨쳐 버렸다. 일례로 도이체방크(Deutsche Bank)와 제휴해 대출·모기지 업무를 맡기고 이탈리아 우정국은 판매자 수수료 수입에 만족했다.

파세라의 관심사는 우정국의 핵심 업무를 정비하는 것이었다. 파세라는 우편물 분류 사무실을 재정비하고, 신규 배달센터의 활동에 필요한 장비를 전폭적으로 지원했다. 또한 우체국 안팎을 현대적인 모습으로 가꾸고, 모든 장비를 업그레이드하고, 기술적인 면에도 투자를 아끼지 않았다. 덕분에 우체국이 쇼핑객들의 눈길을 끄는 매장다운 모습을 갖추게 되었다.

나중에 파세라는 이탈리아 우정국에 부임한 직후의 느낌을 이렇게 회상했다.

"부임해보니 직원들 월급으로 나갈 현금은 두 달치밖에 없었습니다. 순지분도 적자였고 기술도 낙후되어 있었지요. 한마디로 우정국의 미래는 암담했습니다. 일단 정부의 힘을 빌려 개혁을 시도하고 사람들에게 투자하는 데 주력했습니다."

주어진 시간은 1998년부터 2001년까지 4년이었다. 파세라는 노동조합을 적대적으로 대하는 것이 아니라 그들과 밀접히 협력하는 접근법을 사용했다. 덕분에 우정국은 비용을 줄이고 서비스를 개선해 수익을 내기 시작했다. 그동안 인력은 1만 7,500명이나 감축해야 했다.

이탈리아 우정국 같은 기업을 회생시킨 덕분에 파세라는 주주를 대할 때 항상 정직하고 열린 마음으로 대한다는 평을 얻게 되었다. 파세라는 주주들에게 종종 이렇게 말했다.

"여러분은 항상 두 가지 비전을 생각해야 합니다. 하나는 단기적인 것이고, 다른 하나는 장기적인 비전입니다. 우리는 노동조합에 모든 상황을 매우 솔직하게 알려줍니다. 그런 다음에 함께 실행 가능한 목표를 수립하고, 목표를 위해 비용을 줄일 방법을 찾습니다. 때로는 노동조합 측에서 구조조정 계획에 난색을 표합니다. 그렇게 하면 직원들만 피해를 보니까요. 저는 주주와 관리자, 직원이 비용, 즉 희생을 나눠서 치러야 한다고 생각합니다. 희생을 치르는 힘든 시기에도 직원들의 지지와 협력을 원한다면 희생에 따르는 보상이나 대가를 명확히 알려줘야 합니다."

파세라의 성공은 혁신, 다양화, 효율적인 개선, 용기 있는 행동이 적절한 조화를 이룬 결과였다. 2003년에 이탈리아 우정국은 손익분기점을 돌파했으며, 2005년 총수입은 204억 8,520만 달러, 순수익은 4억 3,350만 달러를 기록했다. 이처럼 눈부신 변화 덕분에 이탈리아 우정국은 2006년에 《포춘》이 선정하는 500대 기업에 이름을 올리는 기염을 토했다.

어느 나라 할 것 없이 우체국 운영은 적자에 허덕인다는 점을 생각하면 파세라의 성공담은 매우 주목할 만하다. 여러 나라가 개혁을 시도하지만 계속 실패했다. 하지만 2012년 4월에 미국 우정국에서 파산을 막기 위해 새로운 전략을 선보인 바 있다.

파세라의 성공담은 나오토의 행보와 극적인 대조를 이룬다. 한마디로 두 사람은 두려움에 대처하는 방식에서 극명한 차이를 보였다.

두려움에 직면할 때 나타나는 '방어적 비관주의'

심리학에서는 두려움에 직면할 때 나타나는 보편적인 반응을 '방어적 비관주의'라고 말한다.

실패나 좌절을 두려워하는 사람은 자신이나 타인에 대한 기대치를 아예 낮춰버린다. 그러면 실패에 뒤따르는 걱정이나 스트레스에 한결 편하게 대처할 수 있기 때문이다. 어떤 사람은 실패의 가능성을 놓고 여러 가지 평계를 댈지 모른다. 일종의 부정적인 자기암시를 하는 것이다. 평계는 주어진 문제나 업무에 대한 책임이나 관련성을 회피하는 것으로도 해석할 수 있다.

어떤 문제든지 의사결정을 할 때 비이성적인 감정이 넘쳐나는 것은 바람직하지 않다. 특히 목표를 설정할 때 방어적 비관주의는 안전망처럼 보이지만 사실은 그렇지 않다.

단지 조심스러운 마음에 자신의 능력보다 낮은 목표를 설정하고 나중에 이를 초과달성하는 것이라면 걱정할 필요가 없다. 하지만 방어적 비관주의는 자신이 실패할 것이라고 지속적으로 자기암시를 하는 것이다.

이런 사람들은 성공 확률을 높일 방법이 전혀 없다고 주장한다. 그래서 꼭 필요한 일만 처리하고 쉽게 포기해버린 채 뒤로 물러난다. 몸은 그 자리에 있지만 마음은 이미 접은 상태다. 실패의 전형이라고 할 수 있는 기업에 오래 몸담은 리더나 경영책임자는 이런 두려움에 사로잡힌 리더가 되고 만다.

적지 않은 기업이 예산을 설정하는 과정에서 방어적 비관주의를 내세운다. 전문용어로는 로우볼링(low-balling) 또는 샌드배깅(sand-bagging)이라고 한다. 올해의 수익 목표를 설정할 때 전년도에 달성한 수익 목표를 기준으로 삼는 것이다. 시장의 전반적인 추이를 새로운 시각으로 파악하고 수익을 창출할 수 있는 기회나 관련된 위험요소를 파악한 다음 이를 통합해 구체적인 목표를 수립해야 하는데, 그런 과정을 모두 생략하고 그저 전년도 목표 달성 결과에만 의존하는 것이다.

이런 접근방식은 흔히 두려움과 밀접한 관련이 있다. 실패에 대한 두려움, 목표를 이루지 못하는 무능력자라는 비판에 대한 두려움, 보너스를 날릴지 모른다는 두려움이 모두 관련된다. 두려움에 사로잡히면 기업의 능력을 십분 발휘하지 못하고 중간 수준의 성과에 만족하게 된다.

로자베스 모스 캔터(Rosabeth Moss Kanter)의 저서 《자신감(Confidence)》에서는 실패에 대한 대비책부터 마련하거나 정보를 잔뜩 비축하거나 수동적으로 대처하는 것은 기업이나 시스템의 몰락을 촉진한다고 알려준다.[2] 캔터는 이러한 행동을 '보통 이하의 소심함'이라고 명명한다. 이러한 행동의 기저에는 두려움이라는 본능이 도사리고 있다.

용기는 위험에 맞서는 것이다. 하지만 주변환경에 도사리고 있는 어려움이 극적으로 커지면 용기를 내는 것이 상당히 어렵다. 그래서 요즘 같은 불경기에는 승자와 패자가 그 어느 때보다 극명하게 나뉘는 것이다.

이성적인 두려움이든 비이성적인 두려움이든 간에 행동하려는 용기를 갉아먹을 수 있다. 두려움을 편하게 대하는 비결은 현재 자신의 시야를 흐리게 하는 두려움의 이유를 파악하는 것이다.

두려움 때문에 현실을 외면한 기업들

1950년대 후반에 폴라로이드는 SX70을 개발했다. SX70은 카메라와 필름을 하나로 통합해 사진을 찍자마자 카메라 내에서 필름이 현상되는 획기적인 제품이었다. 사진이 완성되는 데는 60초밖에 걸리지 않았다. 에드윈 랜드(Edwin Land) 박사의 지휘에 따라 이 회사는 성공적인 대기업으로 성장했으며, '폴라로이드'라는 이름으로 출시된 상품은 기업의 대표상품으로 자리를 잡았다. 1960년대를 거쳐 1970년대 초반까지 즉석사진 시장은 폴라로이드의 독무대였다. 폴라로이드는 필름 시장의 20%, 미국 내 카메라 시장의 15%를 장악했다. 전성기에는 직원 수가 2만 1,000명을 기록했다.

1970년대의 폴라로이드는 앤디 워홀(Andy Warhol), 데이비드 호크니(David Hockney) 같은 팝아트 작가들로부터 사랑받는 독보적인 브랜드였다. 수많은 예술가들도 이 제품을 열렬히 선호했다. 덕분에 '누구나 원하는 세련된 제품'으로서 파티에 갈 때 필수품으로 여겨지게 되었다. 하지만 폴라로이드에도 치명적인 단점이 있었다. 중요한 순간이나 심각한 순간을 담아야 할 때는 '정식' 카메라를 사용해야 했다는 것이다.

　시간이 흐르자 즉석사진 시장은 성장을 멈추었다. 폴라로이드 경영진이 전혀 예상치 못한 상황이었다. 그들은 컴퓨터의 등장으로 필름을 넣는 카메라가 무용지물이 될 것이라고는 상상조차 하지 못했다. 많은 분석가들은 코닥보다 폴라로이드가 디지털 시장에서 더 유리할 것이라고 생각했다. 하지만 두 회사의 경영진은 디지털카메라와 기존의 카메라가 공존하는 시대를 전혀 상상하지 못했다. 어쩌면 그들이 원치 않는 상황이라서 애써 외면한 것인지도 모른다. 두려움 때문에 두 기업은 하루가 다르게 변화하는 시장을 직시하지 않았다.

　사실 폴라로이드의 리더십 문화는 하드웨어에 대한 관심이 부족한 편이었다.(경험이라는 편견에 대해서는 2장에서 자세히 다룬 바 있다.) 뿐만 아니라 본격적으로 전자기술에 집중하면 기존의 경영진들은 설 자리를 잃을지 모른다는 두려움도 크게 작용했다. 필름 판매만으로도 충분한 수익이 났지만, 이는 오히려 새로운 비즈니스 모형을 연구하는 데 걸림돌이 되고 말았다. 매출이 줄어들자 폴라로이드는 새로운 딜레마에 직면했다. 변화와 몰락 중에서 하나를 선택하지 않으면 안되었다.

　전 CEO인 개리 디카밀로(Gary DiCamillo)는 이렇게 회상했다.

　"쉽게 말해서 우리 회사는 팬벨트를 갈아끼울 시기를 맞이한 거죠. 그렇지만 엔진을 세울 처지가 아니었습니다. 즉석필름이 회사의 주 수입원이었으니까요. 즉석카메라, 즉 하드웨어가 아닌 즉석필름이 우리의 핵심사업이었습니다. 필름 시장을 지켜본 결과 하락세를 타고 있다는 것은 이미 알고 있었습니다. 즉석필름에 버금가는 수익을 낼 만한 제품을 찾아야 한다는 생각이 들었습니다."

즉석필름의 총수익은 무려 65%였다. 그 정도 수익을 낼 만한 대체상품을 찾는 것이 과연 가능했을까? 상황을 더 폭넓게 파악해서 손쉬운 수입원을 잃을지 모른다는 두려움을 인정했더라면 얼마나 좋았을까?

그런데 폴라로이드가 시장의 큰 변화를 예측하지 못하고 실패를 겪은 것은 이번이 처음이 아니었다. 10년 전, 1시간 만에 사진을 현상해주는 사진관이 우후죽순처럼 늘어나는데도 폴라로이드는 현명하게 대처하지 못했다. 현실을 회피하거나 문제를 정확히 파악하기 위해 조사하는 것을 게을리하는 태도가 기업문화에 깊숙이 자리잡고 있었다. 다르게 표현하자면, 폴라로이드의 전성기도 하룻밤 꿈처럼 사라질 것이라는 두려움이 근본적인 이유였다.

앞서 살펴본 코닥도 긍정적인 두려움이 아니라 부정적인 두려움에 굴복한 대표적인 사례였다. 코닥의 문제는 그들이 생각하는 핵심 비즈니스가 실패할지 모른다는 강한 두려움이었다. 그 때문에 달라진 현실을 인정하지 않았고 새로운 가능성이나 기회를 포착하지 못했다.

모든 기업이 두려움에 굴복하는 것은 아니다. 어떤 기업은 두려움을 회피하지 않고 지혜롭게 대처한다. 이러한 차이는 어디에서 기인하는 것일까? 다시 말해서 두려움과 회피는 의사결정 과정에 어떤 영향을 미치는 것일까?

여기에는 두려움 외에도 많은 요소가 관련되어 있다. 첫째, 폴라로이드 경영진은 고객은 늘 종이에 인화된 사진을 원한다고 굳게 믿었다. 그러나 많은 고객이 디지털 사진에 만족했고, 폴라로이드 경영진은 망연자실했다. 뿐만 아니라 폴라로이드는 전자기술에 소극적이었다. 특히 에드윈 랜드는 전자기술에 투자하는 데 인색했고, 시장의 변화와 기술의 발전에도 불구하고 자신의 고집을 꺾지 않았다. 랜드는 물리학에 뿌리를 둔 신기술 때문에 화학에 기반을 둔 자신의 기술과 발명품이 위협받는 것을 참을 수 없었다.

2001년 10월에 폴라로이드는 파산하고 말았다. 부채는 10억 달러에 육박했다. 주가는 1997년에는 60달러를 기록했으나 파산 당시에는 28센트에 지나지 않았다.

폴라로이드의 의사결정에 나타난 편견

폴라로이드는 1970년대와 1980년대에 정점을 찍은 비즈니스 모형에 대한 집착을 버리지 못했다. 수입원 자체는 기업의 존속이나 장기적인 생존을 보장하는 것이 아니었다. 오랫동안 누리던 안정적인 수입을 잃을까 봐 전전긍긍하는 모습이 기술 모형, 수입 모형, 비즈니스 모형 등 모든 분야에 그림자를 드리웠다. 경영진은 세 가지 모형에 조금이라도 위협을 가하는 일은 절대적으로 피하려 했다. 두려움이 이 정도로 커지자 시장의 변화에 무관심해지고 이미 달라진 현실도 부정하는 지경에 이르렀다.

이뿐만 아니라 폴라로이드는 시장의 변화에 발맞추어 발전하지 않을 때 치러야 하는 대가를 실질적으로 따져보지 않았다. 이 또한 수입원을 잃을지 모른다는 두려움을 정면으로 직시하지 않은 이유였다. 기업의 운명을 개척하기 위해 새로운 수입원을 찾아야 했지만 폴라로이드는 아무런 노력도 기울이지 않았다. 심지어 폴라로이드는 일시적으로나마 수익을 거둘 수 있는 기회에도 관심을 보이지 않았다.

상황의 추이나 결과가 완전히 달라질 가능성이 있었는가?

폴라로이드가 고객이나 시장 중심 접근법을 받아들이고, 새로운 비즈니스 혁신을 수용할 수 있는 조직적 유연성을 가졌더라면 그렇게 파산하지는 않았을 것이다. 매년 전략 검토, 위험관리 접근법을 활용해 경영진의 생각을 비판적으로 검토하고, 경영진이 혹시 놓치고 있는 점이 없는지 연구했더라면 기업 내에 새로운 대화 분위기가 형성되었을 것이며 편협한 사고방식을 이겨냈을지도 모른다. 스스로 핵심 비즈니스라고 여긴 사업이 위협받을 것이라는 두려움이 너무 큰 나머지, 현실을 정확히 파악하지 못한 것이다. 조금만 새로운 시각으로 시장을 연구해 고객의 요구를 이해하고 새로운 시장을 개척했더라면 폴라로이드는 분명히 성공했을 것이다.

갈등에 대한 두려움이 더 큰 갈등을 만든다

도지인스트루먼트PLC의 CFO 알렉스는 세 가지 핵심사업을 책임지고 있는 동료들의 자신감이 부담스럽기만 했다. 동료들이 알렉스를 업신여기거나 무시하는 것은 아니었다. 그들 모두 알렉스의 기술적 전문성을 높이 평가했다. 실제로 알렉스는 규제요건이나 신고사항에 대해 폭넓은 최신지식을 갖추고 있었다. 하지만 회사에서 알렉스는 전략수행 도구에 지나지 않았다.

알렉스는 비판의 대상이 되거나 사람들의 입방아에 오르는 것을 몹시 싫어해서 가능한 한 사람들의 눈에 띄지 않으려고 애쓰는 편이었다. 동료들은 알렉스를 투명인간처럼 취급했다. 직접 만나서 상의할 문제가 있어도 좀처럼 만나지 않고 대부분의 의사소통을 이메일로 해결했다. 알렉스도 동료들을 대할 때 꼭 알아야 할 사항만 이야기하는 편이었다.

동료들은 알렉스에게 작업현장이나 공장을 돌아보면 비즈니스 전반을 파악하는 데 도움이 된다고 조언했지만, 알렉스는 사무실을 벗어나면 어딘지 모르게 불편하다는 이유로 한 번도 동료들을 따라나서지 않았다. 시간이 갈수록 사무실에만 박혀 있는 답답한 사람이라는 이미지만 커져갔다.

수동적이고 폐쇄적인 알렉스의 업무스타일은 회의에서도 그대로 나타났다. 특히 손익담당 경영진을 만나는 자리에서도 알렉스는 질문을 받을 때를 제외하고는 좀처럼 입을 열지 않았다. 결정적인 순간에 중요한 사안을 지적하거나 이의를 제기해야 할 때도 마찬가지였다.

이렇게 몸을 사리며 위험을 회피하는 태도 때문에 알렉스에 대한 신뢰는 땅에 떨어졌다. 간부회의에서는 사람들과 함께 있는 것이 불편한 기색이 역력했고, 회의 자체가 쓸데없는 시간낭비라는 태도를 노골적으로 드러냈다. 알렉스는 회의에서 자신의 의견이 공격받는 것이 두려워서 다른 것은 전혀 고려하지 않았다.

지금은 이렇게 직장동료들을 대할 때 심각한 문제가 있지만, 예전에는 알렉스도 상사들과 우호적인 관계를 유지했다. 이사회에 보고하는 사안에는 누구보다 예민한 사람이었고, 이사회 금융위원회하고는 매달 만날 정도로 긴밀한 관계를 유지했다. 이러한 알렉스의 행동이 알려지자 CEO와 동료들 모두 불편함을 느꼈다. 기업 감사와 운영체제의 업무가 정확히 분리되지 않고 이상하게 겹치는 것처럼 보였기 때문이다. 알렉스가 어느 쪽의 스파이 노릇을 한다는 증거는 없었지만, 경영진과 안정적인 교류가 없었기에 경영진으로서는 알렉스를 무조건 신뢰할 수 없었다.

그러다가 알렉스는 각 부서에 연락도 하지 않고 독단적으로 이사회 보고에 대한 사안을 변경했다. 최근에는 각 부서 책임자에게 사전통지 없이 자본할당 규칙을 대대적으로 개정해버렸다. 이로 인해 알렉스와 경영진의 관계는 더욱 악화되었다. 알렉스는 각 부서의 재정 책임자에게는 규칙 변경을 통지했지만, 정작 부서 총책임자이자 자신의 동료들에게는 아무 말도 하지 않았다. 일방적인 통보가 부담스런 갈등이나 의견충돌로 이어지는 것이 무서웠던 것이다.

당연히 부서 총책임자들은 달라진 예산집행에 당혹감과 분노를 감추지 못했다. 매달 열리는 회의에 참석한 부서 책임자들의 표정은 상당히 일그러져 있었으며 거침없이 불쾌한 속내를 드러냈다. 알렉스는 나지막한 목소리로 사과했지만, 자신이 왜 그렇게 했는지 납득할 만한 설명은 하지 않았다. 알렉스의 얼굴에는 후회하는 기색이 역력했다. 일부 동료는 사전에 상의하지 않고 일을 처리한 후에 뒤늦게 사과하는 행태가 반복되고 있다며, 변화에 대처하는 알렉스의 능력에 의문을 제기했다.

하지만 문제는 여기서 끝나지 않았다. 개혁 프로젝트를 두고 어려운 결정을 내려야 하는데, 알렉스가 리더답게 행동하지 않자 CEO가 나서서 비용할당 같은 주요 사안들을 제멋대로 결정했고, 그로 인해 회의 분위기가 더욱 악화되었다. 그런 결정에는 CFO인 알렉스가 반드시 관여해야 했다.

알렉스의 회피적인 업무스타일은 자신의 직속부서를 대할 때도 그대로 나타났다. 부서원들은 업무 진척상황에 대해 알렉스가 제대로 알려주지 않는다며 불만을 토로했다. 알렉스는 업무실적 평가나 까다로운 결정을 내려야 할 때도 적절하게 대처하지 않았고, 팀원들은 리더십의 부재로 인해 답답함을 느꼈다.

CFO라는 업무 특성상 부서 간 협조가 절실했으나 알렉스는 각 부서의 책임자들, 즉 자신의 동료들과 공동업무 평가를 게을리했다. 알렉스는 부서 책임자들과의 대화에서 갈등이 발생할 가능성을 피하려 했다. 이처럼 두려움이라는 편견은 알렉스의 업무 곳곳에 부정적 영향을 주고 있었다.

알렉스의 태도에 대한 불만은 결국 이사회의 귀에 들어갔으며, CEO는 동료들의 지지를 받지 못하는 CFO는 제 역할을 수행할 수 없다고 주장했다. 결국 CFO 자리는 다른 사람으로 교체되었다.

알렉스의 의사결정에 반영된 편견

알렉스는 용기가 부족해 어려운 문제나 상황을 회피했으며, 동료들과 직속부하들을 대할 때도 어떻게든 접촉을 줄이고자 노력했다. 갈등에 대한 두려움은 CFO로서 책임을 수행하거나 타 부서 책임자들과 업무를 함께 추진하는 데 큰 걸림돌이 되었다.

알렉스가 이사회의 통제권과 경영진의 구분선을 함부로 침범하고 다닌다는 증거는 없었지만, 동료들에게 신임을 얻지 못해 불필요한 의혹을 증폭시킨 책임이 있다. 갈등에 대한 병적인 두려움 때문에 오히려 동료들은 갈수록 알렉스를 불신하게 되었고, 시간이 흐르자 업무나 전문성에 대한 능력도 도마 위에 오르게 되었다.

일탈을 일삼는 문제아가 아니었으며 이사장이나 이사회의 금융·위험관리위원회와 아무런 문제가 없는 것으로 보아, 알렉스는 자신에게 주어진 일은 편안한 마음으로 잘 처리하는 사람이었다. 그러나 인간관계에 있어서 알렉스는 더없이 취약했다. 모호한 상황, 갈등, 결과를 예측할 수 없는 상황을 더없이 두려워하는 알렉스는 위험을 감수하거나 사람들과 기 싸움을 해야 하는 인간관계에서는 아무것도 하지 못했다.

상황의 추이나 결과가 완전히 달라질 가능성이 있었는가?

알렉스가 내성적인 사람이긴 하지만, 처음부터 동료들을 대하는 방식을 조금씩 바꾸려 노력했다면 상황은 크게 달라졌을 것이다.

예를 들어 알렉스는 의견충돌이 없는 간단한 문제나 프로젝트를 동료들과 함께 의논하면서 공감대를 형성하고 자신에 대한 신뢰감을 줄 수 있었을 것이다. 그들의 제안대로 함께 작업현장을 돌아다녔다면 공감대를 더욱 강화할 수 있었을 것이다. 문제를 회피하지 않고 사안을 하나씩 분리해 차례로 처리했다면 용기가 났을지도 모른다.

알렉스가 임원회의를 비정상적으로 두려워하는 것은 사실이지만, 이해관계자들에게 자신의 두려움을 솔직히 고백하고 회의에 임했다면 분위기는 달라졌을지도 모른다. 인간관계와 갈등관리에 능숙한 멘토를 찾아서 자신의 두려움을 충분히 토로하고, 갈등이나 실패에 대처하도록 자신감을 북돋우는 시간을 가졌다면 알렉스는 지금쯤 많이 달라져 있었을 것이다. 무조건 회피하고 숨기만 해서 문제는 더욱 심각해졌고, 알렉스가 그토록 싫어하던 갈등이 더욱 증폭되었다.

두려움을 방치하면 의사결정이 여러 가지 방향으로 엇나갈 수 있다. 이를테면 무조건 '저항이 가장 적은 길'을 선택한다거나, 중요한 결정은 모두 상사에게 맡겨버린다거나, 균형 잡힌 결정을 내리는 데 필수적인 갈등이나 의견충돌마저 무조건 피하고 보는 사람이 될 수 있다. 뿐만 아니라 자신이 해야 하는 의사결정을 남에게 맡겨서 기업운영자로서 자신의 영향력이나 입지를 뺏기게 된다.

**두려움 편견의
위험신호**

다음과 같은 경우에는 두려움이 당신의 의사결정에 부정적인 영향을 끼치는 것이다.

- 예산이나 목표를 수립할 때 로우볼링, 또는 샌드배깅을 시도한다.
- 매몰비용을 운운하며 처음에 세운 계획을 그대로 밀어붙인다.
- 현실을 직시하지 못하거나 현실을 거부한다.
- 엄청난 비용이 드는 결과를 방어하기 위해 또다시 엄청난 비용이 드는 단계를 거친다.
- 실제보다 위험 수준을 과장한다.
- 중대한 의사결정을 자꾸 미룬다.
- 중요한 사안에 적절히 대처하지 못했다는 점을 인정하지 않는다.
- 어려운 사안을 제대로 풀어내지 못하거나 대화를 아예 포기한다.
- 긴급한 대처를 요하는 상황에서 신속하게 의사결정을 내리지 못한다.

- 자신의 신념을 용기 있게 사수하지 못한다.
- 어려운 사안을 처리하거나 힘든 대상을 상대해야 할 때 이를 회피한다.

**두려움 편견의
성공전략**

여기에 제시된 성공전략은 중요한 결정을 내릴 때 두려움의 부정적 영향을 줄이고 용기의 부족을 보완해줄 수 있다.

사고방식 재검토하기

- 최악의 상황을 상상해보라. 그것이 최악이라고 말할 수 있는 이유도 생각해보라.
- 두려움을 부정하고 합리화하려는 경향을 인정한다. 자신에게 제약을 가하는 요소를 믿을 만한 사람과 함께 솔직하게 검토한다.
- 자신의 신념을 생각하며 용기를 내고 반대의견을 만나도 당당하게 소신을 밝힌다.
- 갈등에 능숙하게 대처하는 능력을 배양하고 까다로운 대화를 이끌어가는 기술을 익힌다.
- 성공한 기억을 되살려 자신감을 갖는다. 그 순간의 긍정적인 기분을 토대로 필요한 변화를 시도해본다. 시각화는 유명한 스포츠

선수들이 실패나 패배에 대한 두려움을 극복하기 위해서 종종 사용하는 기법이다.

• 위험부담이 큰 의사결정을 내려야 할 때 양보할 수 없는 요소를 먼저 정하고 그에 따라 얼마나 용기를 내야 하는지 생각해본다. 예를 들어 현재 몸담고 있는 회사에 대한 자부심, 직속부하들에 대한 책임감, 기업의 생사에 대한 책임감, 환경보호 등은 쉽게 양보할 수 없는 요소다. 이러한 점들을 시금석으로 삼으면 어리석은 용기와 진정한 용기를 구분할 수 있다.

• 다음 체크리스트를 사용해 개인적인 두려움을 극복한다.

① **두려움을 정면으로 직시한다** : 두려움을 관리하는 능력을 갖추려면, 두려움의 대상을 파악하고 이름을 부여해야 한다. 그렇지 않으면 두려움이 모호한 상태로 남아 있으므로 쉽게 정복할 수 없다.

② **두려움은 당연한 반응이며 때로는 유용한 면이 있다는 점을 인정한다** : 두려움은 불필요한 위험을 피하도록 도와주므로 유용하다고 말할 수 있다.

③ **현실을 점검한다** : 위험부담이 전혀 없는 의사결정이란 존재하지 않는다. 실수나 오판은 배움의 기회로 삼으면 된다. 두려움을 안고 행동할 수 있는 힘을 길러야 한다.

④ **두려움을 재해석하고 새롭게 정의한다** : 지금 갖고 있는 두려움이 변화의 원동력이 될 수도 있고 계획을 망치는 지름길이 될 수도 있다. 이러한 가능성을 자세히 검토한다.

⑤ **제3자의 의견을 구한다** : 비슷한 경험이 있는 사람에게 자문을 구한다. 그들이 두려움에 대처한 방법에서 배울 점을 찾는다.

⑥ **두려움이 주는 부담을 해결한다** :

- 두려움을 줄여라. 언제나 최악을 먼저 생각하는 인간의 성향 때문에 두려움은 필요 이상으로 크게 보일 수 있다. 부담이 적은 의사결정을 통해 평정을 되찾는다. 위험부담이 적은 의사결정을 먼저 성공시킨 다음 중요한 사안에 조심스럽게 접근한다.

- 자신과는 달리 두려움에 떨지 않는 사람을 찾아가서 그들이 어떤 필터로 두려움을 제거하는지 물어본다.

- 자신만 두려움을 겪는 것이 아니라는 점을 직시한다. 두려움을 성공적으로 극복한 사람들을 만나서 비결을 들어본다. 비즈니스 분야가 아니라 다양한 분야에서 두려움을 극복한 사람들을 찾아볼 수 있다.

관련된 사람들 재정비하기

- 반대의견이나 독립적인 의견을 기꺼이 내놓을 수 있는 사람을 팀에 영입한다.

- 자신의 의견을 스스럼없이 말하는 사람을 칭찬하고 보상을 준다.

- 주어진 도전과제에 똑같은 두려움을 갖고 있지 않은 사람을 찾아서, 그들이 사용하는 필터가 무엇인지 이해한다.

- 신념에 근거한 용기를 보이는 사람을 선발하고 의사결정 과정에 적극적으로 참여시킨다.

진행과정 주의하기

• 상당한 규모의 조직 변화를 유도할 때 변화에 대한 걱정이 부정적인 영향력을 발휘하거나 팀원들의 집중력을 흩뜨릴 수 있다. 이럴 때는 팀원들의 협동을 강조하고 한마음으로 의사결정에 집중하도록 요청해야 한다.

① 팀원들에게 각자 최악의 시나리오를 생각해보도록 요청한다. 가능성이 매우 낮더라도 '최악의 경우'를 먼저 설정하게 한다.

② 모든 사람에게 최악의 시나리오를 자세하게 묘사할 기회를 준 다음, 다른 팀원들에게 의견이나 느낌을 말하게 한다.

③ 각각의 시나리오에 대처하는 방안을 세부적으로 수립한다. 가장 호응이 좋은 방법을 직접 시연할 수 있다.

④ 이렇게 두려움을 공식화하고 구체적인 대안을 수립하면 모든 팀원들이 최악의 상황에 어떻게 대처할지 이해할 수 있다. 그러면 실제 위험이나 위험이 될 만한 요소를 완화시킬 방안을 빨리 수립할 수 있고 팀원들의 전반적인 사기가 높아진다.

"성공한 사람은 자기도 모르는 사이에

자신이 주변의 모든 것을 통제하고 있다는 착각에 빠진다."

5

야망은 눈을 멀게 한다

의지와 야망이 강할수록 더 나은 결정을 내리게 된다는 편견에 도전하기

◆◆◆ 비방디유니버설(Vivendi Universal)의 전 CEO인 장 마리 메시에르(Jean-Marie Messier)는 프랑스에서 가장 화려하지만 논란의 중심에 섰던 리더다. 프랑스 사람들은 바람기 많고 주제넘은데다 뉴욕에서 회사 경비로 2,000만 유로짜리 아파트에 살고 있는 메시에르를 가리켜 프랑스인으로 보기에는 조금 부족한 사람이라고 말했다. 한편 미국의 비즈니스 파트너는 기업의 근본적인 운영방식을 투명하게 개방하지 않는 점 때문에 메시에르는 미국인으로 보기에는 조금 부족하다고 평가했다.

메시에르는 프랑스에서 최고 명문으로 손꼽히는 에콜 폴리테크니크(Ecole Polytechnique)와 지금도 프랑스 정계의 인재를 꾸준히 배출하는 국립행정대학원(Ecole National d'Administration)을 졸업했다. 프랑스 경제부를 비롯해 여러 공공분야에서 일하다가 라자드프레레스(Lazard

Freres)라는 투자은행에서 5년간 근무한 후 1994년에 정부 공공사업으로 자리를 옮겼다. 이번에 메시에르가 맡은 곳은 150년의 역사를 자랑하는 상하수도 관리 기업 CGE였다.

메시에르는 CGE에 획기적인 기획안을 내놓았으며, 6년 만에 CGE는 AOL-타임워너의 뒤를 잇는 세계 2위 규모의 미디어회사로 성장했다. 프랑스 내의 TV방송사, 통신사, 테마파크 등은 물론이고 유니버설스튜디오와 유니버설뮤직도 인수했다. 인수·통합 후에는 기업명을 '비방디유니버설'로 바꾸었다.

인수 과정에서 메시에르는 다양화 전략에서 지켜야 할 규칙을 모두 무시했으며 주변 사람들의 경고나 우려도 들은 체 만 체했다. 메시에르는 야망에 사로잡힌 나머지 기업의 안정적 성장에는 전혀 신경을 쓰지 않았다.

결국 1990년대 초반에 불경기가 닥치자 메시에르가 쌓은 모래탑은 급속히 무너졌다. 메시에르가 인수한 기업의 상당수는 가격이 비싸게 매겨진 것이었으며, 영화·음악·출판 등에 지불하는 로열티가 1,000억 달러에 달하는 등, 재무상태표의 부채액은 상상을 초월하는 수준이었다.

2002년 3월에 발표된 비방디유니버설의 2001년 회계보고서는 자산가치 하향조정으로 136억 유로의 손실을 기록했다. 하루아침에 주가가 곤두박질치자 북미의 파트너 기업들은 메시에르에게 등을 돌렸고, 이사회는 비방디유니버설의 몰락을 막기 위해 메시에르의 사임을 촉구했다.

하지만 불행은 여기에서 끝나지 않았다. 메시에르는 자신의 오만함이 큰 손실을 자초했음을 인정하면서 조용히 물러난 것이 아니라 마지막으로 또 하나 일을 벌였다. 다름이 아니라 자신이 황금낙하산*을 받을 자격이 있다며 2,060만 유로를 요구한 것이다.

황금낙하산은 비방디유니버설과 미국 측 대표가 체결한 계약에 포함된 내용이었다. 그러나 이사회가 황금낙하산을 승인하지 않았다는 이유로 프랑스 법원은 이를 인정하지 않았고, 미국 주주들도 메시에르가 기업의 재정을 크게 악화시킨 점을 들어 별도의 소송을 제기했다. 메시에르는 해고 조건에 뉴욕 아파트 소유권이 포함된다고 주장했으나 이 또한 뺏기고 말았다. 그런데도 메시에르는 끝까지 기업이 직면한 문제는 자기 탓이 아니라며 강하게 맞섰다.

메시에르는 자만심과 허영에 눈이 멀어서 기업을 크게 확장했다. 자신이 미디어산업에 경험이나 지식이 전혀 없다는 사실을 인정하지 않고 시종일관 오만하게 행동했다. 메시에르는 무모한 야망을 앞세워서 수많은 기업을 인수해 가치를 떨어뜨렸다. 유니버설스튜디오의 소유주인 시그램컴퍼니(The Seagram Company Ltd.)의 주가도 적잖은 타격을 입었다. 메시에르는 주변 사람들의 충고를 무시한 채 오로지 시너지 효과를 기대하면서 다양한 분야의 기업을 무리하게 인수·통합했다. 그 과정에서 수많은 일자리를 희생시키고 많은 직원들을 하루아침에 실직자로 만든 것도 전혀 개의치 않았다.

놀랍게도 메시에르와 비슷한 사례는 우리 주변에서 흔히 볼 수 있다.

---

* 황금낙하산 : 적대적인 기업의 인수·합병을 막기 위해, 퇴직하는 경영진에게 거액의 퇴직금을 지급하는 방법 등으로 회사의 가치를 떨어뜨리는 전략을 말한다. — 옮긴이

야망의 문제점

'자만심'을 뜻하는 영어 단어 hubris는 그리스신화에서 유래한 것으로, 자기과신, 자기애, 지나친 자존심을 뜻한다. 심리학에서는 이를 우월성 콤플렉스, 메시아 콤플렉스, 나르시시즘 콤플렉스와 관련지어 이야기하며, 비즈니스 관점에선 야망에 사로잡혀 건전한 판단력을 잃은 채 기업이 아니라 개인의 욕심을 앞세우는 태도를 가리킨다.

야망은 바람직한 것이다. 야망이 있어야 성취욕구가 생기고 개인의 발전을 경험할 수 있다. 사람들이 야망을 품지 않았다면 신대륙을 발견하거나 세상을 바꿔놓은 발명품도 나타나지 못했을 것이다. 인텔의 앤디 그로브, 스타벅스의 하워드 슐츠(Howard Schultz), 델컴퓨터의 마이클 델(Michael Dell) 같은 사람들은 더 나은 세상을 꿈꾸며 개척정신을 발휘했고, 야망을 현실로 만든 대표적인 사례라고 할 수 있다.

야망은 이처럼 중요하지만, 약간의 위험이 뒤따른다는 것을 잊어서는 안된다. 야망을 적절히 제어하지 않으면 금세 자만으로 이어지기 때문이다. 야망이 지나치면 주변 사람들에게 외면당하기 쉽고, 야망이 부족하면 리더로서 존경받기 어렵다.

지나친 야망을 드러내는 사람들을 보면 몇 가지 흥미로운 공통점이 있다. 그들은 자기 목적을 위해 사람을 이용하며, 목적을 위해 규칙이나 절차를 멋대로 무시한다. 사람들에게 주목받는 자리를 좋아하며, 자신을 드높이고 자신의 업적을 널리 알리는 데 시간을 아끼지 않는다. 또한 자신의 의사결정이 얼마나 왜곡되고 편향되어 있는지 깨닫지 못한다.

이탈리아의 외교 전문가이자 역사가이며 정치이론가인 니콜로 마키아벨리는 정치적으로 매우 불안하던 16세기를 산 인물이다. 마키아벨리는 《군주론(The Prince)》에서 부정직과 속임수를 기반으로 고도로 정교한 지배체제를 제시했다.[1] 마키아벨리가 지배체제의 부정적 측면을 못 본 체한 것인지 알 수는 없지만, 강력하고 일방적인 통제를 내세우는 자만을 어느 정도 장려한 것 같다. 그런 경향을 '마키아벨리 같다'고 표현하는 것도 놀랄 일이 아니다.

◆ ◆ ◆ 자만심은 기업을 무너뜨릴 수도 있다. 두바이 정부와 아랍에미리트의 정치인인 셰이크 모하메드 빈 라시드 알 막툼(Sheikh Mohammed bin Rashid Al Maktoum)의 공동소유로 되어 있는 초대형 국제기업 두바이월드(Dubai World)를 생각해보자. 이 기업은 자산개발·관광·소매업·항공업·금융 등 다양한 분야에 손을 뻗치고 있다. 세계에서 가장 높은 빌딩과 가장 큰 쇼핑몰, 실내 스키리조트는 모두 두바이월드에서 운영하는 것이다. 야자수 모양의 인공 섬으로 유명한 팜스(Palms)도 두바이월드의 작품이다.

하지만 2009년 11월, 두바이월드는 800억 달러가 넘는 부채를 인정하고 최소 6개월의 지급연체를 선언했다. 그 후로 두바이월드의 주가와 국제통화시장은 하강의 악순환을 겪었다. 1주일 만에 기업 간부들은 이 문제를 다시 검토한 후에 지급연체 사태가 6개월 이상 걸릴 것이라고 발표했다.

투자자들은 가차 없이 등을 돌렸다. 무디스는 두바이월드의 신용등급을 하향조정하고 부채는 대부분 정크(junk) 상태라고 선언했다. 전세계에서 가장 부유한 나라와 세계에서 가장 부유한 사람이 두바이월드의 운영진에 포함되어 있었지만, 아무 소용이 없었다. 이 점을 보면 세계적인 부와 번영도 과도한 레버리지의 위험에서 자유로울 수 없다는 것을 알게 된다.

영국 더럼대학 교수이자 중동 지역 정치학 전문가인 크리스토퍼 데이비슨(Christopher Davidson)은 두바이월드 사태를 논하면서 《뉴욕타임스》에 다음과 같이 의견을 밝혔다.

"두바이월드는 과도한 성장을 시도하다가 실패한 대표적인 사례입니다. 전세계적으로 인구 1인당 부채를 따지자면 이보다 더 심한 경우를 찾아볼 수 없으니까요. 경제 수준이 평범한 국가와는 공통점을 전혀 찾아볼 수 없지요. 전형적인 흰 코끼리* 사례라고 하겠습니다."

데이비슨 교수에 의하면, 두바이월드 사태처럼 부동산 개발에 욕심을 내다가 실패한 경우는 역사 속에도 있었다고 한다. 두바이에서 북서쪽으로 얼마 떨어지지 않은 지역은 한때 바빌론이라고 불렸는데, 2,000년 전에 바빌론을 개발하려고 모여든 사람들이 하늘에 닿을 정도로 높은 탑을 건축하려다가 실패했다고 알려진다.

두바이월드 사태는 인간의 오만함에 대한 해묵은 경고로 끝나지 않는다. 이것은 정치, 투자, 기업의 관계를 적절히 규제하지 않고 잘못된 의사결정을 그대로 방치하면 심각한 결과를 낳는다는 교훈을 준다. 견제와 균형의 원리가 무너지거나, 이 원리가 지켜져도 편견에 치우친 판

• 흰 코끼리 : 돈만 많이 들고 쓸모없는 것을 가리킨다. ─ 옮긴이

단이나 결정을 물리치지 않으면 어느새 자만심이 고개를 들게 된다.

흔히 자만심은 성공에서 비롯된다. 남들이 주목할 만한 성공을 이루지 못한 개인이나 기업이 자만해지는 경우는 드물다. 반면 하는 일마다 성공한 사람은 자기도 모르는 사이에 자신이 남다른 기술과 영민함으로 주변의 모든 것을 통제하고 있다는 착각에 빠지면서 어떤 일을 해도 실패하지 않을 것이라고 믿게 된다.

대기업도 성공을 거듭할수록 자신도 모르는 사이에 우쭐해져서 초심을 잃을 수 있다. 몇 차례 성공한 후에는 위험신호를 함부로 무시하고 부정적인 의미를 전달하는 자료를 애써 외면해버린다. 어려움이 닥쳐도 일시적인 것이라며 대수롭지 않게 여긴다. 시장에서 직면하는 압력이 커져도 긍정적인 데이터만 제시하고 부정적인 데이터는 교묘히 걸러내버린다. 외부의 압력이나 문제에 부딪히면 미리 예측하는 것이 절대 불가능한 일이었다는 핑계를 대면서 위험천만한 시도를 멈추려 하지 않는다.

이쯤 되면 몰락이나 붕괴가 머지 않았다고 해도 과언이 아니다. 기업의 성공은 코앞에 닥친 위험이나 파멸을 가리는 걸림돌이 될 수 있다. 개인도 이런 딜레마에 빠질 수 있다. 불빛이 좋아서 모여든 나방이 뜨거운 불꽃에 날개를 잃는 것과 같은 원리다. 한번 불꽃에 닿은 날개가 회복될 수 있을까? 가장자리만 조금 그을린 것이라면 회복될지 모른다. 하지만 심하게 타버린 날개는 결코 재생되지 않는다.

야망의 문제점 자세히 살펴보기

야망이나 성공이 싹틔운 자만심이 도를 넘으면 어떻게 될까? 이 문제를 자세히 생각해보자. 성공을 경험한 후에 그것을 토대로 향후에도 논리적인 방법으로 의사결정을 하는 사람이 있는가 하면, 성공한 후에 자만심에 빠져 그릇된 길로 가는 사람도 있다. 둘의 차이는 어디에서 기인하는 것일까?

자만심은 근본적으로 두 가지 착각 또는 주요 신념에서 시작된다. 두 가지 착각을 이해하면 의사결정을 내리는 리더가 왜 자신이 직면한 현실을 제대로 파악하지 못하고 불안정한 양상을 보이는지 쉽게 이해할 수 있다. 여기서 말하는 두 가지 착각은 다음과 같다.

- **무과실 망상** : 이것은 자신이 완벽하고 결점이 없으므로 절대 실수하지 않는다는 신념이다. 이런 생각에 빠지면 자연히 겸손한 마음이 사라지며, 자신의 성공은 운이나 기회가 좋아서 얻은 결과라고 절대 생각하지 않는다. 처음에는 그렇게 생각했을지도 모르지만, 착각에 빠질수록 이런 마음이 사라진다. 이런 상태가 심각해지면 무과실 망상에 빠지게 된다.

- **조정 망상** : 자신이 주변 사람이나 환경 등 모든 것을 조정하고 제어할 수 있다는 신념을 말한다. 이 세상의 모든 일을 예측할 수 있다고 생각하며, 심각한 경우 자신이 모든 것을 알고 있으며 앞일을 예측할 수 있다고 느끼기도 한다.

자만심의 근본원인

자만심의 근본원인은 어린 시절에서 찾을 수 있다. 정신의학 전문가들은 무과실 망상이 자기애성 인격장애에서 출발한다고 말한다. 자기애성 인격장애는 아주 어린 아이들에게도 나타난다. 주요 증상으로는 성공을 경험하지 않았더라도 자신의 업적을 과시하며, 모든 사람에게 대접받으려는 욕구가 강하게 나타나는 것을 들 수 있다.

한편 조정 망상은 불우한 어린 시절을 겪은 사람이 자신의 처지를 이겨보려고 애쓰는 과정에서 발생할 수 있다. 어릴 때 부모가 이혼했거나 가정폭력 등에 노출된 아이는 자신이 간섭하고 통제할 수 있는 상황이나 대상에 집착한다. 그렇게 해서라도 자신이 감당할 수 없는 가정문제를 잊거나 이겨보려는 것이다. 이 밖에도 근본적인 원인은 많지만 공통적인 특징은 다음과 같다.

- 자신을 매우 중요한 존재로 여기며 다른 사람들도 그렇게 생각하도록 강요한다. 자신의 업적이나 재능을 매우 부풀려서 이야기한다.
- 자신의 가치를 과대평가하기 때문에 주변 사람들에게 인정받고 존경받으려는 욕구가 강하게 표출된다.
- 자신이 특별하고 귀중한 존재이며, 자신처럼 특별한 사람만이 자신의 진정한 가치를 알아본다고 생각한다.
- 다른 사람의 칭찬이나 인정을 갈망하며 이를 최대한 활용한다.
- 자신만 특별한 대우를 받고 높이 평가받아야 한다고 생각한다.
- 천성적으로 주변 사람을 이용하려는 경향이 강하게 나타난다. 다

른 사람에게 조언을 구할 때도 있지만, 이는 겉치레 행동에 지나지 않는다.

- '자신이 특별한 존재'라는 인식이 매우 강하며 생활의 모든 부분에서 드러난다. 자신의 특별한 지위를 유지하는 데 방해가 되는 사람들을 해코지하거나 복수하는 행동을 서슴지 않는다.
- 모든 사람을 내 편과 내 편이 아닌 사람으로 양분한다.
- 실패를 하면 교훈을 찾는 것이 아니라, 그럴듯한 이유나 핑계를 대면서 자기기만으로 끝난다.

과도한 야망을 드러내는 리더를 살펴보면 위의 특징 중 상당수를 찾아볼 수 있다.

심리학자 로버트 호건(Robert Hogan), 로버트 래스킨(Robert Raskin), 댄 파치니(Dan Fazzini)가 저술한 《카리스마의 어두운 면(The Dark Side of Charisma)》에서는 나르시시즘에 사로잡힌 리더는 주변 사람의 말을 듣지 않는다고 지적한다.[2] 그렇게 하면 자신이 나약한 존재가 된다고 생각하는 것이다. 이 세상에는 자신에게 유용한 충고를 하거나 좋은 정보를 줄 만한 인재가 없다고 생각하는 것일 수도 있다.

이러한 경향은 의사결정 단계에서 특히 두드러진다. 더 중요한 점으로, 이런 리더는 의사결정을 내릴 때 주변 사람들이 이해하기 어려울 정도로 지나친 확신을 갖는다. 결국에는 주변 사람들이 그 확신에 동화되어 리더를 지지하는 편에 서기도 한다. 그래서 나르시시즘이 강한 리더가 유독 주변 사람에 대한 영향력이 큰 건지도 모른다. 영화《월스트리트(Wall Street)》의 카리스마 넘치는 주인공인 고든 게코는 자만에서 시작된 자신감을 드러내며 제멋대로 행동하는 전형적인 나르시시즘 환자다.

유명세에 숨겨진 덫

비즈니스 환경으로 돌아와보면, 유명한 CEO에 대해서도 할 말이 많다. 정치적 리더와 마찬가지로 기업의 리더 역시 탄성을 자아낼 정도로 카리스마 넘치는 리더가 쉽게 주목받는다. 리더가 그런 카리스마와 개성을 발휘하지 못하면 금방 지지세력이 무너져내린다. 실수를 인정하고 자신의 약점을 드러내며 자기도 모든 답을 알지는 못한다고 말하는 리더는 유약한 존재로 평가된다.

한편 카리스마 넘치는 리더는 인기를 열심히 관리해 정치인 못지않은 유명세를 누린다. 어떤 경우 이사회는 기업의 위기에 필요한 것은 겸손하고 허세를 부리지 않는 리더보다는, 세간의 주목을 받으며 허풍이 심한 리더라고 잘못 판단할지도 모른다. 그러면 기업을 구해야 할 무거운 책임은 결국 이사회의 몫이 된다. 놀랍게도 자만의 반대인 겸허함이 부족한 사람이 리더가 되는 사례는 상당히 많다. 그들은 자신감 하나로 의사결정을 밀어붙인다. 그들은 변화에 앞서 사람들의 동의나 지지를 구하는 법이 없으며, 기업을 이용해서 개인의 명성을 드높이는 경우도 많다.

리더의 추종자들이 카리스마 넘치는 리더를 원하는 성향은 정치에서도 동일하게 나타난다. 이런 상황에서 정치 지도자가 자신의 실수를 인정하면, 그 사람은 강한 리더가 아니라 유약한 존재로 낙인 찍힌다.

자신의 약점을 드러내고 실수를 인정하는 순간 무적불패의 리더를 꿈꾸는 대중의 환상이 산산이 깨져버리기 때문이다.

정치에서만 이런 상황이 벌어지는 것은 아니다. 사람들은 기업이나 가정 등에서도 리더가 유명인사 같은 모습을 보여주기를 바란다. 뉴스를 잘 살펴보면 야망이 강한 리더일수록 바람직한 결과를 산출하는 것보다 자신의 PR에 힘쓰고 카리스마를 발산하는 데 주력한다는 것을 알 수 있다.

리더의 추종자에게도 문제가 있다. 그들은 바람직한 리더에 대해 여러 가지 편견을 안고 있다. 넓은 안목으로 객관적인 리더의 덕목을 우선시하지 않고 개인의 영웅적인 면모에만 주목한다면 메시에르 같은 리더는 언제든지 나타날 수 있다. 언뜻 보기에는 믿음직할지 모르나, 그들은 기업과 이해관계자들의 필요를 채워주지 못하며 어리석은 판단으로 파멸을 초래하고 만다.

독단적인 야망과 주변의 방관이 만든 몰락

국제 와인 시장은 합병이 밥 먹듯 일어나는 곳이다. 서던호른은 라지 오에스테이트라는 와인 기업을 인수했다. 수익 면에서 서던호른의 6% 규모인 가족기업 라지오는 저수익 대량판매 방식을 지향했다. 하지만 서던호른은 3개의 프리미엄 브랜드 와인으로, 미국과 영국의 고급 와 인 판매를 장악하는 등 국제 와인 시장에서 고급 브랜드로 알려져 있 었다. 남아프리카 와인 시장에서는 라지오와 서던호른이 시장의 절반 을 장악했다.

두 기업이 손을 잡자 경쟁사들은 긴장할 수밖에 없었다. 그러나 합 병에 나선 라지오 대표는 다른 분야에서 이런 합병이 이루어지더라도 지금처럼 기대와 걱정이 공존할 것이라며 대중을 안심시키려 했다.

당시에 서던호른과 라지오는 양측 모두에게 전략적 이득이 크다고 말했다. 서던호른은 와인 상품의 폭을 크게 넓힐 수 있고, 라지오는 서 던호른이 이미 닦아놓은 국제유통망을 통해 세계시장에 진출할 수 있 다는 것이었다.

합병 계약에 따라 서던호른은 자본의 13%와 이사회의 두 자리를 라지오 가족에게 내주었다. 또한 후반기에는 당시 72세인 창업자 마리우스 라지오도 이사회에 합류시키기로 했다. 마리우스와 아들 사이먼은 피닉스투자회사의 이사였으며, 합병 후에는 서던호른의 핵심주주가 되었다.

이사회의 영향력은 초반부터 미흡했다. 서던호른의 최고령 이사 두 사람은 출장을 자주 다녔다. 그들에게는 사실 이사회의 책임이 부담스럽고 과중한 것이었다. 두 사람은 이시회 출석률이 60%에 그쳤다. 다시 말해서 주요 사항이나 위험요소, 인사 문제를 논하는 중요한 이사회 모임에 자주 결석했다. 그중 한 사람은 이사회의 위험관리위원회 책임자였는데, 종종 통화 품질이 좋지 못한 전화나 휴대전화로 회의장을 연결하는 식으로 회의에 참석했다.

라지오 가족은 위험관리위원회 책임자가 공석이 되자 즉시 이사직을 충원했다. 마리우스의 장녀와 결혼한 존 시버트가 그 자리를 맡은 것이다. 그 후로도 라지오 가족은 이사회에서 큰 영향력을 발휘했다. 라지오 가족은 현금 부자라는 것 외에는 이렇다 할 특징이 없었다. 직원 200명의 가족기업으로서 그들이 창출한 브랜드는 고작 2개였다. 당시 서던호른은 4,000명의 직원을 거느리고 50개가 넘는 와인 브랜드를 보유한 대기업이었으나, 라지오 가는 상장기업을 운영해본 경험이 전혀 없었다. 라지오 사람들이 이사회에 들어온 후로 기업운영에 여러 가지 문제점이 발생한 것은 예상된 일이었다.

존은 이사회의 승인이 필요한 중요한 전략 사항을 일방적으로 결정해버렸다. 존의 장인인 마리우스는 존이 어떤 결정을 내리는지 알고 있었으며, 의사결정 과정에 직접 참여하기도 했다. 지금은 마리우스도 이사회에 몸담고 있다. 마리우스와 존은 우열을 가리기 어려울 정도로 카리스마가 넘쳤다. 당시에는 아무도 두 사람의 행보가 이사회의 운영에 문제가 될 것이라고 생각하지 못했다.

존은 지체 없이 라지오 가의 대표 와인 생산자를 서던호른의 대표 와인 생산자로 임명했다. 서던호른의 규모가 라지오의 10배이며 제품 스타일이나 와인 가격 등이 훨씬 복잡하다는 사실은 전혀 고려하지 않았다. 얼마 지나지 않아 라지오에서 와인 생산을 담당하던 사람들이 서던호른의 주요 와인 생산장에서 지휘를 맡았고, 그동안 서던호른이 고수하던 원료확보, 포도재배 과정에 대한 원칙 등을 무시하기 시작했다. 이들은 오로지 저렴한 가격과 신속한 시장진출만 추구했다. 이윤을 높이는 데 급급한 존이 개입한 이래로, 저수익 고품질을 지향하던 기존 브랜드는 철저히 몰락했다. 고급 와인 생산업체라는 서던호른의 이미지는 온데간데없이 사라졌다. 일부 인기 브랜드의 생산이 전면 중단되자 많은 소비자들은 실망과 분노를 감추지 못했다.

존은 회의에서도 독재적 성향과 오만한 태도로 일관했다. 존은 경영진 임원들을 우습게 여겼고 그들의 말을 존중하지 않았다. 특히 존의 생각이나 결정에 반대하는 사람은 가혹한 처사를 받았다. 존은 서던호른과 손만 잡았을 뿐, 두 기업의 차이점에 전혀 관심을 보이지 않았다. 오히려 이사회에 개입한 지 며칠 만에 공식석상에서 서던호른의 경영방식을 맹렬히 비난했다. 포도재배 방식에 대한 회의를 연 후에는 경험이 많은 와인 생산자들을 해고해버렸다. 기존에 거래하던 포도원이 가격협상에 불만을 드러내자 존은 면전에 대고 불평불만이 많은 멍청이들이라며 독설을 날렸다.

　포도재배와 와인업계는 인척관계가 많고 입소문이 유독 빠른 편이라 존에 대한 소문이 삽시간에 퍼졌다. 라지오에서 보낸 영업사원들은 하나같이 거만하고 사람을 함부로 대한다는 불만이 폭주했다. 서던호른에 대한 신뢰가 깨지자 많은 사람들이 등을 돌렸고, 서던호른 와인의 명성은 크게 추락했으며, 와인 매장에서도 외면받기 시작했다. 존처럼 경험이 부족하고 오만한 젊은이가 기업경영의 핵심 요직에 오른 것만 보더라도 이번 합병은 서던호른이 제 발등을 찍은 것이라는 소문이 돌았다. 존이 나타난 후로, 세계적인 명성을 날리면서 서던호른에 원료를 공급하던 사람들이 앞을 다투어 서던호른의 경쟁업체와 손을 잡았다.

　그런데도 존은 자신에게 충직한 사람만 남기고 이의를 제기하는 사람들은 바로 해고해버렸다. 상황이 이렇게 되자 기존의 경영진도 상당수가 경쟁업체로 자리를 옮겼고, 다른 업체나 분야로 진출하지 못한 사람들만 울며 겨자 먹기로 남았다. 한마디로 주요 인재들이 모두 빠져나간 것이다. 기업 전체에 존을 기준으로 편을 가르는 분위기가 팽배했지만 이사회는 이 상황을 전혀 모르고 있었다.

　주주와 시장분석가들이 서던호른의 변화에 강한 의문을 제기했다. 그들은 또한 합병 후 1년간 기업이 걸어온 길을 강하게 비판하고, 시너지 효과를 위한 합병 전략을 실패로 규정했다. 그래도 존을 필두로 한 라지오 사람들은 눈썹 하나 까딱하지 않았고, 과도한 경쟁과 와인 과잉공급 등을 탓했다. 라지오 사람들이 핵심주주라서 이사회도 마음대로 결정을 내릴 수 없었고 내부의 분열만 가중되었다.

　이렇게 몇 년이 흐르자 고급 와인 브랜드라는 서던호른의 평판은 땅에 떨어졌으며, 불과 5년 만에 기업 주가가 반토막나고 말았다. 그동안 존은 정확한 수치를 알 수 없지만 수백만 달러를 투자해 영국과 남아프리카에 개인사무실을 열었으며, 시종일관 독단적이고 오만한 태도로 빈축을 샀다. 게다가 파티를 열거나 휴가를 보내는 데 공금을 흥청망청 썼다. 이의를 제기하거나 반대하는 사람은 끝까지 추적해 쫓아냈기 때문에 아무도 존에게 반기를 들지 못했다. 기업 중역회의는 차츰 모습을 감추었고 기업 보고에 대한 투명성은 온갖 소문으로 흐려졌다. 라지오가 회사 전체를 좌우할 정도로 이사회의 전폭적인 지지를 얻고 있었으므로, 주주들의 비판은 아무런 효과가 없었다.

이렇게 서던호른을 둘러싼 흉흉한 소문이 많아지자 기업 투자자들이 이사회 의장을 강제로 사임하게 했다. 새로 부임한 의장은 첫 연설에서 다음과 같이 말했다.

"제가 보기에 서던호른의 문제점은 와인이나 와인제조, 기본기술이 아닙니다. 서던호른은 지금의 운영방식을 과감히 버려야 합니다."

그로부터 얼마 지나지 않아서 엄청난 양의 와인 재고와 장부 기록이 사라진 것이 발견되었다.

존은 주변의 압박을 견디지 못하고 이사회에서 물러났다. 세계적 명성을 자랑하던 와인 기업이 불과 1년 만에 두 번이나 수익하락을 기록했고, 존은 결국 회사를 떠났다. 존은 회사를 떠난 후에도 자신의 잘못을 인정하기는커녕 저렴한 와인이 시장에 쏟아져나와서 경쟁이 악화된 것이 문제였다는 주장을 굽히지 않았다.

4년 후에 서던호른은 국제적인 음료 기업에 인수되었다. 인수 후에는 기업의 가치를 높이고 기업에 뿌리 깊이 박힌 저가정책을 퇴치하고,

지역 특색을 다시 살리는 데 온 힘을 기울였다. 와인업계에서 서던호른의 이미지를 크게 손상시킨 라지오 가의 아집과 독단적인 태도는 더 이상 흔적을 찾을 수 없게 되었다.

서던호른의 이사회가 의사결정 과정에서 드러낸 편견

앞의 사례는 라지오 가의 행동에 초점을 맞추고 있지만, 실제로 중요한 것은 이사회의 결정과 그 결정이 향후 이사회 운영에 미친 영향일 것이다. 이사회는 라지오 사람들이 대중의 감정에 호소해 경영권을 장악하는 동안 강 건너 불구경하듯 방관하고 있었다. 그래서 라지오 측 사람들이 이사회를 장악할 수 있었다. 그동안 라지오 사태처럼 심각한 문제를 다루던 기존의 이사진이 회의 참석을 게을리한 탓에 견제와 균형의 원리가 무너지고 이사회의 운영 방향이 틀어져버렸다.

아무도 이의를 제기하지 않았기에 라지오 사람들의 오만한 태도는 날로 심해졌다. 특히 CEO 임명에 관해서는 관계자들이 각자의 책임을 충실히 이행하지 않았다. 이사회의 대표를 임명하는 것만큼 중요한 사안이 없는데도 모두 존의 카리스마에 압도되어 입을 열지 못했다. 그는 본인이 와인업계에서 경험이 많으므로 CEO에 가장 잘 어울리는 재목이라고 주장했다. 하지만 조금만 자세히 따져보았다면 존은 순전히 맏사위라는 이유로 라지오 경영에 참여했으며, 상장기업 경영에는 아무런 지식이나 경험이 없음을 밝혔을 것이다. 경험, 자격, 능력의 문제는 선정 과정에서 제대로 거론되지 않았다. 이사회가 좀더 경계심을 가졌더라면 이런 사태를 눈치채고 합병 계획을 섣불리 추진하지 않았을 것이다. 통합 후에도 기업운영을 보다 면밀하게 감독하고 주요 위험요소를 적극적으로 파악해 대처했을 것이다.

상황의 추이나 결과가 완전히 달라질 가능성이 있었는가?

대대적인 합병을 추진할 경우 이사회는 신중하게 결정을 내려야 한다. 즉 모든 임원들이 출석한 자리에서 합병 문제를 의논해야 한다. 대규모 합병이나 기업 인수에 대한 경험과 지식이 많은 임원들은 반드시 참석해야 한다. 무엇보다 시간과 노력을 들여 기업 인수·합병, 추후 경영에 경험이 있는 CEO를 물색하는 데 총력을 기울여야 한다. 새로운 CEO를 물색, 임명하는 과정에서 이사회는 경험과 능력, 후보자의 장점을 가장 우선적으로 고려해야 한다.

명확하고 구체적인 합병 계획을 수립·실시하려면 견제와 균형의 원리를 지키고, 합병 과정을 자세하게 추적해서 보고해야 한다. 이사회 산하의 위험관리위원회는 재정적 위험뿐만 아니라 기업의 평판이나 운영에 관한 위험도 면밀히 살펴야 한다. 서던호른 사례에서는 후자의 위험을 제대로 살피지 않아서 주가에 큰 타격을 입고 말았다.

CEO의 오만한 태도가 불러온 결과

로버트 나델리(Robert Nardelli)는 2000년 12월에 홈디포*의 CEO로 변신했다. 제너럴일렉트릭(GE)에 근무할 때는 6시그마**를 내세워서 기업 전반을 단기간에 파악하고 새로운 기업문화를 창출했다. 하지만 나델리는 소매업 운영에는 경험이 없었다.

나델리는 월마트에 이어 미국 내 2위 규모를 자랑하는 유통업체 홈디포의 통제권을 중앙집권식으로 바꾸는 등 다소 공격적인 행보를 보이며 시작했다. 10억 달러 이상을 셀프계산대와 재고관리 시스템 등 새로운 기술 도입에 투자했다. 새로운 재고관리 시스템이 도입되자 관리해야 할 자료의 양이 산더미처럼 늘어났다.

• 홈디포(Home Depot) : 미국에 본사를 둔 건축자재 및 인테리어 도구 판매 업체. 총매출액 기준으로 미국 최대의 가정용 건축자재 업체이며 월마트 다음으로 미국 내 2위의 소매기업이다. ― 옮긴이

•• 6시그마(Six Sigma) : 품질혁신과 고객만족을 동시에 달성하기 위해 회사 모든 부서가 참여해 실행하는 경영전략이다. 6시그마는 모토로라에서 개발했지만, GE가 6시그마를 시행했던 기업들이 어떤 발전과 실수를 해 왔는가를 전략적으로 분석하고 시행했기 때문에 GE에 와서 극대화되었다. ― 옮긴이

나델리는 회사에서 일어나는 거의 모든 상황을 수량화하기로 결정하고 임원들에게도 정해진 수량 목표에 도달할 것을 강력히 요구했다. 매장주의 개인적 의사와 경영 스타일을 존중하며 전반적으로 느슨한 운영방식을 지향하던 홈디포로서는 상당히 당혹스러운 변화였다.

나델리는 분산된 경영구조를 개혁해 부서 임원직을 없애거나 통합한 후 제너럴일렉트릭의 임원을 대거 영입했다. 물론 그들도 나델리처럼 유통업에 경험이 전혀 없었다. 나델리가 가장 질타를 받은 사안은, 이 분야에 경험과 노하우가 많은 정규직원들을 내쫓고 관련 경험이 거의 없는 계약직 또는 시간제 직원으로 대체한 것이었다.

나델리는 영업망의 매출을 2배로 늘리고 경쟁력을 크게 강화한 것으로 자신을 포장했다. 그러나 나델리의 주장은 과장된 면이 있었다. 때마침 부동산 붐이 불어서 2000년에 460억 달러이던 시장규모가 2005년에 815억 달러로 커졌다. 이는 연평균 성장률이 12%이며, 세금을 제한 순수익이 25억 8,000달러에서 58억 4,000달러로 증가한 것이었다. 그러나 이러한 성과에도 불구하고, 경쟁업체인 로스(Lowe's)의 주가가 2배 상승하는 동안 홈디포의 주가는 제자리걸음이었다.

나델리가 내세운 실적이 주가상승에 영향을 주지 못한 이유는 무엇일까? 사실 주가는 나델리가 홈디포에 합류한 6년 전과 동일했다. 물론 다른 이유도 있겠지만, 주가가 몇 년째 오르지 않은 가장 큰 이유는 나델리의 거만한 운영방식과 오만한 태도에 있었다.

주가가 오르지 않자 그동안 나델리 때문에 의사결정 과정에서 배제되었던 주주들(직원, 고객, 시장분석가, 기타 주주)이 공식적인 자리에서 불만을 토로하기 시작했다. 그나마 말을 아낀 편에 속하는 골드만삭스의 분석가 매튜 패슬러(Matthew Fassler)조차 이렇게 말했다.

"로버트 나델리의 실적은 꽤 좋은 편입니다. 하지만 그의 리더십 스타일은 홈디포에 전혀 맞지 않습니다."

마셜비즈니스스쿨에서 소장직을 맡고 있는 에드워드 로울러(Edward E. Lawler) 역시 이렇게 말했다.

"나델리가 겸손한 사람은 아니지요. 의욕은 넘치지만 너무 자기중심적이고 모든 것을 장악하려고 합니다. 그러면 이사회가 힘들어지고 결국 직원들 모두가 힘들어집니다."

홈디포의 직원 35만 5,000명 중에서 대다수가 나델리에게 등을 돌렸다. 누구보다 평사원들이 그를 가장 싫어했다. 비용절감을 내세워 수많은 정규직원들을 내쫓고 시간제 직원을 대거 고용한 것이 가장 큰 불만요인이었다. 나델리는 이런 방식으로 2000년에 30퍼센트였던 총수익을 2005년에 33.8퍼센트로 끌어올렸다. 그러나 두려움에 압도된 직원들의 사기가 땅에 떨어지자 고객서비스도 타격을 받기 시작했다.

나델리가 홈디포의 CEO로 버티지 못한 결정적 이유는 그가 직원들을 대하듯이 고객도 함부로 대했기 때문이다. 대대적인 직원감축 정책을 도입한 후로 매장 내 직원이 부족해 고객들의 불평불만이 증가했다. 2005년에 미시간대학이 실시한 연간 소비자만족도 조사에서 홈디포는 미국 내 소매유통업체 중에서 꼴찌라는 불명예를 안았다. 하지만 나델리는 문제가 있는 조사라며 자신의 잘못을 인정하지 않았다.

한때 홈디포에서 고위직에 근무했던 사람은 이렇게 말했다.

"로버트 나델리가 영민하긴 하지만 소매유통업처럼 세간의 입에 쉽게 오르내리는 분야에는 맞지 않습니다. 저런 사람은 고객과 직접적인 관련이 없는 제조업 같은 분야에 더 잘 맞을 것입니다."

월스트리트 분석가들과 나델리의 관계도 날로 악화되었다. 나델리는 일부 수치를 공공연히 무시하거나 무용지물로 여겼고, 분석가들이 이를 계속 지적했지만 여전히 코웃음만 쳤다. 크레디트스위스퍼스트보스턴(Credit Suisse First Boston)의 분석가 게리 볼터(Gary Balter)에 의하면, 고객 중심의 소매거래를 경시하고 전문 계약자들한테만 집중하는 그의 태도에 분석가들이 부정적 평가를 내놓자 나델리가 이를 몹시 불쾌하게 받아들였으며 이를 기점으로 양측의 관계가 악화되었다.

"나델리는 자신의 문제를 두고 월스트리트를 탓했습니다. 하지만 월스트리트가 원하는 것은 명확한 결과입니다. 나델리는 이렇다 할 결과를 제시하지 못했습니다."

주가가 큰 타격을 입고 다른 방면에서 제대로 된 결과가 나오지 않자 주주들은 날로 예민해졌다. 설상가상으로 나델리가 지난 6년간 받아간 월급, 보너스, 스톡옵션, 제한부 주식, 기타 상여금이 2억 달러를 훌쩍 넘은 것이 알려지자 주주들은 크게 분개했다.

이사회는 나델리의 재직기간 내내 그를 굳건히 지지했다. 그러나 2006년부터 나델리의 리더십에 의문을 제기하는 사람들이 나타났다. 나델리가 자신의 업무실적만 수년째 들먹이다가 결국에는 주주들에게 사죄했다는 소문이 돌았다. 그러자 나델리는 매년 총회를 여는 것이 기업의 법적 의무인지 알아보았다. 총회를 열면 '행동주의 주주'들이 장악할 것이 분명했기에 나델리는 총회 자체를 빠른 시일 내에 폐지하는 쪽을 선택했다.

2006년 연례총회가 열리는 컨벤션센터는 머리끝까지 화가 난 주주들로 북적였지만 이사회 임원은 한 사람도 나타나지 않았다. 나델리는 양쪽에 고위간부를 한 사람씩 세워놓고 총회를 처음부터 끝까지 주재했다. 기업운영에 대한 프레젠테이션이나 이사회 임원들이 한 사람도 나타나지 않은 것에 대한 해명은 없었다. 주주들의 질문이 쏟아져도 갖은 변명을 대며 회피할 뿐이었다. 주주들에게 1명당 1분씩 발언할 기회를 허락했으며 질문도 하나 이상 용납하지 않았다. 마이크에 디지털 시계를 장착해 1분이 지나면 자동으로 마이크가 꺼지도록 설정하기까지 했다. 이런 식으로 총회를 30분 만에 끝내버렸다. 비난이 쏟아지사 한참 후에 그는 이렇게 얼버무렸다.

"새로운 방식을 시도해봤는데 잘 안되네요."

《월스트리트저널》은 나델리를 가리켜 '과도한 보상을 챙겨가는 전형적인 인물'이라고 혹평했다. 그제야 이사회는 나델리의 연봉과 보너스 등을 점검하기 시작했다. 그때가 2006년이었다. 연봉 등의 문제로 이사회와 심하게 말다툼을 벌인 후 2007년 1월, 나델리가 드디어 사임을 선언했다. 매년 280만 달러 이상의 보너스를 계속 받는 것은 포기했지만, 다른 보상의 가변적인 부분을 주가에 따라 산정하는 것은 거부했다. 주가는 CEO가 제어할 수 있는 문제가 아니라는 것이었다. 이후 나델리는 연례총회나 주주들의 질문공세에 시달릴 필요가 없는 지분소유식 사기업으로 자리를 옮겼다.

나델리의 의사결정에 나타난 편견

나델리가 2007년 홈디포에서 물러날 즈음에 기업의 수익성은 몰라보게 증가한 상태였다. 하지만 그는 오만하고 불손한 태도로 인해 CEO 자리를 뺏기는 수모를 겪었다. 자신을 비판하는 사람이 있으면 회사 안팎을 가리지 않고 폭언을 퍼붓고 공식석상에서 공격했으며, 결국 2007년에 그 문제로 이사회와 큰 갈등을 겪었다. 이것만 보더라도 나델리가 현실을 얼마나 등지고 사는 사람인지 알 수 있다. CNBC는 로버트 나델리를 '미국 역사상 최악의 CEO'라고 평가했다. 그가 홈디포를 떠날 때는 주주들이 대부분 그를 외면했다.

상황의 추이나 결과가 완전히 달라질 가능성이 있었는가?

나델리가 개방적, 수용적인 태도로 사람들을 대했다면 상황은 분명 달라졌을 것이다. 고객이나 직원들을 희생시키지 않고도 수익성을 높일 방법은 얼마든지 있기 때문이다. 그는 사람들에게 편한 인상을 주고, 자신이 소매유통업을 잘 모른다는 점을 인정하면서 주변 사람들의 조언에 귀를 기울였어야 했다. 또한 경험 많은 인재들을 기용해 자신의 계획이나 생각에 대해 쓴소리를 할 기회를 주었어야 했다. 주변의 유경험자들이 그가 도입한 방식의 문제점을 지적했지만 '내 방식이 곧 법이요 길'이라는 오만한 태도에 질려서 금세 입을 다물고 말았다. 자신의 방식을 지지하지 않거나 이의를 제기하는 사람은 홈디포에 계속 놔둘 인재가 아니라는 이분법적 사고만 보더라도 그의 경영방식이 얼마나 편협하고 비이성적인지 알 수 있다.

이사회 역시 나델리의 임기 초반에 그의 실적을 객관적으로 분석했어야 했다. 홈디포의 총수입 증가와 주택시장의 붐을 비교해 나델리가 경기상승보다 한 발 앞서가는 것인지 단지 상승세를 이용하는 것인지 판단했어야 했다. 또한 수익상승에만 주목할 것이 아니라 폭넓은 시각으로 상황을 조명하고 나델리가 주도한 수익성장이 얼마나 지속될 것인지 따져봤어야 했다.

야망 편견의
위험신호

의사결정을 할 때 다음과 같은 현상이 나타난다면 오만함이나 지나친
야망으로 인해 편향된 의사결정을 내릴 우려가 크다.

- 상대방의 말에 거의 귀를 기울이지 않는다. 조언을 얻는 절차나
  태도가 매우 형식적이다.
- 이의를 제기하면 교묘하게 억누른다.
- 야망은 있지만 구체적인 업무실적이나 관련 분야의 기술 등 이를
  뒷받침할 근거가 없다. 실적만 내세우며 큰소리친다.
- 나르시시즘 성향이 곳곳에 드러난다.
- 자신은 절대 실패하지 않으며 자신의 행동에 허점이 없다고 굳게
  믿는다.
- 사안을 충분히 논의하기 전에 이미 잠정적 결론을 내려버린다.
- 조직의 일부 또는 전체에 권리의식이 팽배하다.
- 시장우월성이나 리더십에 대해 안주하려는 경향이 뿌리 깊이 박

혀 있다.

- 지금의 성공이 계속될 것이라고 막연히 생각한다.
- 경쟁자들의 위협이나 도전을 무시하거나 못 본 체한다.
- 임원 전체의 의견을 구하는 것이 아니라 일부 임원들의 주도하에 의사결정을 내린다. 즉 사설 고문단이 암암리에 활동한다.
- 개성이나 개인의 영향력이 기업문화를 크게 좌우한다. 가치관에 대한 신념이 아니라 개성 때문에 주목받는 유명인사 같은 CEO를 지향한다.
- 독단적이고 횡포가 심한 경영 스타일이 두드러진다.
- 가치관이 충돌한다.
- 주주들의 염려와 걱정이 많아도 모두 무시해버린다.

**야망 편견의
성공전략**

다음에 제시된 성공전략은 오만이나 과도한 야망이 의사결정에 미치는 영향을 약화시키는 데 도움이 된다.

사고방식 재검토하기

- 모든 주주들의 의견에 진심으로 귀를 기울인다.
- 모든 주주의 의사를 존중하고 당신이 동의하지 않는 의견도 제시할 권리가 있음을 기억한다.
- 경쟁사의 행보를 주의 깊게 살핀다. 이를 기반으로 자신의 생각이나 계획에 문제점이 없는지 살펴본다.
- 단지 운이나 기회가 좋아서 성공했을 가능성을 인정한다. 이유가 무엇이든 성공에 안주하지 않도록 주의한다.
- 반대나 이견은 의사결정 과정에서 당연히 있어야 할 과정으로 받아들인다.

관련된 사람들 재정비하기

- 권력 앞에서 주눅 들지 않고 진실을 말할 용기를 갖춘 사람들을 영입한다.
- 전문가의 조언이나 의견을 구할 때 한 사람으로 만족하지 말고 여러 전문가를 찾아간다.
- 다양한 의견을 경청하고 다수의 이해관계자들이 의사결정에 참여할 기회를 마련한다. 이 과정이 힘들고 다양한 의견을 수렴하는 것이 어려워도 반드시 이렇게 하려고 노력해야 한다.
- 독립적인 이사회 또는 자문위원회를 구성해 경영진이 내린 의사결정을 면밀하게 검토한다.
- 기업과 단 1%도 연관성이 없는 독립적인 외부자문단을 확보한다.
- 일부 주주가 아니라 전체 주주가 기업을 어떻게 보고 있는지 정기적으로 알아본다.
- 소수 의견을 적극적으로 수용해 토론과 토의의 범위를 확대한다.
- 팀이 얼마나 다양한 사람들로 구성되어 있는지 생각해본다. 사고의 폭이나 반대의견을 수용할 가능성을 넓히기 위해 필요한 변화를 시도한다.

진행과정 주의하기

- 고객, 공급업체, 직원이 불만사항을 언제든지 표출할 수 있는 투명하고 안정적인 절차를 마련하고, 체계적으로 차이점을 조사한다.
- 경쟁업체의 활동을 가능한 한 자세히 지속적으로 추적, 모니터링하는 절차를 마련해 경쟁업체의 활동이 암시하는 바를 연구한다.
- 중요한 사항을 결정할 때는 의사결정권자들이 한 사람도 빠지지 않도록 한다.
- 회의를 주재할 때 이견이나 반대의견, 질문 등을 자유롭게 제시하도록 격려한다.

"애착이 형성되면 그 방식이 윤리적인지 따지거나

잘못된 길로 들어설 가능성을 예측하는 것이 매우 어려워진다."

애착은 곁길로 빠지게 만들 수 있다

사람이나 아이디어에 대한 애착이 강할수록
더 나은 결정을 내리게 된다는 편견에 도전하기

◆◆◆ 2005년에 루퍼트 머독(Rupert Murdoch)의 미디어 계열사인 뉴스코퍼레이션(News Corporation)에서 전화 해킹이 발생했다는 보고가 처음으로 들어왔다. 영국에서 살해당한 십대 청년의 전화에 해킹이 발생했다는 보고가 계속 이어지다가, 2011년 중반에 레버슨(Leverson) 경을 필두로 영국이 공식적인 조사에 착수하면서 문제가 크게 불거졌다.

그때까지만 해도 이 회사는 글로벌 미디어를 꿈꾸는 어느 기업가의 꿈을 실현한 성공의 표본으로 여겨졌다. 2000년에는 50개국 이상에 800개가 넘는 기업을 장악했고, 순자산만 50억 달러가 넘는 것으로 알려졌다. 머독은 호주 남부 지방에서 1952년에 아버지에게 물려받은 조그마한 사업체에서 시작했다.

그러나 뉴스코퍼레이션 사태는 전화 해킹으로 끝나지 않았다. 더 큰 문제는 머독이 남긴 기업문화였다. 머독은 막강한 동료들의 지원에 힘입어 결과가 수단을 정당화할 수 있다고 굳게 믿었다. 머독의 타블로이드 신문에서는 머독이 '대중의 알 권리'를 높이 평가한다고 보도했다. 머독은 이러한 가치관에 남다른 애착을 보였으며 기자, 언론인, 편집자들이 흥미로운 사건에 대중의 관심을 유도하기 위해서라면 어떤 수단과 방법이라도 사용할 수 있다고 생각하게 되었다. 레버슨 경이 영국 정부를 상대로 벌인 질의에서 증인으로 참석한 어느 신문 편집자는 이야기의 '진실'을 파악하기 위해 전화를 해킹하는 것은 충분히 그럴 만한 일이라고 생각했으며, 지금도 그 생각에는 변함이 없다고 말했다.

처음에는 머독의 계열사인 《뉴스 오브 더 월드(News of the World)》만 조사했으나 '뇌물 문화'의 존재를 설명하는 과정에서 또 다른 계열 신문사인 《더선(The Sun)》으로 조사가 확대되었다. 증인 자격으로 참석한 한 경관은 《더선》의 기자 한 사람이 수년간 50만 파운드에 달하는 거액을 주고 정치인, 경찰, 기타 공무원들로부터 이야깃거리를 제공받은 것으로 보인다고 증언했다.

특정한 원리나 업무처리 방식에 애착이 형성되면 그 방식이 윤리적인지 따지거나 잘못된 길로 들어설 가능성을 예측하는 것이 매우 어려워진다. 합법적인 수단으로 기삿거리를 확보하는 것은 범죄가 아니지만 '대중의 알 권리'에 대한 지나친 집착 때문에 수단과 방법을 가리지 않는 것은 결국 논란을 일으키고 범죄의 나락으로 떨어질 수 있다. 법의 한계를 넘기 전까지는 대중의 알 권리를 내세울 수 있다. 그러나 업무처리 방식, 목표, 전략, 부서 또는 특정 개인에 대한 애착이 커져서 건

잡을 수 없는 상태에 이르면 이 사례에서 본 것처럼 심각한 탈선이 발생하게 된다.

이렇게 기업 운영방식 전반에 잘못된 가치관을 적용하다가 나중에 논쟁에 휘말려 큰 타격을 입은 사례는 뉴스코퍼레이션 외에도 얼마든지 찾아볼 수 있다.

애착의 문제점

인간은 사회적인 동물이므로 신념, 원칙, 대의명분 또는 타인에 대한 애착은 자연스러운 일이다. 예를 들어 우리는 다른 사람을 통해 자신의 가치를 확인한다. 주변 사람들에게 인정받을 때 일에 대한 자부심을 느끼는 것도 같은 이치다. 자신의 성공을 가늠할 때도 주변 사람의 성공을 비교 대상이나 기준으로 삼는다. 이러한 경향은 6장 후반부에서 자세히 살펴보기로 한다.

직장의 경우, 자기 부서에 개인적으로 애착이 강한 부서 책임자는 부서원들에게 강한 충성심만 요구하고 실적이나 행동은 크게 문제 삼지 않는다. 그런데 사람의 애착이란 인간관계뿐만 아니라 아이디어, 전략, 감정에 대해서도 형성될 수 있다. 이렇게 애착의 대상이 늘어나면 상황이 복잡해진다. 2장에 등장한 렌토킬의 카리스마 넘치는 CEO 클리브 톰슨이 경험의 편견에 희생된 것을 생각해보라. 톰슨은 합병이 주는 쾌감에 남다른 애착이 있었다. 130건에 가까운 합병 경력을 자랑하면서 톰슨은 이렇게 말했다.

"거래 과정에서 느끼는 짜릿함, 아침 일찍 시작되는 회의와 투자은행과 전략을 논의할 때 느끼는 긴장감, 은행 제어권이 커질 때 오는 아찔함, 계약서 내용을 협상하는 과정, 상대편 회사도 우리와 같은 전략을 구사하고 있지만 우리보다 경험이 부족하기에 살짝 마음이 놓이는 느낌 같은 것들이 좋습니다."

톰슨은 인수·합병을 통해 기업 규모를 확장하는 것을 좋아했을 뿐만 아니라 그 과정에서 오는 긴장감과 짜릿함에 중독되다시피 했다. 두 가지 애착이 한꺼번에 작용하다 보니 톰슨의 판단력은 처음부터 끝까지 흐릴 수밖에 없었다.

조직도 전략이나 임무에 대한 애착 때문에 문제를 겪을 수 있다. 한때 효력이 있었다는 이유로 한 가지 전략을 고집하는 것도 애착이다. 그런 애착은 기업에 큰 손실을 안길 수 있다. 강한 애착을 떨치기란 쉬운 일이 아니다. 과도한 애착이 해당 분야 전체를 잠식시키는 경우도 있다. 과도한 애착이 일개 기업이 아니라 분야 전체에 심각한 영향을 끼친 사례로 스위스 시계산업을 살펴보기로 하자.

◆◆◆ 《시간의 혁명(Revolution in Time)》의 저자 데이비드 랜즈(David Landes)에 따르면, 1970년대 이전까지 스위스 시계산업은 전세계 시계 시장의 절반을 장악했다.[1] 1950년대 후반에서 1960년대 초반까지 일본의 세이코(Seiko)는 스위스 대표기업의 연합체와 최초의 쿼츠 손목시계 개발을 놓고 치열한 경쟁을 벌였다. 세이코는 1969년 후반에 세계 최초의 쿼츠 손목시계인 '쿼츠 아스트론'을 공개했다. 1970년에 열린 바젤박람회에서는 스위스 최초의 쿼츠 아날로그 손목시계

인 '에보슈 SA 베타 21'이 소개되었다. 이런 추세에도 불구하고 스위스는 쿼츠 손목시계를 받아들이는 데 주저하는 모습을 보였다. 기계식 시계산업에 남다른 애착이 있었기 때문이다.

1978년을 기점으로 쿼츠 손목시계의 대중적 인기가 기계식 손목시계를 앞서기 시작했고, 스위스 시계산업은 위기에 빠졌다. 스위스가 흔들리자 일본과 미국 시계산업이 급속히 부상했다. 이른바 '쿼츠 혁명'의 결과로 한때 전세계적 명성을 누리며 많은 수익을 올리던 스위스 시계산업은 파산해 자취를 감춰버렸다.

1983년에 스위스 시계산업의 위기에 중대한 전환점이 찾아왔다. 1970년대에 1,600여 개의 기업이 활동하던 스위스 시계산업은 당시 600여 개의 기업으로 크게 위축되어 있었다. 시계산업을 다시 살리기 위해 ASUAG그룹이라는 연구 컨소시엄을 설립하고, 1983년 3월에 '스와치(Swatch)'라는 브랜드를 론칭했다. 스와치는 기대 이상의 성공을 거두었고, 불과 2년도 지나지 않아서 250만 개가 넘는 매출을 기록했다. 한때 시계산업 분야를 크게 발전시킨 기술에 강한 애착을 가졌다가, 이를 극복하는 데 무려 13년이나 소모한 것이다. 지금도 비슷한 고집을 부리다가 큰 손해를 보거나 하루아침에 몰락하는 산업 분야를 종종 볼 수 있다.

소매업처럼 변화가 금방 눈에 띄는 분야도 드물 것이다. 그도 그럴 것이 소매업은 소비자의 행동에 크게 좌우되기 때문이다. 요즘 거의 모든 나라에 광대역인터넷이 공급되므로 소매거래의 15%가 온라인으로 이루어지고 있다. 불과 5년 전만 하더라도 온라인구매가 전체 구매의

1% 미만이었던 것을 생각하면 엄청난 성장이다. 앞으로도 온라인구매는 기하급수적으로 늘어나서 일부 국가는 2015년에 온라인구매가 전체 구매의 20%를 차지할 것이라고 전망한다.

현실이 이런데도 주요 체인점과 백화점들은 오프라인매출을 늘리는데만 급급한 것 같다. 특히 백화점은 온라인구매 서비스를 제공하는데 유독 미온적인 태도를 보여서 비난을 받고 있다. 이들 중 일부 기업은 분명 기존의 사업 모형이나 전략에 지나친 애착을 가지고 있어서 새로운 변화를 거부하는 것이다.

◆◆◆ 호주 최대 규모의 전기용품·가정용품 공급업체인 하비노만(Harvey Norman)은 총수익이 20억 호주달러에 달하는 대기업이다. 하비노만의 CEO인 게리 하비(Gerry Harvey)는 공식석상에서 종종 온라인기업으로 인한 불공평한 경쟁에 불만을 토로했다. 하지만 하비의 발언은 대중의 반발을 샀다. 국내 소비자들과 주요 소비자단체는 많은 소비자가 원하는 쇼핑방법을 CEO가 강하게 거부한다고 느꼈다. 한편 해당 분야의 전문가들은 하비가 세상물정을 제대로 파악하지 못한다고 비난했다.

소매업 분야에 대대적인 변화가 일어나는데도 하비는 이를 못 본 체했다. 오히려 하비는 호주 연방정부에게 해외구매시 1,000달러 미만에 대한 세금면제 정책을 폐지하라고 촉구했다. 이는 해묵은 영업방식을 지키려고 새로운 쇼핑방식에 제재를 가하는 것은 어리석은 판단이었다. 하비는 기존의 오프라인판매 방식에 애착이 너무 강해서 온라인판매를 새로운 매출기회가 아니라 기업의 적으로 규정해버렸다.

결국 30년의 자랑스러운 역사는 온데간데없고 불과 3년 만에 하비 노만의 주가는 반토막나버렸다. 온라인쇼핑 논란을 유발한 후에 하비도 뒤늦게 멀티채널 전략, 혼합모형을 개발해 온라인마케팅과 소셜미디어 참여를 강화하기 시작했다. 소셜미디어 역시 온라인쇼핑업체를 적으로 규정한 하비의 발언 때문에 매우 시끄러웠다.

소매업계의 온라인매출은 전체 매출의 5%에 불과했지만 가파른 상승세를 보였다. 호주 국립은행이 제시한 온라인매출 지수에서는 연간 성장률이 거의 20%에 달하는 것으로 나타났다. 과거의 영업방식에 대한 애착을 고집하던 주요 업체들은 큰 손해를 입고 말았다.

애착의 문제점 자세히 살펴보기

1958년에 윌 슐츠(Will Schutz) 박사가 고안한 FIRO-B 검사로 대인관계 욕구를 수십 년간 연구한 결과에서 애착이 핵심적인 대인관계 욕구에 미치는 영향력을 찾아볼 수 있다.[2]

슐츠의 욕구이론

'슐츠의 욕구이론'이란 다음과 같은 근본적인 욕구 세 가지를 충족하려면 반드시 다른 사람을 필요로 한다는 이론이다.

- 소속감에 대한 욕구(이것은 인간의 필요 중 가장 기본적인 것이라고 할 수 있다)
- 영향력에 대한 욕구
- 관련성에 대한 욕구

일상생활에서 이러한 욕구는 충족될 수도 있고 아닐 수도 있으나, 욕구를 충족하기 위해 적극적인 행동을 하면 충족될 가능성은 높아진다. 그러나 이와 관련해서 흥미로운 점이 있다. 수백 차례의 테스트에서 추출한 FIRO-B 데이터에 의하면, 사람은 영향력에 대한 욕구를 희생해서라도 관련성에 대한 욕구와 소속감에 대한 욕구를 충족시키려는 경향이 강하다. 다시 말해서 사람은 자신을 좋아해주거나 자신과 비슷한 사람에게 강한 매력을 느낀다. 그들과 어울리는 것이 자신의 목적 달성에 도움이 되지 않아도 문제가 되지 않을 정도다.

이 점에서 많은 질문이 생긴다. 이를테면 독립성을 유지해야 할 감사원이나 회계담당자들이 고객에게 보여줄 보고서를 작성할 때 과연 100% 독립성을 유지하는 것이 가능한가 하는 질문이다. 이 점은 6장 후반부에서 따로 살펴보기로 한다.

인정받고 싶은 욕구

인간으로서 감정적 애착을 형성·유지하려는 욕구는 자연스러운 것이다. 하지만 종종 인정받고 싶은 욕구 때문에 잘못된 선택을 하거나 어리석은 결정을 내리게 된다.

사람들은 자기도 모르게 아주 어릴 때부터 인정이나 칭찬받는 행동

을 반복한다. 인정받고 싶은 욕구는 흔히 어린 시절에 형성되기 시작한
다. 어린아이라면 누구나 부모님에게 인정받고 칭찬받기를 원한다. 부
모가 기대하는 것을 자기도 좋아하게 되고 기회가 있을 때마다 부모에
게 인정받으려고 노력한다. 그런데 아이가 성장해 교사나 친구들, 더
나아가 직장상사를 대할 때도 이렇게 인정받는 행동을 그대로 반복하
면 문제가 된다. 자신이 원하는 것을 직접 결정하는 능력이 약화되거
나 아예 발전하지 못하기 때문이다. 이런 사람들은 평생 이 덫에서 빠
져나오지 못한다.

 인정받으려는 행동의 근본원인은 자아존중감의 결핍이다. 자신감
이 부족하기 때문에 타인의 시각이나 견해를 통해 자신이 존중받는 존
재이며 가치 있는 인간임을 확인하려는 것이다. 하지만 이 행동은 다른
욕구로 포장될 때가 있다. 이를테면 자신의 의도를 상대방에게 이해시
키거나 자신이 중요하게 여기는 문제를 다룬다고 주장하는 것이다. 하
지만 가만히 따져보면 상대방이 나를 잘 이해해야 한다고 느끼는 것은
결국 상대방의 머릿속에 내가 원하는 나의 이미지와 성품을 심어주려
는 것이다.

 여기서 특히 중요한 것은, 인정받으려는 욕구가 클수록 남에게 자신
이 옳다는 것을 증명하려는 방식으로 의사결정을 내린다는 것이다. 의
사결정의 방향이 이렇게 설정되면 결코 목적을 달성할 수 없으며, 심각
한 문제를 초래할 수 있다. 자신이 옳다는 것을 증명하려는 욕구는 별
도로 하고, 다른 사람을 기쁘게 해주려는 욕구가 발동하면 사람들이
싫어하거나 논쟁의 여지가 있는 것을 지지하려는 마음이 약해진다. 상
대방을 불쾌하게 하거나 화를 돋우어 그들에게 거부당하고 싶지 않기

때문이다.

그 밑바닥에는 '승인받지 못하는 것에 대한 두려움'이 자리잡고 있다. 이는 "내가 하고 싶은 대로 행동하거나 마음속에 있는 말을 할 때, 내가 원하는 사람이 되려고 할 때, 다른 사람들이 나를 어떻게 생각할까?" 하는 마음이다. 두려움의 특징과 이것이 우리의 의사결정에 끼치는 부정적 영향은 4장에서 깊이 다루었다.

승인받고 싶은 욕구와 다른 사람들을 기쁘게 하려는 욕구가 어느 정도로 당신의 의사결정에 영향을 주는지 테스트할 수 있다. 다음 항목을 곰곰이 생각해보기 바란다.

- 상대방이 내 생각에 반대하면 화가 난다.
- 내 생각이 거절당하면 상대방이 나를 하찮게 여긴다는 느낌이 든다.
- 사람들이 내 생각을 지지해주면 나를 좋아하는 것이라고 느낀다.
- 내 생각에 이의를 제기하는 사람은 개인적으로 나를 싫어하는 것이다.
- 누가 나서서 내 의견을 반대하면 나머지 사람들도 거의 다 반대하는 것처럼 느껴진다.
- 상대방이 나보다 경험이 많으면 그들의 의견에 반대하는 것이 꺼려진다.
- 상대방이 내 생각을 받아주리라는 확신이 들 때만 내 의사를 표현한다.

위 내용의 대부분에 공감한다면 승인받고 싶은 욕구가 당신의 의사결정을 좌우할 가능성이 크다. 노련한 코치나 믿을 만한 멘토를 찾아서 도움을 구하면 몇 가지 기술을 배울 수 있다. 이를테면 자신의 욕구가 무시되거나 다른 사람의 필요가 당신의 욕구보다 우선시될 때 주저없이 '아니오'라고 말하는 용기를 갖는 것이다. 또한 자신의 가치를 명확히 설립하고 이를 위해서 어떤 위험이나 부담도 감수하겠다고 마음의 준비를 하면 힘든 상황에서도 올바른 판단을 내릴 수 있다. 하버드대학에서 이 분야 연구를 진행하는 로버트 키건(Robert Kegan)은 이것이 성인으로서 한 단계 발전하는 과정이라고 말한다.

자신이 객관적이라는 확신

기업이 충격적인 사건을 겪거나 몰락하고 나면 애착에 대한 문제가 발생한다. 이는 회계감사원에게 국한되는 것이 아니라 기업에 관련된 모든 분야의 고문단에게 적용된다.

심리학자들이 연구한 바에 의하면, 인간은 의사결정을 내릴 때 자기도 모르게 본인이나 가까운 지인들의 관심사에 유리한 결정을 내리면서도 자신은 매우 객관적이라고 믿는다고 한다. 즉 고의로 비윤리적인 결정을 내리거나 부정부패를 저지르는 것이 아니라, 자신이 생각하는 것보다 객관성이 떨어지는 판단을 내리는 것이다.

멜번대학 회계학과 교수인 콜린 퍼거슨(Colin Ferguson)과 제인 흐론스키(Jane Hronsky)는 전문성과 법적 요건에 따라 독립적이고 객관적인 의견을 제시해야 할 때 무의식적 편견이 판단에 미치는 영향을 조사했다.[3] 연구결과는 매우 흥미로웠다.

실험에 참여한 회계 전문가가 계약 갈등에서 발생하는 손실을 계산했다. 계약의 양측 당사자는 각각 전문가의 도움을 얻어 증거나 관련 자료를 제출했다. 이 전문가들은 독립성을 유지하라는 행동 규정의 제약을 받고 있었다. 하지만 규정에도 불구하고 그들의 판단은 한쪽으로 편향되어 있었다. 즉 원고 측 전문가가 계산한 손실액이 피고 측 전문가가 계산한 손실액보다 훨씬 많았다.

이번에는 법률회계를 전공했으며 전문 회계 경험을 갖춘, 즉 전문가 증언과 회계사의 독립성을 규제하는 법령에 관해 12주 이상 교육을 받은 학생들을 대상으로 모의실험을 진행했다. 이들은 무작위로 원고 또는 피고를 돕도록 배정되었다. 책무성이 아니라 클레임의 규모 때문에 분쟁이 발생한 사건이었다. 법정변호사가 양측 전문가를 반대심문하고 경제적 손실에 대한 그들의 의견을 검토했다. 이들은 법률회계 전문가로서 원고 또는 피고 측에 무작위로 배정되었으며, 동일한 사실관계를 토대로 경제적 손실이 얼마인지 계산해야 했다.

이렇게 통제된 실험에서도 애착이라는 편견이 드러났다. 의뢰인에 대해 실질적으로 경제적인 애착이 전혀 없으며, 의뢰인(원고 또는 피고)과 가상의 관계를 맺은 것이 전부인데도 애착이 형성되어 있었다. 이들이 현실에서 이런 의뢰인을 만나서 문제를 상의하고 수임료를 받는다면 애착은 더 크게 나타날 것이다. 퍼거슨과 흐론스키는 전문가 의견은 편견이나 이해갈등, 주변 사람의 불합리한 영향에 좌우되지 않으리라고 생각했다. 하지만 이것은 어디까지나 이상적인 추측일 뿐, 현실은 매우 달랐다.

어느 분야든 전문가의 서비스를 받는 관계에서는 애착이라는 편견이 작용한다. 무조건 전문가의 의견이 편견에 전혀 영향을 받지 않았다고 우길 것이 아니라, 의뢰인과 규제 담당자는 전문가의 의견을 고려할 때 이 점을 충분히 참작해야 한다.

요약하자면, 우리는 애착의 영향력과 그것이 의사결정에 미치는 미묘한 힘을 과소평가하는 경향이 있다. 애착이 긍정적인 결과를 산출할 때도 있지만, 심각한 부정적인 결과를 초래할 우려가 있으며, 그렇게 되더라도 쉽게 드러나지 않는다는 것이 문제다.

애착과 인정받고 싶은 욕구가 우리의 판단을 흐리고 편향된 의사결정을 유도하는 것은 사실이나, 상대에게 감정이입을 하고 감정적 유대 관계를 형성하는 것은 인간다움의 기본이다. 이런 활동을 모두 아우르는 표현으로서 감성지수(EQ)가 있다. 리더로서 성공하려면 EQ를 반드시 갖춰야 한다. 비즈니스 관련 도서나 잡지를 보면 EQ가 부족해 자멸한 리더의 사례가 넘쳐나지 않는가?

그렇다면 애착과 EQ 사이에서 어떻게 균형을 잡아야 할까? 애착을 형성하고 애착의 긍정적인 면을 인정하면서도 그로 인해 객관적인 판단이 흐려지지 않도록 할 수 있을까? 상대방이 내 생각을 좋아하지 않거나 싫어할 때도 흔들리지 않고 내 입지를 고수하면 마음이 편할까? 의뢰인이 내 생각을 탐탁지 않게 여길 때에도 그렇게 할 수 있을까? 이런 질문에 대한 해결책은 잠시 후에 살펴볼 것이다.

물거품이 되어버린 차이나드림

홈스타의 최고경영자 린은 수차례 창업에 성공한 인재다. 전세계에 급속한 도시화 열풍이 불고 중산층이 많아지는 것을 토대로 고급 가정용품의 수요가 늘어날 것이라는 린의 예상은 적중했다. 린은 단숨에 홍콩 비즈니스 분야에서 떠오르는 리더라는 명성을 얻었다. '차이나드림'을 향한 흔들리지 않는 열정과 린의 독특한 접근법이 낳은 쾌재였다.

린은 예일대학에서 수학한 후 곧바로 하버드대학에서 MBA를 받았다. 이 과정에서 세계시장을 보는 안목이 생겼다. 하버드대학에서는 기업가로서의 직감이 날카로워졌고 자신의 야망을 구체적으로 실현할 방법을 발견하게 되었다. 린은 홍콩으로 돌아와서 여러 기업가들과 손잡고 일하면서 국내에서 인지도를 얻었다. 홍콩에서 일한 기간은 린에게 아시아 시장, 특히 중국 본토를 파악할 기회가 되었다. 중국은 이미 다른 시장보다 빠르게 성장하고 있었다.

린은 2005년에 벤처자금 지원을 받아 가정용 전자제품 제조업체인 홈스타를 창립했다. 3년 만에 홈스타는 총수입이 5억 달러를 웃도는 기업으로 성장했다. 린은 여세를 몰아 홍콩에 기업 3개를 더 설립했다. 홍콩처럼 인구밀도가 높은 주거공간에 어울리는 가정용품을 생산·보급하는 기업이었다. 린이 출시한 브랜드는 혁신적이고 신선하며 세련된 이미지로 널리 알려졌다. 홈스타 제품은 모든 국민에게 열렬한 사랑을 받았다.

린은 즉시 중국 본토로 눈을 돌렸다. 대부분의 중국 기업은 수출용 제품을 생산했지만, 린은 중국 내수시장을 공략하는 자신의 전략이 성공할 것이라고 철석같이 믿었다. 중국의 국영기업 총킹과 합작해 벤처기업을 설립한 전례를 그대로 따르기로 마음먹었다. 홈스타의 홍콩 지사 CEO와 중국 정부 관계자들이 평소에 우호적인 관계를 맺고 있었으므로 벤처기업을 설립하는 데는 문제가 없었다. 그러나 중국 정부는 한 가지 중요한 사안을 양보해달라고 요청했다. 그것은 바로 합작 벤처기업에 홍콩의 기술개발 영역을 포함시키자는 것이었다.

린은 중국 정부의 요청에 적잖이 당황해 중국 본토에서 활동한 경험이 있는 각국 동료들에게 도움을 청했다. 동료들의 말을 들어보니 중국 정부의 요청에 뒤따르는 위험부담이 얼마나 큰지 깨닫게 되었다. 홈스타의 기술개발 역량은 기업의 가장 핵심적인 경쟁력이었다. 하지만 이번 요청을 거부하면 중국 시장에 진출하는 것이 크게 지연되거나 심각한 타격을 입을 수 있었다. 더군다나 중국 시장 진출은 촌각을 다툴 정도로 시급한 문제였다.

린의 친구는 자신도 정부 합작 사업을 추진할 때 큰 손해를 입었다며 만류했다. 그는 시간이 좀 걸리긴 해도 다른 방법으로 중국 본토에 진출할 수 있다며 린을 다독였다. 그러나 린은 친구가 중국 시장에 발

끝만 담가본 것이라며 그의 충고를 귀담아 듣지 않았다. 그리고 이전의 총킹 합작이 성공한 것을 보면 친구의 실패는 별개의 문제라는 생각이 들었다.

법률고문단도 린에게 '천천히 여유 있게' 중국 본토에 진출하는 것이 훨씬 바람직하고 신중한 방법이라고 충고했지만 린은 고집을 꺾지 않았다. 중국 시장 진출을 또 한 번 늦추면 경쟁에서 영원히 뒤처질 것 같았다. 결국 린은 중국의 가정용품 브랜드를 장악하겠다는 자신의 차이나드림이 머지않아 이루어질 것이라고 생각하면서 중국 정부의 요청을 수락해버렸다.

린은 경영 팀을 조직적으로 구성하고 서구식 경영방침을 중국 본토에 맞게 수정해야 한다고 판단했다. 린은 외국에서 유학한 홍콩 출신의 중국인으로 홈스타 핵심 경영진을 구성했다. 그들 중 상당수는 린과 오랫동안 알고 지내며 신뢰를 쌓은 인재들이었다. 또한 합작기업과 끈끈한 유대관계를 수립하고 원활한 기업 활동이 이루어지기를 바라는 마음에 총킹의 임원 두 사람을 초빙해 경영진에 포함시켰다. 린은 이번 합작으로 자신의 차이나드림이 실현될 것이라고 굳게 믿었다.

하지만 현지 정부의 간섭을 받는 합작 벤처기업은 복잡한 문제가 많았고 경영진은 이런 상황에 대처할 준비가 되어 있지 않았다. 합작이 시작되자마자 중국 정부는 기술개발도 중국에서 공동으로 진행하자고 압력을 가했으나 린은 이를 계속 거부했다. 기술개발에 관한 부서는 여전히 홍콩에 있는데도 정부 관료들이 기술개발에 관한 사항에 일일이 관여하려 들자 제품 최적화와 혁신 추진마저 방해를 받았고 업무진행속도가 매우 느려졌다. 급기야 매출마저 부진해졌다.

린과 중국 지사 CEO는 총킹, 정부 관료들과 만나서 심각한 대화를 나누었다. 보다 신속한 의사결정을 내리기 위해 각자의 입장을 정리하고 장애물을 없애자는 취지에서 마련한 자리였다. 그러나 긴 토론 끝에 린과 홍콩 지사 대표들은 자신들에게 실질적인 힘이 없다는 것만 확인했다. 심지어 총킹 관계자와 중국 정부 관료들 사이에서도 합작 벤처에 관한 용어를 다르게 이해하고 있어서 난감했다.

1년이 넘도록 회사 내부에서는 린과 중국 사이의 힘겨루기가 계속되었고, 본토 내 매출은 살아날 기미가 보이지 않았다. 결국 홈스타차이나는 본토 기업이라는 이점을 앞세운 현지 기업들에게 선두를 내주고 말았다. 홈스타의 내부분열이 가장 결정적인 약점으로 작용한 것이다. 린을 믿고 따르던 경영진도 린이 무가치한 것에 아까운 자금을 쏟아붓는다고 여겼지만, 무슨 수를 써서라도 이번 합작을 성공시키겠다는 생각에 빠져 있는 린에게 실망해 더 이상 아무런 말도 하지 않았다. 법률 고문단은 사업을 중단하고 계약을 취소하라고 조언했지만 린은 말을 듣지 않았다. 린은 아시아의 다른 지역에서 벌어들인 현금을 모두 중국에 쏟아부으며 또다시 1년을 허비했다. 린의 차이나드림은 그렇게 물거품처럼 사라져갔다.

린의 의사결정에 드러난 편견

린은 오랫동안 차이나드림에 남다른 애착을 키웠다. 그래서 눈앞에 위험이 닥쳐도 좀처럼 꿈을 접지 못했다. 유능하고 경험 많은 기업가의 판단력보다 해묵은 애착이 더 강했던 것이다. 합작 성공 사례를 연구하고 현지 관료들과 좋은 관계를 유지하면서 서구화된 접근법을 적용하면 얼마든지 문제를 해결할 수 있다고 확신했고, 가장 절친한 동료와 고문단의 말은 듣는 둥 마는 둥했다. 차이나드림을 실현하는 한 가지 방법에만 집착한 나머지, 다른 방법으로 중국 본토에 진출할 가능성은 아예 눈길조차 주지 않았다.

상황의 추이나 결과가 완전히 달라질 가능성이 있었는가?

기업가가 특정한 목표에 강한 애착을 가지고 그것을 향해 돌진하는 사례는 주변에서 많이 찾아볼 수 있다. 이런 사람들은 성공에 방해가 되는 요소를 과소평가하는 경향이 있다. 바로 이런 태도 때문에 실패하는 경우가 대부분이다. 린도 경험이 많은 기업가였지만 동일한 실수를 범했다. 한 걸음 물러서서 자신의 차이나드림을 새로운 관점에서 분석하고, 다른 방법으로 이를 추진할 가능성을 검토했더라면 가슴 아픈 결과를 피할 수 있었을 것이다.

또한 경험 많은 사람들과 전문가들의 충고와 경고에 이성적으로 귀를 기울였어야 했다. 무엇보다 중요한 것은, 린이 차이나드림을 실현할 방법을 적어도 두세 가지로 생각해보고, 각 방법이 기업의 성장에 미치는 영향을 주의 깊게 따져봤어야 한다는 것이다. 주변 사람들이 반대한 것은 린의 차이나드림이 아니라 그것을 이루는 방법이었다.

린은 차이나드림을 이루는 방법을 한 가지로 정해놓고 그것에 무한한 애착을 가지고 있었다. 조금만 여유를 가졌다면 '이 방법이 실패한다면 그 이유는 무엇인가?'를 생각할 수 있었을 것이다. 그랬다면 여러 가지 대안을 놓고 논리적, 이성적으로 비교할 수 있었을 것이다. 린이 그렇게 고집을 부리지 않았더라면 경영진도 일찌감치 포기하는 일은 없었을 것이다. 그들은 린이 어떤 말을 해도 듣지 않을 것이며 이미 모든 것이 결정된 것이나 다름없으므로 자신들은 아무것도 할 수 없다고 체념했다.

무한한 신뢰가 가져올 수 있는 위험성

사라는 오랫동안 대기업에서 건축 책임자로 일하면서 기업의 성장과 확장에 크게 기여했다. 이사회 임원들은 물론이고 동료들이 사라를 높이 평가하는 것도 놀랄 일이 아니었다.

사라는 골드파트너의 합병 책임자인 안토니오와 함께 몇 차례 합병을 주도해 엄청난 시너지 효과를 창출했다. 세월이 흐를수록 두 사람의 상호신뢰는 깊어졌다. 다수의 합병 과정에서 드러난 안토니오의 예리한 판단력은 사라에게 깊은 감명을 주었다. 안토니오는 시장을 보는 감각도 뛰어났으며, 합병에 앞서 경쟁사를 적절히 견제하고 목표 기업의 사내문화를 파악하는 데도 놀라운 능력을 발휘했다. 사라가 보기에 안토니오는 사라나 다른 동료들을 대할 때만이 아니라 고객을 대할 때도 자신만의 거래원칙을 지키는 믿음직한 사람이었다. 해를 거듭할수록 안토니오의 제안에 사라가 이의를 제기하는 일은 줄어들었으나, 반면에 자신감이 극에 달한 안토니오는 자신의 아이디어를 필요 이상으로 강하게 제시하는 경향이 생겨버렸다.

이번에 안토니오가 제시한 거래는 투자의 위험부담이 상당히 컸다. 안토니오는 사라에게 지금까지 합병에 성공한 경험을 돌이켜볼 때 사라의 팀과 안토니오가 이끄는 팀 내에서 도움을 얻으면 외부 지원이나 외부전문가의 조언을 구하는 데 드는 비용을 아낄 수 있다고 주장했다. 이사회 산하의 위험관리위원회에서는 이번 거래의 실행 가능성과 비용 문제에 대해 여러 가지 의혹과 문제점을 제기했지만 사라는 묵묵히 안토니오를 지지하는 편에 섰다. 안토니오의 가설이나 논리에 아무런 이의를 제기하지 않는 사라의 태도에 위험관리위원회는 발을 동동 굴렀다.

이사회 역시 갈수록 위험부담이 큰 합병 거래만 제시하는 두 사람에게 당혹감을 느끼고 있었다. '안토니오의 제안이 합리적인 것인가? 안토니오를 무조건 신뢰하는 사라의 판단이 옳은 것인가?'라는 질문이 떠나지 않았다. 이사회 임원들은 저마다 외부자문단들로부터 부정적인 이야기를 들었다고 털어놓았다. 외부자문단은 합병 과정에서 신중함이 매우 부족해 보인다며 이사회에게 엄중히 경고했다. 처음에는 임원 둘이 나서서 외부자문단이 수입원이 끊겨서 화가 난 것이라고 해명했다. 하지만 시간이 흐를수록 자문단의 경고가 단지 수입이 끊긴 것에 대한 보복성 발언이 아니라는 점이 확실해졌다.

세간의 이목을 끈 피닉스 합병이 한창 진행 중이었다. 이사회 임원 한 사람이 사라를 따로 불러내 이사회 임원들의 속내를 알려주었다. 처음에 사라는 방어적인 태도로 임원의 말을 부인했고, 외부자문단이 제 잇속을 챙기려고 압력을 가하는 것이라고 추측했다. 하지만 이사회 임원들 상당수가 자신을 더 이상 신임하지 않는다는 것은 부인할 수 없었다. 이사회의 신임을 되찾고 더 넓은 시장에서 활동할 기회를 확보하려면 안토니오에 대한 신뢰와 의존성을 다시 검토할 수밖에 없었다.

하지만 사라는 안토니오를 만나서 솔직하게 말할 자신이 없었다. 여러 가지 이유가 사라를 짓누르고 있었다. 피닉스 거래뿐만 아니라 골드파트너 합병 건에 있어서도 안토니오를 반대하는 사람이 많다는 사실은 그에게 적잖은 충격을 줄 것이었다. 지금까지 한 번도 자신을 실망시킨 적이 없는 사람에게 그런 충격을 주고 싶지 않았다. 사라는 안토니오에게 사실 그대로 말할 것인지, 아니면 이사회 산하의 위험관리위원회가 새로운 규정에 따라 고문단의 구성원을 보다 다양하게 구성할 것이라고만 말할 것인지 결정해야 했다. 결국 사라는 후자를 선택했다. 그래야 두 사람의 관계가 다치지 않고, 안토니오가 받을 충격도 줄일 수 있었다.

사라의 의사결정에 나타난 편견

사라는 오랜 경험을 통해 확인한 안토니오의 판단력, 능력 등에 무한한 신뢰를 키웠고 각 거래에 뒤따르는 독특한 어려움이나 환경에는 그다지 신경을 쓰지 않았다. 단 한 사람의 자문관에게 지나치게 의존했기 때문에 그 사람이 개인적으로 원하는 거래에 애착을 보이거나 편향된 결정을 내릴 때 이를 눈치채지 못한 것이다. 안토니오 역시 회사의 신뢰를 등에 업고 자만한 나머지 회사가 불리할 정도로 과격한 행동을 서슴지 않았다.

상황의 추이나 결과가 완전히 달라질 가능성이 있었는가?

여러 명의 자문관을 두면 각 자문관의 조언을 정확히 평가할 수 있다. 특히 복잡한 문제나 거래를 처리할 때 이런 평가는 중요하다. 안토니오를 대할 때 사라가 위험관리위원회의 입장에서 그를 판단했다면 좋았을 것이다. 안토니오에게 여러 가지 위험요소를 적극적으로 알리고 이사회가 수용할 수 있는 위험 수준과 이사회의 기대치를 정확히 통보하는 것은 안토니오에 대한 불신을 드러내는 것이 아니라 업무를 신중하게 처리하는 과정이다. 그렇게 대처했더라면 이사회나 회사 안팎에서 여러 가지 부정적인 소문이 발생하지 않았을 것이다.

어떤 거래를 하든 간에 사후에 원인을 판단하는 것이 아니라 사전에 면밀히 조사해야 한다. 다시 말해 지금 이 거래가 성사되면 1~2년 후에 어떻게 될지 예측하고 문제가 생기거나 계획대로 되지 않을 가능성을 검토해 세부적인 예방책까지 수립해야 한다. 무작정 안토니오만 믿을 것이 아니라 이렇게 접근하는 것이 훨씬 지혜로운 방법이었다.

뿐만 아니라 사라는 다른 전문가의 의견에도 귀를 기울였어야 했다. 일단 합병 결정이 난 후에는 여러 전문가들을 동원해 사후검토를 진행해야 했다. 외부전문가들에게 독립적인 평가를 얻으면 합병 추진에 반영하고 다음 거래에서 참고자료로 활용할 수 있다. 이런 절차를 반복했다면 안토니오 역시 자신의 행동과 판단에 보다 신중했을 것이다.

다음과 같은 경우에는 애착이 객관적인 의사결정을 방해하는 것이라
고 볼 수 있다.

- 경쟁구도가 변화하는 와중에도 대안을 도입하거나 검토하는 것
  을 거부한다.
- 주어진 전략을 단 한 가지 방법으로만 실행하려고 고집한다.
- 실적이 저조한 부서나 개인에 대해 조치를 취하지 않는다.
- 상대방의 기분을 상하게 할까 봐 거절하지 못한다.
- 개인을 대할 때 족벌주의나 편애하는 경향이 나타난다.
- 지연이나 혈연 등에 얽매여 특정 개인이나 집단에 맹목적인 집착
  이나 충성심을 보인다.
- 의사결정권자와 직간접적인 인간관계를 맺고 있는 친족을 업무
  에 개입시킨다.
- 의사결정권자의 객관성에 의문이 생길 정도로 의사결정권자와

개인적인 유대관계가 지나치게 강하다.

- 자신과 비슷하거나 자신을 좋아해주는 사람들로만 부서를 구성해 부서 내에 성별 등을 비롯한 다양성을 찾아보기가 어렵다.
- 상대방에게 인정받는지 여부로 행동이 좌우된다.
- 전문가 1명의 의견에 지나치게 의존하고, 전문가의 의견은 무조건 합리적이고 객관적이라고 맹신한다.
- 비즈니스 모형이나 전략을 수정해야 할 이유가 충분한데도 그렇게 하지 않고 망설인다.
- 시장이나 고객 관련 자료를 볼 때 변화나 수정이 시급한데도 관련 제품·서비스를 재검토하지 않는다.

애착 편견의
성공전략

다음은 애착이 의사결정에 미치는 부정적 영향을 줄일 수 있는 몇 가지 전략을 정리한 것이다.

사고방식 재검토하기

- 자신과 의견이 맞는 사람이 특정인으로 제한되는지 검토한다.
- 제3자의 의견을 구하는 습관을 가진다.
- 자신이 혈연이나 지연 등에 좌우되지 않는지 생각해본다.
- "나는 항상 이런 방식으로 일을 해왔어"라고 안주하지 말고 생각해보지 않은 방법에도 관심을 가진다.
- 지금까지 효과가 있던 방법도 상황이나 조건이 달라지면 무용지물이 될 수 있으므로 항상 비판적으로 재검토한다.
- 단 하나의 출처에서 나온 조언에 지나치게 의존하지 않는지 스스로 검토하고 반성한다. 분명하고 믿을 만하고 객관적인 출처에서 얻은 조언을 우선적으로 활용한다.

- 이 전략을 지지하지 않는 증거를 빠짐없이 검토한다.
- 개인의 선호도나 취향에 따라 의사결정이 좌우되지 않도록 주의한다.

관련된 사람들 재정비하기

- 자신도 모르게 소내각을 형성하고 그들을 중심으로 의사결정을 하고 있을지도 모른다. 이런 방식에 따르면 외부의 중요한 정보나 조언에 아예 귀를 기울일 수 없으므로 조심해야 한다.
- 전문가의 조언도 합리적인 수준에서 의심해본다. 전문가도 각자 특정 대상에 애착을 가질 수 있기 때문이다.
- 분파가 형성될 경우 이를 즉시 분산시킨다. 자연스럽게 제휴관계가 형성되도록 기다리지 말고 적극적으로 협조·제휴관계를 주도한다.

진행과정 주의하기

- 부서 회의에서 반대의견이 나오는 것을 막지 말고 적극적으로 장려한다. 또한 소수의견도 관심을 가지고 깊이 있게 검토한다.
- 회의를 주도하는 견해나 전략에 일부러 반대의견을 제시할 사람을 따로 임명한다.
- 기존에 형성된 집단이나 연합을 해체할 기회를 모색한다. 개인의 취향이나 혈연, 지연 등이 아니라 다른 기준에 따라 유대관계를 형성하도록 유도한다.

"신념은 실패의 출발점이 될 수도 있다."

7

가치관 때문에 길을 잃을 수 있다

기업문화 또는 신념체계가 공고할수록
더 나은 결정을 내릴 수 있다는 편견에 도전하기

◆◆◆ 아파르트헤이트°가 폐지된 이후 남아프리카공화국의 대통령이 된 타보 음베키(Thabo Mbeki)는 에이즈의 치료 가능성을 부인해 수치스런 오점을 역사에 남겼다. 음베키는 에이즈에 대한 잘못된 생각에 사로잡혀 에이즈 환자 치료를 거부했고, 결국 수많은 사람들이 목숨을 잃게 만들었다. 에이즈 환자들은 물론 가족과 자녀들에게도 가슴 아픈 고통을 남겼다.

하버드 보건대학원에서 2000년부터 2005년까지 시행한 연구에 의하면, '적절한 항레트로바이러스성 약품을 사용해 적절한 시기에 HIV 바이러스 감염을 예방하거나 치료하지 않았기 때문'에 남아프리카공

• 아파르트헤이트(Apartheid) : 남아프리카공화국의 극단적 인종차별정책으로, 1994년 최초의 흑인정권이 탄생하며 철폐됨. ― 옮긴이

화국에서 신생아 3만 5,000여 명이 HIV 바이러스에 감염되었으며, 33만 명 이상이 사망했다.[1]

당시 부통령이었던 음베키는 1995년에 열린 에이즈 환자를 위한 국제회의에서 남아프리카공화국을 강타한 에이즈의 심각성을 인정했다. HIV 양성반응을 보인 사람은 이미 85만 명에 달했다. 2000년에 남아프리카공화국 보건부는 에이즈와 HIV 바이러스, 기타 성 접촉에 의한 전염병을 퇴치하기 위한 5개년 계획을 발표했다. 계획의 시행 과정을 감독하기 위해 국가에이즈위원회도 마련되었다. 정부는 에이즈를 국가 차원에서 대처할 질병으로 인식하고 적극적인 자세를 취했다.

하지만 음베키가 대통령이 된 후에 정책 방향이 틀어졌다. 음베키는 HIV 바이러스가 에이즈의 원인이 아니라고 주장하는 과학자들과 뜻을 같이했다. 그들은 HIV 바이러스와 에이즈의 관련성을 부인하면서 대체의학을 치료책으로 제시했다. 또한 HIV에 감염된 사람들은 항레트로바이러스 치료가 아니라 비타민 섭취, 마사지, 요가 등에 주력해야 한다고 주장했지만, 사실 이는 입증되지 않은 방법이었다.

2000년에 더반에서 열린 국제에이즈회의에 음베키는 대통령 자문위원회를 대동했다. 항레트로바이러스를 부인하는 사람들이 자문위원회를 장악하고 있었으며, 회의는 비공개로 진행되었다. 의사들을 소집한 자리에서 음베키는 HIV 테스트를 법적으로 금지하자는 열변을 토했고, 아프리카의 토속 치료법에 대한 소개가 이어졌다. 그날 음베키의 연설은 HIV 바이러스에 대한 언급을 회피하고 빈곤이야말로 에이즈 진단의 중요한 요소라고 주장해 많은 빈축을 샀다. 연설을 듣던 각국 대표가 상당수 자리를 박차고 나가버렸다.

하지만 음베키는 이에 굴하지 않고 각국 지도자들에게 에이즈 연구를 주도하는 세력을 인종차별주의 지지자에 비유하는 편지를 보냈다. 그 편지의 내용과 비판적인 어조 때문에, 처음 편지를 본 미국 외교관들은 그것이 음베키를 빙자한 컴퓨터 바이러스가 아닐까 의심하는 해프닝까지 있었다. 에이즈 전문가와 관계자들은 음베키의 이런 태도에 크게 실망했으나, 더반 선언을 통해서 HIV 바이러스가 에이즈의 원인임을 확인하고 전세계 5,000여 명의 과학자와 의료진의 서명을 얻어냈다.

음베키가 이끄는 정권은 에이즈에 적절히 대처하지 못한다는 비난에 계속 시달렸다. 저렴한 항레트로바이러스 약품을 국립병원에 보급하는 등 국가적인 대책 마련이 시급했으나, 남아프리카공화국 정부는 전혀 움직임을 보이지 않았다. 정부가 발 빠르게 대처했다면 수천 명이 목숨을 건질 수 있었으나, 오히려 음베키는 HIV 바이러스가 태아에게 전염되는 것을 방지하기 위해 임신부에게 항레트로바이러스 치료를 실시하는 것마저 법적으로 금지하고 말았다.

음베키는 내각의 강한 반대에 부딪혔으며, 2003년 11월에서야 비로소 항레트로바이러스 프로그램을 공립병원에 보급하는 방안을 승인했다.

보건부 장관 만토 트샤발랄라-므시망(Manto Tshabalala-Msimang)도 음베키 못지않은 비난을 받았다. 그녀는 에이즈 환자에게 마늘, 레몬, 비트, 올리브오일이 영양학적으로 좋은 치료음식이라고 권했으며, 항레트로바이러스 약품을 '독'이라고 부르면서 약품의 위험성을 강조하려 했다. 남아프리카공화국의학협회는 그녀가 무지한 민중을 혼란에 빠뜨렸다며 맹렬히 비난했다. 2006년 9월에 80여 명의 과학자와 학자들이 단합해 '그녀를 보건부 장관에서 즉시 해임하고, HIV 바이러스와 에이즈에 대한 남아프리카공화국 정부의 무책임하고 비과학적인 정책을 당장 폐지'할 것을 촉구했다. 2006년 12월에 보건부 부장관 노지즈웨 마달라-로우틀레지(Nozizwe Madlala-Routledge)는 에이즈를 둘러싼 사안을 높은 강도로 비난했다가 음베키에 의해 해임되었다.

2008년에 음베키는 대통령직에서 쫓겨나고 말았다. 새로 부임한 대통령이 임명한 보건부 장관 바바라 호건(Barbara Hogan)은 음베키 정권의 에이즈 퇴치 반대 정책에 깊은 유감을 드러낸 후 새로운 방침을 발표했다. 그녀는 "이제 더 이상 남아프리카공화국에서 HIV 바이러스를 부인하는 일은 없을 것"이라고 단언했다.

이 사례에서 볼 수 있듯이, 신념이 너무 강하면 자신과 같은 가치관을 갖는 사람들에게만 편향될 우려가 있다. 신념이나 가치관에 지나치게 집착하면 제3자가 제기하는 이의를 수용하지 못하며 반대세력을 서슴지 않고 축출하게 된다. 그리고 자신과 비슷한 생각을 하는 사람들을 찾아서 자신의 가치관을 강화, 확인하려고 한다. 그러면 자신의 신념이 초래할 수 있는 심각한 결과를 객관적이고 균형 잡힌 시각으로 바라볼 수 없다.

가치관의 문제점

기업에서는 중심적인 신념이나 생각이 윤리성을 판단하는 잣대가 된다. 그러나 제아무리 잘나가는 기업이라도 갑자기 추락하거나 예기치 못한 장애물을 만날 수 있다. 직원들이 기업문화에 물들어서 모두 비슷한 생각만 하기 때문이다. 오랜 기간 성공가도에서 벗어나지 않는 기업은 독특한 비즈니스 이데올로기, 신념, 이론 등이 기업 운영방식에 반영된다. 이것이 고착되면 회사를 이끌어가는 핵심논리가 되며 여기에 이의를 제기하는 사람은 사내에서 찾아보기 어렵게 된다.

성공적인 리더도 비슷한 과정을 경험한다. 그들도 자기만의 논리, 자기만의 편견이 반영된 렌즈를 통해 세상을 이해하고 판단한다. 이렇게 시간이 지나면 누구도 이의를 제기할 수 없는 원리가 생긴다. 하지만 이는 비슷한 상황의 반복에서 도출한 결론일 뿐이다. 여기에 집착하면 변화에 적응하는 것이 어려워진다. 《몰락!(Derailed!)》이라는 책에서 탤런트인베스트(TalentInvest)의 조사처럼, 내로라하던 기업 리더들이 일순간에 몰락하는 이유도 바로 여기에 있다.[2]

기업 단위든 개인 단위든 이런 편견은 생각보다 쉽게 만들어진다. 대부분의 경우 무의식적으로 작용해 당사자는 전혀 눈치를 채지 못한다. 가치관이 무너지거나 문제가 드러나지 않는 한, 이를 의심하거나 재고하는 일은 거의 없다. 고객에게 심각한 피해를 주거나 시장, 해당 분야 또는 커뮤니티에 전반적인 변화 또는 피해가 발생한 후에야 비로소 사태를 수습하기 위해 뒤늦게 의문을 품게 되지만, 평소에는 이런 편견을 지지하는 경향이 단지 기업에 대한 충성심으로 포장된다.

◆◆◆ 기업은 흔히 직원들에게 '기업의 방식대로 업무를 처리'하도록 종용하며 애사심을 요구한다. 하지만 IBM만큼 애사심을 강조한 기업은 드물 것이다. IBM의 창립자 토머스 왓슨(Tomas J. Watson)의 신

넘은 비교적 고상한 편이었다. 기업의 가치관이 뚜렷하면, 다시 말해서 기업의 제품보다 기업 자체를 더 중시하면, 시대의 변화에 따라 기업도 자연스럽게 성장한다는 것이었다. 언뜻 보기에는 충분히 납득할 만한 생각이었다. 하지만 바로 이 신념 때문에 IBM은 수십 년간 누리던 시장주도권을 빼앗겼고 아직도 예전의 영광을 되찾지 못하고 있다.

왓슨은 1914년부터 IBM의 CEO였다. 왓슨은 직원들에게 사가(社歌)를 암기하고 장기훈련과 가족 단위의 야외모임을 강요했다. IBM은 오로지 고객의 필요에만 집중한다는 사훈에 상당한 사부심을 가지고 있었다. 이 점을 고객에게 강하게 전달하려고 직원들에게 흰 셔츠와 파란색 정장을 입혔다. IBM은 단지 월급을 받고 다니는 회사가 아니라 인생의 목표와 같은 존재였다. 왓슨은 1939년에 뉴욕 세계박람회에서 이렇게 말했다.

"아시다시피 우리는 IBM을 비즈니스나 기업 정도로 생각하지 않습니다. IBM은 할 일이 많은 세계적인 단체입니다."

짙은 색 정장과 흰 셔츠, 그리고 단정해 보이는 넥타이는 20세기 내내 IBM 직원들을 구별해주는 공식적인 유니폼이었다. IBM은 몇 개의 일류 대학을 정해놓고 그곳에서만 신규직원을 뽑았다.

이렇게 단일화를 강조하는 기업문화에 막강한 컴퓨터 기술이 더해지자 IBM은 단숨에 막강한 기업으로 성장했다. 왓슨이 40년간 CEO로 재직한 다음 아들인 토머스 왓슨 주니어가 뒤를 이었다. 그 또한 열성적인 종교인 못지않은 태도로 IBM을 이끌어갔다. 수익은 대부분 연구개발에 쏟았으며, 9개 연구소에서 입이 딱 벌어질 정도의 속도로 새로운 제품을 쏟아냈다. 특허권 개수에서는 미국 내에서 IBM에 견줄 기업이 없었다. IBM이 발명해 큰 인기를 누린 기술로는 ATM, 플로피디스크, 하드디스크 드라이브, 마그네틱 카드, DRAM 칩, 포트란 같은 컴퓨터 기계어를 꼽을 수 있다.

그러나 이렇게 눈부신 성공을 거두며 직원 통합에 꾸준히 노력했지만, IBM 내에는 이미 몰락의 씨앗이 싹을 틔우고 있었다. 그들은 기업의 가치와 사내문화를 너무 중시한 나머지 시장에서 발생하는 중대한 변화를 즉시 감지하거나 발 빠르게 대처하지 못했다. 뿐만 아니라 기존의 영업·개발방식에 반하는 흐름은 전혀 수용하지 못했다. 기존 사업에서 엄청난 수익을 얻었기에 개인용컴퓨터 시대가 다가오는 것을 전혀 감지하지 못했다. IBM의 요청을 받고 《더 나은 세상을 만들자(Making the World Work Better)》의 공저자로 활동한 케빈 매니(Kevin Maney)는 이렇게 말했다.[3]

"마이크로소프트, 애플 같은 경쟁사가 IBM을 이미 압도했지만 IBM 직원들은 여전히 흰 셔츠와 정장을 입고 다닌다. 그들은 IBM 왕국의 몰락을 인정하지 않는다. 실리콘밸리에 등장한 벤처기업에서는 티셔츠와 청바지에 운동화를 신고 다니는데 말이다."

1990년대 초반에 IBM은 연간 수십억 달러의 손실을 입었다. 처음으로 수천 명의 직원을 내보내는 등 내부조정을 시작했다. 그들만의 방식으로 회사를 키우고, 지금까지 성공을 지속했으며, 시장을 점령한 것은 부인할 수 없는 사실이었다. IBM에는 IBM만의 경영철학과 논리가 있었다. IBM 사원이라면 누구나 '기업이 바라는 방식'이 무엇인지 훤히 꿰뚫고 있었다. 하지만 세월이 흐르면서 이 논리는 아무도 시시비비를 따질 수 없는 통설일 뿐, 더 이상 성공의 공식은 아니었다.

1993년에 와서야 루이스 거스너(Louis Gerstner)가 기업 전반에 걸쳐 혁신을 시도했다. 거스너는 미국 내 기업 역사를 통틀어 가장 급진적인 변화 프로그램을 도입했다. 거스너는 IBM의 사업 초점을 IT서비스로 전향해 죽어가던 기업을 회생시켰다는 평가를 얻었다.

거스너는 몰락 직전의 회사를 소생시켰다. 물론 기존의 비즈니스 방식은 모두 뒤엎었다. 거스너가 진작부터 IBM에 몸담고 있었다면 기존의 IBM 방식에 도전장을 내미는 것은 감히 상상조차 못했을 것이다. 거스너의 손을 거쳐 IBM은 광대역 기빈의 IT통합 기업으로 다시 태어났다. 거스너의 저서 《코끼리를 춤추게 하라(Who Says Elephants Can't Dance?)》는 그가 IBM 기존 임원들과 머리를 맞대고 앉아서 무엇을 기업 상품으로 제시할 것이며, 어느 것을 간직하고 어느 것을 포기할 것인지 결정하느라 고심한 흔적이 역력하다.[4]

이제껏 IBM을 이끌어온 기업의 근본적인 가치관을 재정비하려면 거스너처럼 IBM에 대한 앙금이나 애착이 전혀 없는 제3자가 필요하다. 덕분에 IBM은 직원 유니폼을 포기하고, 기존의 IBM 사업은 이미 사양길로 접어들었음을 인정하고, 개인용컴퓨터가 IBM이 투자할 새로운 미래라는 점을 이해하게 되었다. IBM의 오랜 편견을 타파하고 기존의 경영방침을 과감하게 뛰어넘었기에 IBM 회생이라는 미션이 성공한 것이다.

가치관의 문제점 자세히 살펴보기

신념은 실패의 출발점이 될 수도 있다. 이 점을 이해하려면 먼저 신념이 어떻게 작용하는지 알아야 한다. 우선 신념이란 무엇인지 생각해보자.

사람들은 자신에게 중요한 것에 대한 확신을 신념이라고 한다. 종교, 윤리, 정책, 타인의 선의에 대한 믿음 등은 모두 신념의 대상이 될 수 있다. 신념을 가진 사람은 그것을 외부로 명확히 드러낸다. 문제에 직면할 때는 신념이 보다 구체적으로 드러나며, 상황에 따라 신념을 지키기 위해 행동을 취해야 할 때도 있다. 이처럼 신념은 우리에게 특정한 감정을 유발한다. 그러나 우리가 미처 느끼지 못하는 신념도 존재한다. 그것은 세상에 대한 심적 모형이다.

심적 모형이란?

심적 모형의 단순한 예를 들어보자. 자동차를 타면 A지점에서 B지점으로 갈 수 있다거나, 스위치를 켜면 실내가 환해진다는 것을 알고 있는 것이 심적 모형이다. 즉 우리가 살고 있는 물리적, 사회적, 감정적 세계에 대한 정신적 이해를 말한다. 우리는 이런 이해를 당연하게 여기며 살고 있지만, 심적 모형 덕분에 결과를 예측하거나 다음 일을 계획할 수 있다.

그러나 앞에서 살펴본 그린스펀의 사례처럼 신념, 즉 심적 모형은 특정한 결과를 낳을 수 있다. 사실 신념은 정체성과 떼려야 뗄 수 없는 것이다. 그래서 심리학자나 카운슬러는 환자가 자신을 속박하는 신념에서 벗어나도록 도와줄 때 자아 개념에 대한 생각을 검토하는 것에서 출발한다. 그래야 환자가 자멸적인 신념을 인정하고 떨쳐버릴 수 있기 때문이다.

이처럼 신념과 자아정체성은 긴밀하게 연결되어 있으므로, 신념의 오류가 드러나는 순간 온 세상이 무너진 듯한 절망감이 찾아올 수 있다. 따라서 자신의 신념이 무엇인지 알든 모르든 간에 그것은 개인의 행동에 절대적인 영향을 미친다.

일이 예상대로 풀리지 않을 때는 신념에 대해 생각하게 된다. 어떤 사람과 한동안 이메일로 연락하다가 카페에서 직접 만난다고 생각해 보라. 이메일을 주고받는 동안 상대방이 어떤 사람인지 어느 정도 짐작했을 것이다. 그런데 카페에서 만난 사람은 예상과 전혀 다를 수 있다. 상대방의 다양한 이미지를 융합해 한 사람의 이미지를 완성한 것이라고 생각하지만, 사실 모든 이미지는 혼자만의 상상일 뿐이다. 그런데 실제 인물을 만나서 자신의 예상이 빗나가면 왠지 모를 배신감마저 느낀다. 이를 설명할 수 있는 이론은 매우 복잡하며 아직 연구단계다.

우리의 심적 모형은 신념체계에서도 매우 중요한 부분을 차지하며, 다른 가능성을 차단하는 걸림돌이 될 수 있다.

다른 사람의 심적 모형을 이해하려면

우리는 상대방의 신념이나 심적 모형이 자신과는 무관하다고 생각하는 경향이 있다. 자신은 철저히 객관적이라고 생각하면서 상대방의 객관성은 좀처럼 알아보지 못한다. 자신은 이성적이지만 상대방은 그렇지 않다고 생각한다. 자신의 신념은 현실적이지만 다른 사람의 신념은 현실성이 떨어진다고 느낀다. 우리는 왜 이런 생각에 사로잡히는 것일까?

우리는 자신과 같은 방식으로 세상을 보지 못하는 사람은 정보가 부족하거나 잘못된 정보를 깨닫는 기회가 없었던 것이라고 여긴다. 그리고 상대방의 신념을 거부하는 것이 자신으로서는 올바른 판단이었다고 믿는다. 자신이 믿는 것에 이의를 제기하는 사람이 있으면 저 사람은 현실을 파악할 줄 모른다고 치부해버린다.

하지만 엄밀히 말하자면 그 사람은 우리와 다른 세계관을 가진 것이다. 즉 그 사람이 생각하는 사물의 이치가 우리와 다를 뿐이다. 그런데도 우리는 상대방이 현실을 파악하지 못한다고 판단하고, 그 사람의 지적능력이나 도덕적 판단력마저 의심한다. 하지만 이렇게 편협한 생각 때문에 그들의 신념에 근간이 되는 인생 경험의 가치나 중요성을 배울 기회를 놓치게 된다.

문제는 여기서 끝이 아니라는 것이다. 우리는 다른 사람의 심적 모형을 쉽게 무시할 뿐만 아니라 우리의 심적 모형을 기준으로 다른 사람을 어떻게 대할지 결정한다. 일례로, 팀원들의 업무 실태를 관리하는 기업 임원은 두 가지 상반되는 심적 모형을 가지고 있을지 모른다. 하나는 직원들의 업무처리에 대한 존중심 모형(조건적인 존중이라고 해두자)이고, 다른 하나는 사람에 대한 존중심 모형(이는 무조건적 존중을 뜻한다)이다.

전자의 심적 모형에 따르면 팀원들의 업무 결과에 따라 그 직원을 평가해야 한다. 그 사람의 업무처리 때문에 그 사람을 존중하는 것은 그 사람을 큰 조직의 부속품이나 수익을 내기 위한 도구 정도로 여기는 것이다. 이런 마음가짐은 직원들을 대하는 말투나 대화에서 고스란히 드러난다. 그러면 후자의 심적 모형에 따라 직원들을 대할 때에 비해 직원들이 받는 영향이 크게 달라진다.

사람 자체에 대한 존중심을 가진 책임자는 '하나의 인격체로서 당신을 존중한다'는 마음으로 직원들을 대할 것이다. 이런 사람은 동정심이 많으며 누구 하나 뒤처지거나 소외되는 것을 용납하지 않고 '우리는 한 팀'이라는 점을 강조하면서 협력과 단결을 이끌어낸다. 이처럼 우리의 심적 모형은 우리의 행동에 크나큰 차이를 가져올 수 있으며, 직장에서 다른 사람을 대하는 마음가짐이나 방식도 좌우할 수 있다.

나만의 진실

사람들은 신념이나 심적 모형의 차이를 다음과 같은 세 가지 이유로 합리화하는 경향이 있다.

- 상대방의 무지
- 상대방의 어리석음
- 상대방의 도덕성 결여

1부에서 자세히 살펴본 그린스펀의 사례에서 그린스펀은 자신의 견해가 위험한 것이라고는 추호도 생각하지 않았다. 그는 자유시장 자본가 모형을 의심하는 사람들이 위험한 존재이며, 그들의 입을 막아야 한다고 생각했다. 우리의 신념은 현실을 왜곡하는 필터가 되어 다른 사람들의 생각은 모두 차단하고 자신이 생각하는 것이 진실이라고 착각하게 만든다. 그러면 반대 증거가 무수히 나타나도 아랑곳하지 않고 자신의 신념에 더욱 집착하는 악순환이 일어난다.

자신의 신념을 지지하는 증거는 합리적인 것으로 즉시 받아들이지만, 반대 증거는 일단 의심부터 하고 잘못된 부분을 찾기 위해 요모조모 따져보게 된다.

코델리아 파인(Cordelia Fine)의 《뇌 마음대로(A Mind of Its Own)》는 이 현상을 흥미로운 방식으로 다루고 있다.[5] 저자는 신념에 대한 다양한 연구를 토대로 '사람들이 반대 증거를 접한 후에는 자신의 신념을 더욱 방어하려는 경향을 갖게 된다'고 알려준다. "저것이 반대편이 내놓을 수 있는 최선책이라면 내 생각이 정말 옳다는 뜻이잖아"라고 추론하기 때문이다. 이를 '신념의 편극화'라고 한다.

비뚤어진 견해나 오해를 가진 사람을 설득하는 것이 실패하는 이유가 바로 여기에 있다. 사람들은 연구결과가 자신의 신념과 일치하고 자신의 생각을 뒷받침해줄 때만 그 연구가 합리적이고 바람직하다고 생각한다. 반면에 연구결과가 자신의 신념과 어긋나면 그 연구에 문제가 있다고 생각한다. 인생에 대한 전반적인 신념은 물론이고 비즈니스 환경에서 상황을 판단하고 의사결정을 내릴 때도 이런 현상이 두드러지게 나타난다.

그런데 이러한 편견은 비즈니스 환경에서 우리가 생각한 것 이상으로 또 하나의 치명적인 영향력을 발휘하므로 여기서 반드시 짚고 넘어가야 한다. 최악의 경우는 소리 없이 등장하는 자기예언적 기대다. 로버트 로젠탈(Robert Rosenthal)과 레노어 제이콥슨(Lenore Jacobson)의 자기예언적 기대에 대한 실험은 누구나 잘 알 것이다.[6] 두 사람은 아이들을 모아놓고 지적능력을 테스트한다는 명목으로 가짜 테스트를 실시했다. 그런 다음에 테스트 결과를 펼쳐놓고 교사에게 몇몇 아이들이 앞으로 크게 발전할 것이라고 귀띔해주었다. 하지만 사실 출석부 명단에서 무작위로 학생들을 선택한 것이었다.

그런데 교사가 그들이 반 전체보다 더 잘할 것이라는 기대를 갖고 대하자, 실제로 그 아이들의 성적이 크게 향상되었다. 물론 교사는 그들에게 남다른 관심을 보였고 더 상냥하게 가르쳐주었다. 교사의 관심을 한 몸에 받은 아이들은 다른 학생들보다 빠르게 진보했다.

이와 같은 효과는 교육 현장에서 일하는 교사들뿐만 아니라 기업의 리더에게도 동일하게 적용된다. 그 기준이 비록 허점투성이라도 일단 선발되어 사내에서 실시하는 재능개발 프로그램에 참여한 사람들은 특별한 멘토링을 받고 승진할 기회를 얻는다. 잠재력을 빨리 개발하고 펼칠 수 있는 다양한 경험도 하게 된다. 기업경영진이나 동료들도 그들의 재능이 남다르다고 생각하기 때문에, 그들에게는 특별한 인재라는 꼬리표가 항상 따라다니며 좋은 기회나 경험을 차지할 가능성이 계속 커진다.

인재 여부를 판단할 때 신념이 유발할 수 있는 오류를 주의하지 않으면 잘못된 선택으로 기업의 미래를 제대로 책임질 인재를 놓칠 수 있다. 또한 재능이 부족한 것이 아니라 발굴 단계에서 아깝게 탈락해 자기발전에 어려움을 겪는 사람들도 구제할 필요가 있다.

이처럼 신념은 의사결정의 질적 수준뿐만 아니라 다른 사람을 대하는 태도나 방식, 처사에도 큰 영향을 준다. 물론 로젠탈과 제이콥슨의 실험에서 확인된 것처럼 우리가 모르는 사이에 상대방의 신념이 우리의 판단과 행동에 적잖은 영향을 주기도 한다.

문화 충돌이 두 기업에 미친 치명적 결과

합병 단계에서 충분한 시간을 들여 양측 당사자의 문화적 기준, 신념, 가치관을 검토하는 것은 기대하기 어려운 일이다. 그리고 이로 인해 수많은 합병이 실패로 끝난다.

2004년에 발표된 베인앤컴퍼니(Bain and Co.)의 연구자료를 보면 합병의 70%는 가치를 창출하지 못한다. 가장 눈에 띄는 사례로는 1998년 독일 자동차 제조업체인 다임러벤츠(Daimler Benz AG)와 미국에서 세 번째로 큰 자동차업체인 크라이슬러(Chrysler)의 합병을 들 수 있다. 당시 이 합병에 전세계의 귀추가 주목되었다. 그들의 목표는 세계에서 다섯 번째 규모의 자동차업체를 만드는 것이었다. 하지만 결국 합병 계획은 실패했고, 3년 후에 두 기업은 각자의 길을 갔다. 주주들이 크나큰 손실을 입은 것은 말할 것도 없었다.

두 기업은 각자 개성이 강하고 서로 다른 기업문화를 보유하고 있었다. 자동차 생산방식이나 비즈니스 접근법, 자부심, 국가적인 배경이나 가치관 등 공통점이라고는 찾아보기 어려웠다. 하지만 다임러벤츠의

CEO인 위르겐 슈렘프(Jurgen Schrempp)와 크라이슬러의 CEO인 로버트 이튼(Robert Eaton)의 생각은 달랐다. 두 사람은 벤츠의 공학기술과 발전된 테크놀로지가 크라이슬러의 품질우선주의, 혁신, 제품 생산속도, 저돌적인 마케팅 스타일과 만나면 엄청난 시너지 효과가 날 것이라고 예상했다. 그들에게 두 기업의 합병은 하늘이 맺어준 인연과도 같았다.

하지만 두 기업의 문화 충돌은 제품이나 브랜드, 가치관의 충돌에서 끝나지 않았다. 결국에는 직원들 사이에서도 충돌이 일어났다. 독일 특유의 엄격한 공학기술과 품질, 판매 후 서비스에서 조금도 양보하지 않으려는 자세는 두려움을 모르는 카우보이 같은 크라이슬러의 분위기와 극적인 대조를 이루었다. 서로에 대한 경멸과 불신이 눈에 드러날 정도로 쌓여갔다. 다임러벤츠의 몇몇 임원들은 공식석상에서 앞으로 절대 크라이슬러 자동차를 운전하지 않겠다고 선언할 정도였다. 문화적 차이가 많았지만 그중 하나만으로도 그들이 기대한 시너지 효과를 무너뜨리기에 충분했다.

다임러벤츠의 CEO인 슈렘프는 다양한 기업을 합병 후보로 선정한 다음 기업 내외 인사들에게 종합적인 분석과 평가를 의뢰했다. 하지만 이미 마음속으로는 크라이슬러를 점찍어둔 상태였다. 그래서 컨설턴트가 그의 계획이 주주가치를 높일 가능성이 희박하다고 경고했는데도 이를 무시하고 자신의 생각대로 합병을 추진한 것이다.

여러 사람의 자문을 구했을지 모르나 각각의 의견을 충분히 고려하거나 존중하지 않았다. 겉으로만 자문을 구하는 척했을 뿐 이미 마음속에는 확고한 결정이 서 있었고, 주변 사람들의 의견이나 새로운 자료를 접해도 신중하게 고려하지 않았다. 보다 구체적으로 말하자면, 그는 가치관이 전혀 다른 두 기업이 만날 때 나타나는 위험과 어려움을 전혀 예상하지 못한 것이다.

3년 후에 다임러크라이슬러의 시가총액은 440억 달러로 나타났다. 이는 합병 이전 다임러벤츠의 시가총액에 불과한 금액으로 S&P500지수에도 포함되지 못했으며, 크라이슬러그룹의 주가는 합병 전의 3분의 1로 추락했다.

슈렘프의 의사결정에 나타난 편견

안정적인 상황에서는 신념이나 가치관이 큰 문제를 야기하지 않는다. 그러나 세계적으로 유명한 초대형 기업이 합병을 선언하는 것처럼 큰 압박을 받을 때는 신념과 가치관이 의사결정에 미치는 영향력이 뚜렷하게 드러난다. 의사결정 과정에서 자신이 중시하는 논리, 신념, 가치관을 주의 깊게 점검하지 않으면 의도와 다른 결과, 혹은 예상치 못한 심각한 문제와 직면할 수 있다.

상황의 추이나 결과가 완전히 달라질 가능성이 있었는가?

합병에 앞서 두 기업의 문화를 철저히 조사·분석했다면 그처럼 처참한 실패를 피할 수 있었을까? 물론 단정적으로 말하기는 어렵다.

합병을 맡은 부서와 고위간부들이 강도 높은 문화유창성 훈련을 받았다면 상황은 달라졌을지 모른다. 문화유창성 훈련이란 문화적 차이를 예리하게 파악하는 문화적 민감성에 대한 훈련만이 아니라 차이를 파악하고 그에 대응하는 방안을 갖추는 훈련을 말한다. 그러면 양측 기업은 서로의 업무스타일이나 업무 접근방식을 충분히 파악했을 것이다.

뿐만 아니라 CEO는 합병 결정을 내린 후에 지나친 기대와 과도한 낙관주의를 지양하고 다양한 핵심가치와 역량, 비즈니스 모형, 운영 패러다임, 기업문화를 통합하는 데 뒤따르는 위험을 파악하고 대책을 마련하는 데 신경을 썼어야 했다. 이런 위험을 체계적으로 파악했더라면 합병 전략이 완전히 달라졌을지 모른다. 그러면 두 기업이 합병을 통해 기대한 시너지 효과가 나타났을 것이다. 진정 양측 기업의 차이를 인지하고 서로의 비즈니스 가치를 보완하고자 노력했다면 두 기업은 하나로 어우러졌을 것이다. 통합 기반을 다지고 공동 프로젝트를 다수 기획했다면 두 기업의 문화와 운영 원리의 장점을 잘 살려서 통합기업의 입지를 다지고 크게 발전했을지도 모른다.

'어떻게 하면 합병 계획이나 접근방법을 개선할까?'보다 더 중요한 것이 있다. 그것은 바로 양측 기업의 핵심역량을 가장 효과적으로 통합·발휘하기에 앞서, 두 기업이 서로에게 자연스럽게 어울릴 때까지 기존 방식대로 각자의 역할을 수행할 시간을 주는 것이다. 서로를 이해하고 적응할 시간을 마련했다면 가장 효과적인 합병 방법을 찾을 수 있었을 것이다.

개인의 가치관이 조직의 가치관과 충돌할 때

제인은 유명한 회계기업에서 금융리스크와 회계감사 업무를 처리하다
가 아르코에 입사하게 되었다. 아르코는 제인의 재능을 알아보고 18개
월 만에 기업의 금융전략 부서로 자리를 옮겨주었다. 그곳에서 제인은
기업의 수익성을 향상시키는 주요 프로젝트를 맡았다. 기업 고위임원
들뿐만 아니라 이사회 임원들도 제인이 맡은 프로젝트를 적극적으로
후원해주었다. 하지만 제인이 보기에 아르코의 성장전략에는 몇 가지
문제점이 있었다.

지난 1년간 아르코에 근무한 결과, 제인은 이곳의 사내문화가 불안
정하고 인정해주는 분위기가 아니며 장기적인 가치를 지향하지 않는
다는 것을 알게 되었다. 사실 사내에는 장기적인 유지 가능성을 진지
하게 고민하는 사람이 거의 없었다. '내일 일은 내일 생각하면 돼!'라며
눈앞의 성공을 우선시하는 분위기가 지배적이었다. 주가를 올리기 위
해 주주의 단기적인 필요에만 관심을 가질 뿐 다른 이해관계자들한테
는 눈길도 주지 않았다.

한편 회사는 인재개발 프로그램을 통해 재능 있는 사람들을 비교적 신속하게 다른 부서로 옮겨주었다. 하지만 인재를 재배치하는 기준은 기업의 가치관이 아니라 철저하게 수익성과 업무성과였다. 게다가 매우 우수한 인재로 발탁된 사람들은 업무를 제대로 이해하거나 기존 업무를 제대로 마무리하기도 전에 승진하거나 다른 부서로 발령을 받았다. 하지만 이것은 어디까지나 인재로 인정받았기 때문이 아니라 업무 실적에 대한 보상 차원이었다.

그런가 하면 일부 투자자들이 아르코의 수익보고서를 면밀히 조사하고 있다는 소문도 있었다. 최근 3년 동안 총수익을 높이려고 보너스 체계를 조작한 것을 증명하려는 속셈이었다. 보너스 체계는 주가와 밀접하게 관련되어 있었다. 이 투자자들은 소위 말하는 행동주의자들이었다. 제인은 비공식적인 경로로 해당 정보를 입수했지만, 기업 관계자로서 이 정보를 공개할 의무가 있다고 생각했다.

제인은 운영위원회에게 업무 전략을 브리핑하는 자리에서 자신의 생각을 드러냈다. 그러자 브리핑 후 COO와 가장 큰 부서의 책임자가 그녀를 직접 찾아왔다. 두 사람에 의하면 외부감사들이 제인의 발언에 매우 흥분했으며, 그녀가 들은 소문은 전혀 근거가 없고 이사회 참여를 원하는 일부 투자자들이 꾸며낸 이야기라는 것이었다. 또한 그들은 아르코가 성공가도를 달리는 것처럼 보이지만 경쟁사와 비교하면 아직 부족한 면이 많으므로, 행동주의자 주주들 문제보다 아르코의 경쟁력 강화가 더 시급한 문제라고 제인을 일깨워주었다.

하지만 2년 정도 지나자 위험신호가 나타나기 시작했다. 제인이 기업의 수익관리를 맡은 지 꼭 2년째였다. 일부 수익보고서의 부풀려진

부분 때문에 제인은 심기가 불편했다. 상사는 쓸데없는 걱정이라며 그 문제가 계속 신경 쓰이면 자기가 직접 감사원들에게 보고하겠다고 말할 뿐이었다. 제인은 자신도 회의에 참석하고 싶다고 말했다. 그러나 정작 회의에서는 그 문제가 구체적으로 거론되지 않았다. 그래서 제인은 CEO에게 직접 이메일을 보내 자신의 고민을 전했다. 6개월의 잠정적인 결과를 보면 지금이야말로 수익을 논하기에 가장 적절한 시기라고 제안했다.

CEO는 제인을 불러들였다. 처음에는 우호적인 대화가 오가는 듯했다. 그러나 자신과 제인의 보너스가 수익 수치에 달려 있다는 말에서 제인은 CEO의 속셈이 자신을 적당히 설득하는 것임을 간파했다. 또한 CEO는 제인이 인재개발 프로그램의 수혜자이며 3개월간의 하버드대학 연수를 포함해 회사로부터 여러 가지 투자를 받은 사람이라는 점을 지적하면서, 앞으로도 계속 수혜를 받으려면 기존 방식에 고착하라고 못을 박았다.

제인은 무거운 마음을 안고 CEO의 사무실을 나서야 했다. 제인은 그 후로도 한참 동안 고민했다. 싱글맘이었기에 비싼 사립학교에 다니는 자녀의 교육비 부담을 무시할 수 없었다. 결국 제인은 머지않아 행동주의자들이 원하는 정보를 찾아낼 것이며, 자신이 개입하거나 도움을 주지 않아도 상황이 알아서 해결될 것이라고 결론을 내렸다.

그로부터 6개월이 흘렀고 연례보고를 할 시기가 되었다. 그런데 기업 임원들이나 제인이 전혀 예상치 못한 일이 일어났다. 처음에 제인에게 외부 소문을 알려주던 사람도 어느덧 입을 닫아버린 상황이었다. 수많은 투자자들이 나서서 이사회를 전면적으로 개편하고 위험관리위원회의 주요직을 차지해버렸다. 분석가와 관계자들은 수익보고에 약간의 문제가 있다는 점을 이미 알고 있었다. 결국 기업경영진도 변화를 겪었다. 제인은 결국 회사를 떠나야 했지만 마음만은 홀가분했다.

제인의 의사결정에 나타난 편견

제인은 아르코의 의미체계에 휘둘리고 말았다. 회사의 핵심논리는 '수익우선주의'였다. 즉 어떤 상황에서든 수익을 극대화하는 것이 가장 중요하다는 것이다. 지속적인 성장을 유도할 수 있다고 해도 다른 논리는 용납되지 않았다. 수익우선주의에 의문을 제기하거나 이를 거부하는 행동은 회사에 대한 충성심 부족으로 여겨졌다. 제인 역시 직간접적으로 이런 분위기에 동참하라는 압력을 받았다.

어쨌든 아르코는 필요한 변화를 겪게 되었으므로 해피엔딩이라고 할 수 있다. 그러나 그 변화는 기업 내부에서 시작된 것이 아니었다. 변화의 필요성을 절감한 투자자 2명이 팔을 걷어붙이고 나섰기에 가능했다. 그들이 아니었다면 아르코는 수익우선주의를 고집하다가 돌이킬 수 없는 결과를 맞았을지도 모른다. 제인은 일자리 안정과 업무 분야에 대한 전문성, 양심 사이에서 개인적으로 가치관의 딜레마를 겪었지만, 결국 자신이 옳다고 생각하는 대로 행동하지 못했다.

상황의 추이나 결과가 완전히 달라질 가능성이 있었는가?

이사회와 경영진은 기업의 장기적 성공과 단기적 성공 사이에 적절한 균형점을 찾아야 했다. 또한 성공의 척도에 대해서도 올바른 기준을 설립해야 했다. 원래 경영진과 이사회는 이 문제에서 의견이 다를 수밖에 없다. 정기적으로 회의를 열어서 모든 참석자가 기업·비즈니스 전략의 안정성을 자유롭게 논하고, 다양한 미래를 구상하고 기존 가치관을 새로운 각도로 검토했다면 성공적인 기업을 만드는 방법이 하나로 국한되지 않음을 깨달았을 것이다. 성장 안정성을 확보해야 할 이사회는 성장의 원동력을 확인하고 지속 가능성에 대해 CEO에게 자주 증거를 구했어야 한다.

뿐만 아니라 반대의견을 제시하는 사람을 배신자로 몰아갈 것이 아니라 반대의견을 위험을 감지하는 필수적인 수단으로 여기는 기업문화를 창출했어야 한다. 주가와 보너스를 직결시키는 발언은 단기적인 사고를 조장하고 비양심적인 행동이나 건전하지 못한 거래를 조장할 수 있으므로 이러한 편견은 조기에 극복해야 한다.

다음과 같은 경우는 신념이나 가치관의 편견이 의사결정에 개입할 우려가 있다.

- "우리는 늘 이런 식으로 일을 처리했다"고 주장한다.
- 자신이나 다른 사람의 심적 모형에 이의를 제기하는 것을 꺼린다.
- 자신만이 주어진 상황에 대한 진실을 알고 있다고 가정한다.
- 기존의 가치관에 의문을 제기하지 않는다. 즉 기존의 기업 가치관을 따져보지 않고 그대로 수용한다.
- 합병에 수반되는 두 기업문화의 복잡한 문제를 이해하지 못하거나 중요하지 않은 것으로 치부한다.
- 의사결정의 근간이 되는 가치관이나 신념에 일관성이 부족하다.
- 다른 사람의 신념을 강하게 반대한다.
- 특정 이론이나 접근법을 맹목적으로 지지하고 의문을 제기하는 것은 생각조차 않는다.

- 사람들에게 회사의 핵심 경영논리를 수용하도록 미묘하게 압력을 가한다.
- 단기적인 행동과 불안정한 성장을 주도하는 보너스 프로그램이 있다.

다음의 성공전략은 의사결정을 방해하는 신념이나 가치관의 영향을 완화시키는 것이다.

사고방식 재검토하기

- 자신의 신념이나 심적 모형에 이의를 제기한다.
- 자신이 주어진 상황을 모두 안다고 생각하면 안된다. 관련된 사람들은 저마다 상황에 대해 조금씩 아는 것일 뿐이다.
- 기업의 핵심적인 시장논리를 내부적으로 재검토, 논의하는 분위기를 장려한다. 핵심적인 논리는 명확히 정립된 것이 아니므로 구체화해 토론 주제로 삼는다.
- 자신의 주요 신념을 점검해 신념이 성공에 어느 정도로 기여했는지 분석한다. CheifExecutive.net에 정기적으로 글을 올리는 제프리 제임스(Geoffrey James)는 성공적인 CEO를 대상으로 연구를 실시한 결과 다음과 같은 생각이 도움이 된다고 말한다.

① 경영은 통제권을 장악하는 것이 아니라 서비스를 제공하는 것이다.

② 직원들은 내 자녀가 아니라 나의 동료다.

③ 두려움을 유발하는 것이 아니라 미래의 비전을 제시할 때 강한 동기가 생긴다.

④ 비즈니스는 전쟁터가 아니라 생태계에 더 가깝다.

⑤ 회사는 기계가 아니라 공동체다.

⑥ 변화는 고통이 아니라 성장을 뜻한다.

⑦ 기술은 자동화가 아니라 권한의 확대를 뜻한다.

⑧ 일은 고통의 연속이 아니라 즐거움과 힘을 주는 것이어야 한다.

관련된 사람들 재정비하기

- 외부자문단의 독립성을 보장한다. 여기서 말하는 독립성은 자문단이 기업수익과 아무런 관련이 없으며, 특정한 의사결정이 그들에게 유리하게 작용하지 않는다는 뜻이다.
- 독립적인 전문가를 초빙해 기존의 핵심 논리에 이의를 제기하도록 한다.

진행과정 주의하기

- 이미 결정된 전략적 선택도 충분한 토론을 거칠 수 있도록 매년 전략을 재검토하는 자리를 마련한다.
- '비즈니스 방식'을 다시 점검해본다. 그러면 기업을 이끌어가는 핵심적인 신념체계를 구체화해 의사결정을 내릴 때 반영할 수 있다.

- 가치관에 대한 대화의 수준을 높이기 위해 자신과 팀원들에게 다음과 같이 강한 질문을 던진다. 특히 가치관에 대한 압력이 존재할 때 이런 질문을 반드시 사용해야 한다.

  ① 우리의 사고방식을 주도하는 가치관은 무엇인가?

  ② 우리 또는 상대방이 절대로 포기하지 않으려는 가치관은 무엇인가?

  ③ 우리와 상대방이 갈등에도 불구하고 공유할 수 있는 가치관은 무엇인가?

  ④ 우리는 서로에 대해 어떤 가정을 하고 있는가? 그 점을 어떻게 테스트할 수 있는가?

- 정기적으로 가치관에 대한 대화를 나눈다. 현실적인 딜레마 또는 가상의 딜레마를 제시한 다음 대립하는 가치관을 자유롭게 토론하면서 결론을 도출한다. 앞으로 비슷한 딜레마가 발생할 때마다 함께 모여서 토론하는 시간을 갖는다.

"권력에 뒤따르는 통제권과 장악력은 자신이 훌륭한 의사결정을
내릴 수 있다는 과도한 자신감과 착각을 유발한다."

권력은 타락시킬 수 있다

통제력이나 권력이 강할수록 더 나은 결정을 내릴 수 있다는 편견에 도전하기

카르텔을 근절하려는 끈질긴 노력에도 불구하고 카르텔은 알려진 것보다 훨씬 큰 규모로 형성되어 있다. 카르텔은 1인 독점과 비슷한 소수 독점 또는 과점으로서, 수익을 극대화하기 위해 가격을 제멋대로 설정해 최종소비자에게 큰 손실을 입힐 수 있다. 이렇게 가격을 설정하는 행위는 사실상 각자의 시장통제력을 멋대로 통합해 다른 기업을 시장에서 몰아내는 것과 마찬가지다. 새로운 기업이 시장에 등장하지 못하므로 이들은 가격을 마음대로 높여서 큰 수익을 얻는다. 이는 새로운 기업이 시장에 참여해 발전·성장하는 것을 허용하는 자유시장 논리를 해치는 것이다.

이런 권력의 남용은 산업 분야에만 존재하는 것이 아니라 회사, 부서, 개인 단위에서도 일어날 수 있다. 특정 소수가 힘을 합쳐서 전체의 활동을 억압하거나 자기가 원하는 방향으로 몰아가는 것도 카르텔에

속한다. 이렇게 권력 향상을 도모하는 행위는 이들이 세상을 바라보고 자신의 위치를 설정하는 렌즈이자 필터가 된다. 거기에서 나오는 의사결정은 결코 합리적이거나 공정할 수 없다. 자신의 필요에 따라 권력을 통합하거나 증강시키고, 자신에게 불리한 의사결정은 무조건 반대하는 등 철저히 이기적인 목적에 따라 행동하기 때문이다. 앞으로 살펴볼 카르텔의 사례에서 알려주듯이 권력을 마음대로 휘두른 결과는 일정 시간이 지난 후에야 비로소 나타나게 마련이다.

◆◆◆ 드비어스(De Beers)는 20세기 전반에 걸쳐 독점행위로 악명이 높았다. 그들은 유리한 입지를 사용해 전세계 다이아몬드 시장을 좌지우지했다. 드비어스에게는 몇 가지 독점방식이 있었다. 첫째, 드비어스는 개별 생산자에게 드비어스의 단일채널 독점체제에 가입하도록 권유했다. 둘째, 드비어스는 카르텔 참여를 거부한 생산자들의 제품과 비슷한 다이아몬드를 시장에 대량으로 내놓고, 공급을 통해 가격을 제어하기 위해 타사에서 생산한 다이아몬드를 모두 사들여서 재고로 쌓아 놓았다.

2000년에 와서야 드비어스의 사업 모형이 달라졌다. 이유는 러시아, 캐나다, 호주에 있는 다이아몬드 생산업체들이 드비어스의 공급망과 별도로 다이아몬드를 유통하기로 결정했기 때문이었다. 이로써 드비어스의 독점체제는 막을 내렸다. 독점 권력에 눈이 멀었던 드비어스는 이런 변화를 전혀 예상하거나 대비하지 못했다.

◆◆◆ 포이보스(Phoebus)는 오스람, 필립스, 제너럴일렉트릭 등으

로 구성된 카르텔이었다. 이들은 1924년에 등장해 1939년까지 전구 시장을 장악했다. 이 카르텔 때문에 거의 20년간 전구 분야의 경쟁은 살아날 기미를 보이지 않았고, 이로 인해 기술발전이 더디게 이루어졌다. 포이보스 카르텔이 아니었다면 수명이 긴 전구가 더 일찍 개발되었을지도 모른다. 이 또한 카르텔에 판단력이 흐려진 기업들이 스스로 해를 자초한 사례라고 할 수 있다.

포이보스의 경우에는 시장통제력을 강화해 새로운 혁신기술이 기존시장을 뒤엎는 일이 없도록 해 카르텔에 속한 기업들만 승승장구할 수 있었다. 이렇게 권력을 남용하고, 기존 상품과 시장을 보호하고, 자신에게 유리한 변화만 허용한 탓에 그들은 새로운 시장을 개척하고 새로운 상품을 개발할 기회를 스스로 포기한 것이나 다름없었다.

◆◆◆ 보다 최근 사례로는 유니레버와 프록터앤드갬블(Procter & Gamble)의 카르텔을 들 수 있다. 두 기업은 유럽 8개 국에서 세탁용 세제의 가격을 담합했다. 유럽위원회는 독일 기업 헨켈(Henkel)의 신고로 이 사실을 인지했으며, 결국 유니레버와 프록터앤드갬블은 거액의 벌금을 물었다.

카르텔에 참여한 대다수 기업은 담합 과정을 몰랐다거나 외부상황 등으로 인해 카르텔과 비슷한 상황이 형성된 것이라고 변명했다. 이유가 무엇이었든 간에 카르텔은 거기에 속한 기업에게만 유리하며, 외부 기업의 권력이나 영향력을 거의 차단하고 만다. 결국에는 카르텔에 들어올 수 있는 기업마저도 피해를 입게 된다. 기업의 평판에 오점을 남기고 재정적 손실을 입는 것은 말할 것도 없다. 가장 심각한 것은, 권력의 맛을 본 단체나 개인은 편견을 가지고 세상을 바라보기 때문에 합리적인 관점을 갖기 어렵다는 것이다.

권력의 문제점

권력 자체가 나쁜 것은 아니다. 하지만 권력이 커져서 의사결정의 균형을 깨뜨리거나 관련 당사자들에게 미칠 영향을 예측하는 것을 방해하면 문제가 된다. 요즘 세상에는 이처럼 권력을 휘두를 때 균형을 상실하는 경우를 자주 볼 수 있다. 의도적이라기보다는 의사결정 과정에서 충분히 고려하지 못한 탓이 크다. 권력을 갖거나 다른 사람에게 큰 영향력을 주는 자리에 서면 자신의 의사결정이 어떤 결과를 가져올지 예측하는 것이 결코 쉽지 않다.

대부분의 의사결정권자들이 자신의 영향력을 넓히는 데 힘쓰지만, 자신이 지거나 이기는 상황이 관련 당사자에게 얼마나 억울한 결과를 초래하는지는 별로 신경 쓰지 않는다. 그리고 자신의 결정으로 다른 사람이 손해를 입거나 상처를 받아도 어쩔 수 없는 일이라고 합리화해버리기 일쑤다.

권력은 원래 상대적인 것이다. 기업이나 조직 내에서 권력은 계급구조에 따라 주어지기 때문이다. 흔히 계급이 높아지면 권력이나 영향력이 커지며, 이는 의사결정에 유리하게 작용할 수도 불리하게 작용할 수도 있다고 생각한다. 대부분의 기업에서는 '한 사람이 승진하려면 누군가는 강등되어야 한다'는 논리에 따라 움직이므로, 주어진 아이디어의 진정한 장점에는 크게 관심을 두지 않는다.

　예를 들어 일개 팀원에게 좋은 아이디어가 있다고 가정해보자. 그 아이디어가 수용되려면 먼저 팀원들의 평가를 거쳐야 한다. 가장 첫 단계인 팀원들의 평가에서도 권력과 영향력이 개입된다. 동료들이나 직속상사가 그 아이디어를 싫어하면 그것으로 그 아이디어의 생명력은 끝나버린다.

　이처럼 권력 사용은 기업 내에서 항상 쉽게 드러나는 것이 아니다. 사실 권력은 미묘한 방식, 겉으로 드러나지 않는 방식으로 작용할 때가 많다. 기업 내에서 권력이란 타고난 성격에서 비롯되는 카리스마를 통해 발현되거나 전문성 또는 다른 권력의 기반을 가질 때 비로소 발현되는 경우가 많다.

　부서나 팀 내에서도 권력이 작용해 의사결정의 방향을 왜곡할 수 있다. 우수한 판매실적을 중시하는 기업으로 인지도가 높고 기업 이미지도 좋다면, 그러한 기업문화 때문에 왜곡된 의사결정을 내릴 수 있고 결국 회사 전체에 심각한 타격을 가할 수 있다. 판매실적을 중시하기 때문에 영업부 사원들은 출시할 신상품을 결정하는 자리에서 제품개발 부서나 연구개발 부서를 꼼짝 못하게 하고 주도적으로 결정권을 휘두를지도 모른다. 그러면 소비자의 필요나 취향 등을 고려해 신제품을 충분히 테스트하지 않고 성급하게 출시할 우려가 있다. 외부 관계자가 개입해 의사결정 과정에 드러난 힘의 불균형을 지적해 바로잡지 않는한, 기업 내의 편향된 권력 분배는 직간접적으로 다양한 의사결정에 영향을 미치게 된다.

권력과 정치에 대한 연구로 주목받고 있는 학자인 패트리샤 브래드쇼-캠벌(Patricia Bradshaw-Camball)에 의하면, 기업 내에서 실권을 잡고 있는 부서나 개인은 상대방이 받아들일 수 있는 의미체계만을 제시하는 전술을 사용한다.[1] 예를 들어 다른 부서 책임자와 만나는 자리에서 자기 입장을 지지하는 증거나 자료만 제시할 수 있다. 회의 참석자들이 그 사람의 설명을 듣고 수긍하면, 즉 그 사람의 의미체계를 받아들이면 그 사람은 이어지는 의사결정 과정에서 주도적인 영향력을 갖게 된다.

브래드쇼-캠벌은 어느 병원의 사례를 소개한 바 있다. 병원 최고경영진은 운영자금을 더 얻어내려고 병원 재정이 크게 악화되었다는 거짓 소문을 퍼뜨렸다. 예산 부족액을 140만 달러까지 부풀렸지만 각 부서 책임자들에게 세부사항, 정확한 재무보고서는 보여주지 않았다. 최고경영진은 에이전시가 그들의 병원에 지원금을 우선적으로 배정할 것을 기대하며 거짓 의미체계를 생산한 것이다.

하지만 이 작전에는 심각한 부작용이 뒤따랐다. 외부 컨설턴트업체가 직원들의 사기를 조사하는 과정에서 하급 책임자와 직원들마저 임금삭감을 우려한다는 사실이 드러났다. 컨설턴트업체는 최고경영진의 검은 속내를 전혀 모른 채, 조사결과를 토대로 이 병원에 대한 자금조달 제안서를 제출했다. 컨설턴트는 이런 작전을 파헤치기에 역부족이었다. 기업의 역사와 기업 안팎의 다양한 이해관계자들의 관계를 자세히 조사했다면 과장된 사실을 밝혀내서 진실을 담은 의미체계를 수립할 수 있었을 것이다.

권력의 문제점 자세히 살펴보기

권력은 흔히 의사결정에 편견을 유발하거나 문제를 야기하며, 다음과 같이 두 가지 종류로 나눌 수 있다.

- **구조 또는 직위에 의한 권력** : 구조적인 특징이나 주어진 직위에서 주어지는 권위를 말한다.
- **개인의 권력 또는 카리스마** : 개성이나 타고난 특성에서 비롯되는 권력을 말한다.

둘 다 좋은 방향으로 사용될 수도 있고 부정적인 방향으로 사용될 수도 있다. 한 가지 예를 생각해보자. 카르텔 같은 구조적인 권력은 통합된 힘을 발휘하므로 그들보다 규모가 작고 힘이 약한 기업을 몰락시킬 수 있다. 그리고 카르텔에 속한 기업들도 결국에는 장기적인 이익을 누리지 못한다.

하지만 구조적 권력이 긍정적인 효과를 발휘할 때도 있다. 오늘날 사회에서 과학이 미치는 영향을 생각해보면 전문성의 권력이 얼마나 강한지 이해할 수 있다. 과학이나 의학의 영향력은 다름 아닌 그들의 전문적 지식에서 나온다. 기업의 경우, 수익을 창출하는 부서는 수익과 직접적인 관련이 없는 부서보다 입김이 강하다. 규모만 보더라도 큰 부서가 작은 부서를 압도하는 것은 당연한 일처럼 여겨진다.

구조적 권력처럼, 개인의 권력도 긍정적 또는 부정적인 방향으로 사용될 수 있다. 히틀러가 개인의 권력을 극악무도하게 남용한 사례라면 간디와 만델라는 개인의 권력을 가장 이타적으로 사용한 경우라고 할 수 있다. 비즈니스 분야에서도 비슷한 사례를 찾을 수 있다.

하지만 관련된 상황이 복잡하다는 점을 생각할 때 권력을 이렇게 양분하는 것은 다소 어패가 있는 것 같다. 구조적 권력이나 직위에 의한 권력을 가진 사람도 개인적 권력을 가질 수 있다. 그러면 의사결정 과정에서 자신의 직위에 주어진 권력을 훨씬 능가하는 영향력을 행사할 수도 있다.

일례로 직무상 지위는 낮지만 실제 의사결정 과정에서는 상사와 비교할 수 없을 정도로 강력한 존재감을 발휘하거나 위험할 정도로 의사결정을 좌우하는 사람이 있을 수 있다. 실제로 이사회 임원 전체가 카리스마 넘치고 자기주장이 강한 CEO 한 사람에게 휘둘리는 사례가 종종 드러난다. CEO가 기업의 미래에 불리한 길을 가겠다고 주장해도 아무도 말리지 못하고 질질 끌려가는 경우도 있다.

어느 쪽의 권력이든, 의사결정에 미치는 편견이 초래하는 부정적인 영향은 우리의 상상을 초월한다. 지금부터 권력이 의사결정과 협상에 부정적인 영향을 미친 두 가지 사례를 살펴볼 것이다. 하나는 권력이 과도한 자신감을 조장한 것이고, 다른 하나는 권력이 변화의 가능성을 봉쇄한 것이다.

권력이 과도한 자신감을 부추기다

먼저 권력이 과도한 자신감을 유발한 사례를 생각해보자. 권력 자체가 의사결정을 부패시키는 것은 아니다. 권력에 뒤따르는 통제권과 장악력, 그리고 자신이 무적불패의 존재라는 착각이 문제인 것이다. 이런 착각에 빠지면 이성적인 사고보다 과도한 자신감이 앞서게 된다.

새롭게 발표된 연구조사에서는 기업 리더가 자신의 권력이 크다고 생각할수록 주도권을 장악할 때 실수가 많다고 알려준다. 서던캘리포니아대학 너대니얼 패스트(Nathanael Fast) 교수의 연구에 의하면, 비즈니스 세계에서 제어되지 않은 권력은 의사결정에 많은 문제를 야기한다.[2] 패스트의 연구 목표는 기업 리더들이 쉽게 빠질 수 있는 덫을 밝히는 것이었다. 패스트는 다음과 같이 결론을 내렸다.

"권력에 뒤따르는 통제권과 장악력은 자신이 훌륭한 의사결정을 내릴 수 있다는 과도한 자신감과 착각을 유발한다."

기업 리더의 이러한 경향을 알아보기 위해 다양한 실험을 실시했다. 참가자들에게 무작위로 권력이 높은 직위와 낮은 직위를 할당한 다음 여섯 가지 간단한 질문을 해결할 수 있는 능력에 돈을 걸게 한 것이다. 이 실험에서 큰 권력을 얻은 참가자들은 적잖은 돈을 잃었고, 자신의 권력이 크지 않다고 생각한 참가자들은 돈을 많이 걸지 않아서 거의 손해가 없었다.

권력이 변화의 가능성을 봉쇄하다

기업의 권력을 검토할 때는 기업의 정치적 관계도 함께 고려해야 한다. 여기서 말하는 정치란 권력을 실제로 사용하는 것으로, 자신의 목표를 이루기 위해 권력을 손에 넣거나 권력을 키우고 휘두르는 행동이다. 기업에 큰 변화가 있거나 기득권을 위협하는 변화가 발생할 때 정치적 권력이 더욱 두드러진다. 정치적 권력은 균형을 유지하거나 변화를 봉쇄하는 도구로 사용된다. 권력이 강한 이해관계자는 누가 누구에게 접근해 어떤 발언을 하고, 누구의 손에 어떤 정보가 들어가며, 어디에서 아이디어의 흐름이 막히는지, 아이디어가 어떻게 파급되는지, 누가 핵심 간부들의 눈과 귀 역할을 하는지 통제할 수 있다.

기업구조를 안다고 해서 기업 내 권력을 이해할 수 있는 것은 아니다. 기업 내 권력이란 도표에 드러나지 않은 관계에 존재하는 힘의 역학관계이며, 기업의 실권이 누구에게 있으며 의사결정이 얼마나 심하게 편향되어 있는지 드러내준다.

막강한 권력을 가진 개인 이해관계자의 상관관계를 도표로 정리하면 어디에서 문제가 생기는지 알 수 있다. 예를 들면 새로운 아이디어나 기업의 변화를 추진할 때 의사결정의 병목 현상이 어디에서 발생하는지 추적할 수 있다. 겉으로 드러나지 않는 권력의 연합전선도 이와 비슷한 방식으로 추적할 수 있다. 핵심 자원을 쥐고 있거나 직간접적으로 의사결정을 좌우할 수 있는 수치를 쥐고 있는 이해관계자들을 조사하는 것이다.

그런데 권력의 연합전선은 생명력이 길다. 좀처럼 변화를 수용하지 않는 기업에서 일해본 리더들도 이 점에 수긍할 것이다. 윗선에서 어떤 결정을 내려도 아래로 내려갈수록 약화되어 결정적으로 변화가 필요한 순간을 놓치고 만다. 그래서 대대적인 변화를 꾀할 때면 최고경영진에서 한두 사람만 교체되는 것이 아니라 경영진이 대부분 물갈이되는 것이다. 경영진 한두 사람을 교체해도 오랫동안 이어진 권력의 연합전선은 나머지 경영진에 의해 유지되므로 이들이 변화를 저지하면 아무런 소용이 없다.

소셜네트워크 이론가이자 인류학자이며 현재 에라스무스대학, 로테르담 경영대학원에서 교편을 잡고 있는 카렌 스티븐슨(Karen Stephenson)은 기업 내에서 정보가 흐르는 경로를 연구한 후 신뢰야말로 보이지 않는 네트워크의 촉수일지 모른다고 말했다.《신뢰의 양자론(Quantum Theory of Trust)》에서는 오늘날 기업의 권력 네트워크가 매우 막강하다고 말하면서, 권력구조가 무작위로 형성될 것이라는 일각의 주장을 단숨에 일축했다.[3] 사내 인간관계는 철저히 권력에 의해 좌우된다. 지식기반의 기업에서는 비밀스런 권력구조가 더 강하며, 특히 변화를 시도하는 의사결정에 막강한 영향력을 행사한다.

개인과 집단의 행동에 대한 수십 년의 연구결과를 보면, 인간은 자신과 비슷하며 같은 목표를 추구하고 자신을 응원해주는 사람, 즉 신뢰할 만한 대상에게 고착한다. 그래서 자신의 의견을 표출하거나 의사결정을 주도할 때 필요 이상으로 대범해질 가능성이 있다. 적어도 자신의 무리 내에서는 아무도 자신을 저지하지 않기 때문이다. 이러한 행동은 기업 내에서 더욱 두드러진다. 특히 기존 집단의 영향력을 약화시킬 수 있는 변화가 감지되면 이를 저지하는 데 누구보다 적극적으로 나서게 된다.

신뢰가 종종 중요한 조정자 역할을 한다

권력의 균형이 맞지 않는 상황에서도 신뢰는 의사결정 과정에서 매우 중요한 역할을 한다. 예를 들어 'A는 B를 좌지우지할 권력이 있으므로, A가 시키지 않았더라면 B가 절대 하지 않았을 일도 하게 만들 수 있다'고 가정해보자. 이런 관계에서 A와 B 사이에 신뢰가 없다면 A의 권력은 쉽게 남용될 수 있다. 신뢰는 '상대방에 대한 자신감의 표현 또는 상대방의 행동에 의해 자신이 위험에 처하거나 해를 입거나 어려움에 처하지 않을 것이라는 확신'이다. 이처럼 신뢰는 권력의 불균형을 중화하는 효과가 있으므로 바람직한 의사결정의 토대가 된다. 하지만 이해관계자들 사이에 복잡한 신뢰관계가 형성된 경우라면, 신뢰가 오히려 의사결정권자들에게 혼란을 야기할 수 있다.

신뢰는 때로 착각이나 잘못된 판단을 일으킨다. 일단 상대방에 대한 신뢰가 생기면 그의 긍정적인 첫인상 때문에 그 사람의 모든 특징이나 행동을 자기도 모르게 좋게 해석하게 된다. 이것을 '후광효과'라고 하는데, 단 하나의 긍정적인 특성이 그 사람의 전반적인 이미지를 장악하는 것이다. 이런 상황에서 의사결정을 내리면 심각한 문제가 발생할 수 있다. 앞뒤를 따져보지 않고 무조건 "그 사람은 우리 편이야"라든가 "그 사람은 우리와 생각이 같아"라고 믿어버리기 때문이다.

일정 시점에 가면 신뢰가 권력과 뒤엉킬 수 있다. 모두의 신뢰를 한 몸에 받는 사람이 결국 권력을 장악하는 것이다. 종족(tribal) 행동은 종종 한 사람에게 권력이 집중되는 결과를 낳는다. 집단 내의 유사성과 집단 사이의 차이점을 지나치게 강조할 때 종족이 성립한다. 여기서 말하는 종족이란, 이튼스쿨 출신을 따지는 것처럼 학연, 특정 정당을 지지하는 사람들의 모임, 기업 내에서 수익창출에 관여하는 사람들이 비용관리자들과 일부러 대립구도를 형성하는 것, 의과대 학생들끼리 배타적 집단을 형성하는 것, 노동조합의 출현 등을 모두 포함한다.

이들 사이에 신뢰가 형성되면 이해관계가 발생할 때 같은 종족에 속한 사람들을 우선적으로 고려하게 된다. 이런 집단을 '내그룹'이라고 하고 거기에서 배제된 사람들을 '외그룹'이라고 부른다. 내그룹의 의사결정은 외그룹 사람들에게 여러모로 불리한 점이 많다. 내그룹은 자신들만의 언어, 기준, 규칙, 정치적 세력과 방침, 의식 등을 내세워서 영향력을 행사한다. 그들의 존재는 집단이나 기업, 사회에 바람직한 구성원이 따로 존재한다는 편견을 조장해 자신들의 가치를 높인다.

내그룹의 존재 여부가 겉으로 드러나지 않는 경우도 있다. 즉 내그룹의 당사자조차 자신들이 외그룹을 소외시키거나 그들에게 불리한 영향을 준다는 점을 인지하거나 인정하지 않는 것이다. 대부분의 경우에 외그룹은 아무런 방어기제 없이 내그룹의 차별과 편견을 묵묵히 견뎌야 한다. 이런 현상의 출발점은 결국 권력이다.

권력의 개입을 차단하거나 권력의 영향력을 완화하는 규제도 있으며, 감시단체가 활동하거나 규제 업무를 주로 담당하는 기관이 생기기도 한다. 요즘 기업에서는 내그룹 위주의 의사결정은 그 가치를 좀처럼 인정하지 않는다. 내그룹의 영향력을 내버려두면 기업의 미래를 위해 꼭 처리해야 할 더 중요한 문제가 뒤로 밀리거나 경시되고, 내그룹의 권력을 강화하거나 유지하는 문제가 우선적으로 처리될 수 있다. 이것이 바로 기업 내에서 흔히 나타나는 권력의 편견이다.

편향된 권력이 조직에 미치는 영향

포티스의 펫케어 사업부는 전세계에서 가장 규모가 큰 애완동물용품 업체이며 시장점유율은 모든 경쟁사들이 부러워할 정도다.

포티스는 공격적인 매출 전략을 앞세워 세계적인 기업으로 급부상했다. 펫케어 부문도 예외가 아니었다. 그들은 저가의 애완동물 브랜드가 쏟아져나와도 눈 하나 깜짝하지 않고 시장점유율을 유지했으며, 일부 기업이 대형 수의사협회와 손잡고 틈새시장을 공략할 때도 흔들리지 않았다. 애완동물제품 분야에서 주류 업체로서 공고히 다진 입지는 난공불락의 요새처럼 보였다.

포티스는 매출 역량과 인재관리, 훈련 프로그램에 수십 년간 꾸준히 투자하면서 중간배급업자들과 긴밀한 관계를 유지했다. 막강한 판매기술을 앞세운 기업의 평판은 수많은 소비자제품 업체들의 부러움을 샀으며, 전세계 곳곳에서 포티스를 견학하고 그들로부터 배우려고 찾아오는 기업이 끊이지 않았다.

포티스는 애완동물산업 분야에서 기업 입지를 공고히 다지기 위해 기존 분야를 확장·혁신하는 전략을 수립했다. 신상품 매출을 단숨에 올리기 위해 파격적인 인센티브 제도도 도입했다.

각 지역에서 열광적인 반응이 있었으며 신상품이 각 매장에 속속 보급되었다. 매출관리를 맡고 있는 고위책임자는 이번 전략에 대한 무한한 자신감을 드러냈다.

하지만 시간이 흐르자 전략의 허점이 드러났다. 신상품에 대한 고객 반응이 시큰둥하자 신상품을 다시 회수하는 데 어마어마한 비용이 들었다. 게다가 신상품 회수를 결정하자 관련된 주요 분야에서 브랜드 입지와 영향력이 크게 흔들리기 시작했다.

기업행동 컨설턴트는 신상품 개발을 맡은 부서와 협력하면서 처음에 어떤 과정을 거쳐 신상품 개발 결정을 내렸는지 조사했다.

그들은 한 가지 흥미로운 사실을 알아냈다. 무엇보다 매출을 중시하는 사내문화와 시장점유율에 대한 경영진의 남다른 자부심 탓인지, 당시 회의에서 시장에서 성공할 수 있는 것과 그렇지 않은 것을 판단할 때 영업·마케팅 담당자들이 모든 발언권을 장악한 것이다. 기업 특성상 막강한 영향력을 발휘하는 자리였기에 그들의 한마디 한마디는 회의 전체를 좌우하고도 남을 정도였다.

영업·마케팅 담당자들은 오랫동안 우수한 영업실적으로 기업에 기여한 바가 컸다. 그래서 연구개발팀이나 제품개발팀 책임자는 고객을 대상으로 실시한 테스트와 연구조사 결과를 볼 때 신제품 출시가 아직 때 이른 시도라는 것을 알면서도 입을 열지 못했다.

신제품이 시장에 출시된 과정을 되짚어보니 부서 간의 힘의 균형이 맞지 않았다. 영업부와 마케팅 부서가 특정 아이디어를 제시해 일정 수준의 가능성을 인정받으면, 연구개발 부서와 제품개발 부서는 해당 제품의 출시를 준비할 수밖에 없었다.

원래 연구개발 부서와 제품개발 부서는 애완동물을 키우는 사람들 중에서 포커스 그룹을 선정한 다음 신제품을 테스트하고, 필요에 따라 변경 여부를 결정하는 단계를 여러 번 반복했다. 물론 이렇게 하는 데는 어마어마한 시간과 인내심이 필요했다. 하지만 영업부 담당자한테서는 그런 특성을 찾아볼 수 없었다.

펫케어 부문에서 드러난 의사결정에 대한 권력의 역학관계는 심하게 편향되어 있었다. 제품 출시 전에 반복적인 테스트를 실시해야 한다는 의견은 영업부와 마케팅 부서 담당자들의 반대로 단번에 취소되었다.

그들은 시장의 새로운 동향이나 고객의 취향을 대수롭지 않게 여겼다. 그렇게 시장에서 사전 테스트를 충분히 거치지 않은 신제품은 허점투성이였다. 모든 이해관계자의 전문성과 경험을 충분히 활용하지 않았기 때문에 신제품을 출시하기로 결정한 것이 오히려 기업의 발목을 잡고 말았다.

이처럼 특정 부서의 권력과 영향력이 지나치게 우세해 의사결정 과정을 장악하면 결국에는 실패로 끝나서 기업에게 심각한 타격과 손실을 안길 수 있다.

영업부의 의사결정에 드러난 편견

영업부는 수십 년간 포티스를 빛낼 정도로 우수한 판매실적을 거두었으며 해당 분야 최고의 기업이라는 명예도 얻었다. 그래서 이들은 자신들의 세계관이나 의사결정에 문제가 있을지 모른다는 생각을 거부했다.

포티스가 성공가도를 달리는 데 다른 부서도 그들과 동일한 역할을 수행하며 그들 못지않게 공헌하고 있다는 사실을 망각했기에, 다른 부서가 중요한 의견을 제시하거나 건설적인 관점을 사용해도 '우리가 당신보다 훨씬 잘 알지'라는 거만한 태도로 이를 묵살했다.

그러나 그동안은 기업전략 자체가 신제품 출시보다는 기존의 제품을 강화·유지하는 데 초점을 맞추고 있었기에 부서 간의 기업철학이 판이하게 다르다는 점이 겉으로 드러나지 않았다. 사실 신제품 출시에 대한 회의는 진정한 의미의 협조를 지향하는 대화가 아니라, 타협을 강요하는 팽팽한 대립과 논쟁의 장이었다.

상황의 추이나 결과가 완전히 달라질 가능성이 있었는가?

포티스를 조사한 컨설턴트가 조정자를 투입해 의사결정 집단이 한마음으로 아이디어를 검토하고 획기적인 사고를 요하는 복잡한 문제를 처리할 때 각자의 선호도를 어떻게 조율할지 고민하도록 유도했다.

진단도구를 사용해 분석한 결과 각 부서의 선호도는 반드시 성공과 능력을 보장하는 것이 아니었으며, 선호도가 불분명하다고 해서 능력이 부족하다는 뜻도 아니었다.

뚜렷한 선호도가 없는 경우에는 획기적인 사고과정의 핵심 요소에 대한 선호도를 측정했다. 이 도구의 원리는 4단계의 획기적인 사고과정을 온전히 적용하면 아무리 어려운 과제도 창의적으로 해결할 수 있다는 것이었다. 여기서 말하는 4단계는 관념화, 명료화, 발전, 시행으로 정리할 수 있다. 선호도가 높은 것은 개인이 가장 편안함을 느끼며 최상의 에너지를 발휘하는 획기적인 사고과정의 일부를 뜻했다.

집단 구성원 한 사람 한 사람에게 자신의 선호도를 생각해보라고 요청했다. 그 결과를 통해 선호도가 각자의 관점과 직위, 궁극적으로 그들의 비즈니스 결정에 미치는 영향을 알 수 있었다.

영업부 책임자는 관념화(기발한 아이디어를 내놓는 데 능숙)와 시행(행동으로 옮기는 데 주저함이 없음) 단계에서 강세를 보였다. 그런가 하면 연구개발 책임자는 분석하고 깊이 생각하는 능력이 우세했고(대부분이 명료화 단계를 선호), 제품개발자들(대부분 발전 단계에 남다른 관심)은 실행 가능한 해결책을 구상해 세부점을 보완하는 데 큰 의미를 부여했다.

자신과 다른 사람의 선호도를 분명히 알고 자세히 이해한 후로는 영업부 책임자가 솔선해 연구개발, 제품개발 책임자에게 남들과 동일한 발언권을 주었다. 그러자 모든 회의 참석자들의 장점이 고루 발현되어 의미 있는 토론이 이루어졌다. 누구 하나 소외되지 않고 건설적인 대화에 적극적으로 참여했다.

이렇게 외부의 도움을 얻어서 개인의 선호도를 파악하고 그에 대한 피드백을 제공한 결과, 자신이 어떤 방식으로 문제를 해결하며, 어떤 환경에서 최상의 결과를 산출하는지 알게 되었다.

뿐만 아니라 창의적인 사고과정에서 발생할 수 있는 문제점이나 어려움도 미리 예상하고, 팀의 업무처리 과정에서 발생할 수 있는 충돌의 이유를 이해하게 되었다. 그리고 업무 전체의 흐름을 방해하는 사람이나 충분히 기여하지 못하는 사람을 파악해 적절한 도움을 베풀었기에 한층 바람직하고 창의적인 해결책을 도출할 수 있었다.

권력을 사용해 편견을 조장하다

급속히 발전하는 아시아경제에 발맞추고자 브루스는 싱가포르에 휴대전화서비스 업체인 아펙스텔레커뮤니케이션을 창립했다. 브루스는 1992년에 싱가포르에서 업계 3대 기업가로 손꼽힌 인물이었다. 사업이 나날이 성장하고 현금흐름이 원활하게 이어졌기에 회사를 한 단계 확장할 시기라고 판단하고 새로운 목표를 세웠다. 1994년에 브루스는 아시아 확장 계획을 수립하고 말레이시아, 태국, 홍콩, 대만의 기업을 인수했다. 1997년 무렵에는 아펙스가 아시아를 주도하는 기업으로 우뚝 서게 되었다.

경영진은 아시아의 위기를 조심스러우면서도 능숙하게 넘겼다. 든든한 현금자본 덕분에 경쟁업체들이 시장점유율을 확대하고자 갖은 애를 쓸 때도 아펙스는 여유를 부릴 수 있었다.

아펙스의 화려한 성장과 견고한 입지를 눈여겨본 스캔포인트가 2002년에 손을 내밀었다. 이 기업은 스칸디나비아에 본사를 두고 있으며 유럽 텔레커뮤니케이션 시장을 장악한 데 이어 아시아 시장으로 눈을 돌리려는 참이었다.

스캔포인트는 인수를 마음에 둔 상태에서 아펙스의 핵심역량과 성공 요인을 분석하기 위해 본격적인 조사를 시작했다. 아펙스의 사업모형이 아시아의 위기 이후에도 지속 가능성이 충분한지 알아보려는 것이었다. 그들은 역량, 자원, 연계성 등 모든 면에서 아펙스의 경영진에게 높은 점수를 주었다.

2002년 10월에 스캔포인트의 CEO인 스벤 요한센은 인수 가능성을 본격적으로 점쳐보고자 두바이에서 브루스를 포함한 아펙스 경영진의 핵심세력과 만나기로 했다.

스벤 요한센과 브루스는 처음 만나는 사이였지만 오랜 친구처럼 서로를 편하게 대했다. 또한 스벤은 역동적이며 미래지향적인 경영진에 큰 감명을 받았다. 이들을 다시 만나서 인수절차를 논의할수록 브루스와 경영진의 실력에 대한 확신이 커졌고, 스벤은 이사회에 아펙스 투자를 강력히 건의했다. 양측은 단시간에 인수에 관한 사항을 결정해 확정 단계로 돌입했다. 브루스가 이끄는 경영진은 적어도 5년 이상 머물면서 기업안정성과 시장신뢰도를 책임지기로 했다.

한편 스캔포인트의 CFO이기도 한 스벤은 브루스가 이끄는 경영진에서 2명을 제외한 모든 사람이 막대한 연봉과 보너스를 받는 것에 의문을 품었다. 하지만 브루스는 그것이 인수 계획에 이미 포함된 것이며 업무실적에 따른 보상이라고 해명했다.

브루스는 시너지 효과를 크게 기대하면서 상호신뢰와 이해를 넓히기 위해 스벤을 자주 싱가포르에 초청했다. 그 후로 몇 달 동안 스벤은 싱가포르에서 살다시피 했다. 유럽 경영진은 아시아의 업무 진척상황을 정기적으로 보고받았다.

2003년 7월에 스캔포인트는 아시아 텔레커뮤니케이션 시장을 주도하는 기업으로 성장했으며 수많은 공공기업, 단체로부터 업무제휴 제안을 받았다. 당시 유럽 국가들의 경제가 침체기를 벗어나지 못하고 있었기에 스캔포인트로서는 이러한 움직임이 여간 반갑지 않았다.

2003년 10월에 2004년 예산을 준비하는 과정에서 브루스는 아시아 본부를 별도로 유지할 것을 제안했다. 그리고 아펙스 인수자금이 큰 부채를 유발한 것은 사실이지만, 그것이 아시아 본부의 재무상태표에 기록되는 것은 경영진의 연봉 등에 큰 영향을 주어 업무 사기를 저하시킨다고 말하면서 해당 부채를 유럽 본사의 회계에 포함시켜야 한다고 주장했다.

스벤은 브루스의 입장을 이해하지만 유럽에 있는 다른 주요 계열사 두 곳에서는 브루스의 연봉이나 보너스 등이 너무 많은 것에 경악을 금치 못하고 있다며, 그의 주장을 모두 수용하기는 어렵다고 대답했다.

일례로 브루스는 아시아에는 유럽 쪽 계열사와 달리 고객관리 시스템을 굳이 도입할 필요가 없다고 주장했지만, 고객관리 시스템은 계열사 간의 보조금 지급 가능성을 알아보고자 업무내역을 추적, 관리하는 것이었으므로 그의 주장은 설득력이 없었다.

브루스는 계열사 간의 문제를 해당 계열사의 책임자나 CFO와 직접 해결하기보다는 스벤을 통해서 매듭을 지으려 했다. 그는 또한 아시아 본부의 임원들이 그룹 전체 경영진의 차기 후보가 되기를 바라는 마음에 의도적으로 스벤에게 이들을 눈여겨보라고 부탁했다.

그러자 스벤과 함께 일하던 기존 경영진들이 브루스의 행동에 적잖은 위협을 느꼈다. 그도 그럴 것이 브루스가 이끄는 경영진이 자신들보다 스벤과 더 접촉이 잦았던 것이다.

경영진의 토의는 날이 갈수록 효율성이 떨어졌고 딱히 아시아 본부에게 유리하게 결정할 이유가 전혀 없는 사안에서도 아시아 본부가 원하는 방향으로 모든 일이 결정되는 것 같았다. 기업의 미래와 발전을 위한 의사결정이 아니라 브루스 측 경영진을 위한 안전망을 차츰 넓히는 것 같았다. 코펜하겐에서는 브루스가 그룹 전체의 재무상태표를 조작해 자신의 현금자산은 하나도 건드리지 않으면서 유럽 본사의 자금으로 아시아 내에서 아펙스를 더욱 확장한다는 음모론까지 등장했다.

결국 스벤은 경영진 내에 심각한 문제가 발생했다고 판단했으며, 유럽 경영진에게 편견 없는 마음으로 싱가포르를 직접 방문해보라고 제안했다. 스벤 역시 매달 싱가포르에서 열흘 정도 머물면서 브루스와 술자리를 갖거나 그의 안내를 받아서 관광지를 돌아다녔다.

스벤의 의사결정에 드러난 편견

브루스는 인수 과정을 빙자해 스벤과 많은 시간을 보내면서 그에게 싱가포르와 아시아에 대한 긍정적인 이미지를 심어주었다. 브루스 때문에 스벤의 판단력은 객관성을 상실했다. 스벤은 뚜렷한 이유나 논리 없이 아시아에 편향된 의사결정을 내렸고, 그로 인해 주변 사람들로부터 빈축과 불만을 샀다.

중국에는 주요 계열사의 책임자 한 사람이 경쟁사로 자리를 옮기기 위해 조기퇴직을 신청했고, 다른 계열사의 책임자도 경영진에 대한 신뢰를 완전히 잃고는 어떤 회의에도 참석하지 않았다. 이것만 보더라도 스벤의 변화로 인해 경영진이 얼마나 약화되었는지 알 수 있다.

브루스는 스벤의 마음을 훔친 덕분에 자신의 권력기반을 날로 확장했다. 브루스 때문에 스벤의 마음은 오로지 아시아를 향해 있었다. 브루스는 권력을 사용해 이와 같은 편견을 조장했으며, 스벤을 이용해서 아시아 지역에서 자신의 입지를 더욱 공고히 하고 기업 확장에 필요한 자금을 확보했다. 그가 유럽 본사의 재무상태표를 조작하는 것은 일도 아니었다. 브루스한테는 스캔포인트가 국제적 기업으로 성장하는가 하는 것은 차후의 문제였다.

상황의 추이나 결과가 완전히 달라질 가능성이 있었는가?

스벤은 아시아의 경제성장에 지나친 기대를 갖거나 싱가포르라는 나라에서 많은 시간을 보내며 개인적인 애착을 키울 것이 아니라, 국제적인 기업의 CEO답게 기업 전반의 운영에 대한 객관적이고 균형 잡힌 입장을 고수했어야 했다.

독자적인 운영을 보장해달라는 브루스의 요청을 선뜻 받아주지 말고 그의 속내를 보다 예리하게 꿰뚫어봤어야 한다. 이사회와 CEO는 전략적 일관성을 위해 더욱 강력한 연대를 구성해 기업이 국제무대에서 크게 성장할 합리적인 방안을 강구했어야 했다.

또한 그들은 아펙스의 중요성에만 연연할 것이 아니라 아시아의 다른 지역도 모두 고려해 아시아에서 사업을 확장할 때 뒤따르는 위험을 제대로 파악했어야 한다. 그리고 이번 인수에서 스벤과 이사회가 얻으려 했던 가치가 무엇인지 계획 단계부터 명확히 정해두었다면 브루스의 계략에 좌우되지 않고 계획대로 밀고 나갈 수 있었을 것이다.

권력 편견의
위험신호

다음은 권력이 개입해 의사결정에 부정적인 영향을 주는 경우다.

- 성격이나 업무스타일이 모호함을 참지 못하거나 권위적인 태도를 보인다.
- 자신의 생각이나 계획에 이의를 제기하면 무조건 부정적으로 대응한다.
- 관계자들에게 자신의 생각을 모두 공개하고 그들에게 철저히 조사받는 것을 싫어한다.
- 의사결정에 자기 이익을 추구하는 경향이 강하게 드러난다.
- 문지기처럼 굴면서 관계자 또는 관련 정보에 접근하는 것을 차단한다.
- 의사결정에 대한 이의나 이견을 절대 용납하지 않는다. 즉 처리방법이나 전략에 대한 도전을 꺼린다.
- 정치를 방불케 하는 파벌세력이 형성되거나 심리전이 난무한다.

- 내그룹과 외그룹이 존재한다.
- 의사결정권자들이 한자리에 모여서 결정한 사항이 추후에 자주 번복된다.
- 직속부하 등을 대할 때 자신의 영향력이 아니라 상사에게서 넘겨 받은 권리를 앞세운다.
- 기업문화에 대한 신뢰가 낮고 솔직한 대화란 절대 존재하지 않는 다고 믿는다.

**권력 편견의
성공전략**

다음에 제시된 성공전략은 의사결정을 내릴 때 개인의 권력 또는 직위·구조적인 특성에서 비롯되는 권력이 미치는 영향을 어느 정도 차단해줄 것이다.

사고방식 재검토하기

- 목표를 추구하는 과정에서 주변 사람들과 신뢰를 구축하고 넓히는 데 어느 정도로 노력했는지 생각해본다.
- 개인적인 관심사가 우선시되지 않도록 항상 조심하고, 개인적 이익을 추구하는 것에 급급해 합리적인 판단이나 질 높은 의사결정을 내리는 데 방해받지 않도록 한다.
- 자신의 의견에 이의를 제기하는 사람에게 무조건 부정적으로 대응하는 경향이 없는지 생각해본다.
- 자신의 권력이나 영향력을 부당하게 강화하기 위해 결과의 사소한 부분까지 간섭하거나 결과를 원하는 방향으로 조작하고픈 욕

구를 차단한다.

관련된 사람들 재정비하기

- 권력을 가진 사람에게도 진실을 말할 수 있는 용기 있는 사람들을 주변에 둔다.
- 권력이나 계급의 눈치를 보지 않고 건설적인 방법으로 업무를 처리할 수 있는 유능한 사람들로 팀을 구성한다.

진행과정 주의하기

- 감사·기강 확립 등을 수행하는 부서에 강력한 권위를 부여한다.
- 권한이나 업무를 명확하게 위임하고 의사결정 과정에 투명성과 일관성을 확보한다.
- 직속부하에게 권력을 고루 배분해 권력이나 책임의 균형을 유지한다. 이렇게 하지 않으면 특정 직원에게 권력이 집중되어 부서의 연합과 협동성이 저해될 수 있다.
- 기업의 역사와 주주와의 관계를 면밀히 조사한 다음, 잘못 알려진 사실을 파악하고 실제로 사용되는 의미체계를 확인한다.

3부

The Secret
Life of
Decisions

착각에 빠지지 않고
현명하게 선택하기

가장 바람직한 의사결정 행동

"많은 사람에게 조언을 구하되 명령은 일관성을 유지하라."
— 키루스(Cyrus) 대왕, 6세기에 페르시아제국 건설

지금까지 8개 장에 걸쳐서 우리는 의사결정에 뒤따르는 수많은 위험과 덫이 무엇이며, 편견에 사로잡힌 판단과 잘못된 의사결정에 어떤 대가가 뒤따르는지 살펴보았다. 이번 장에서는 의사결정 과정을 집중적으로 살펴볼 것이다. 특히 더 나은 의사결정을 내리려면 과정에 충분한 시간이 필요하다는 점을 강조할 것이다.

의사결정이라는 과정은 다음과 같은 두 가지 어려움을 수반한다.

- 최종 결정을 내리기 전에 다양한 옵션을 생각해내지 못하는 것
- 생각해낸 옵션을 충분히 검토하지 못하는 것

위와 같은 어려움이 생기는 원인으로는 과정에 충분한 시간을 할당하지 않는다는 점도 있지만, 시간이 충분해도 의사결정 행동이나 의사

결정에 관한 기술이 부족한 것일 수도 있다. 위의 두 가지 문제를 토대로 의사결정 과정을 어떻게 구상할 것이며 어떤 사고과정을 도입할지 결정할 수 있다. 이번 장에서는 앞서 살펴본 구체적인 행동을 종합·정리하기 전에 각각의 행동에 담긴 구체적인 의미를 분석할 것이다.

이 책에서 추천하는 방법의 기본전제는 의사결정 과정, 즉 대화가 결과 못지않게 중요하다는 것이다. 목표나 결과에 신경 쓰는 만큼 의사결정 과정에도 세심한 주의를 기울여야 한다.

부서 기반의 의사결정 과정이 중요한 이유

2010년 맥킨지 연구조사에 의하면, 기업이 내리는 의사결정의 질적 수준에 가장 큰 영향을 주는 것은 자료가 아니라 의사결정 과정에서 이루어지는 대화의 수준이라고 한다. 맥킨지는 1,000개 이상의 의사결정을 연구한 결과를 2010년 3월 〈맥킨지 분기 보고서〉에서 밝혔다. 이번 보고서는 기업의 경험에 대해 우리가 흔히 생각하는 바에 새로운 방향을 제시한다.

바람직한 의사결정의 시작점은 의식적인 선택을 위한 노력이다. 특히 부서 단위로 의사결정을 할 때는 다음과 같은 세 가지 요소가 필요하다.

- 신선한 통찰력
- 독립적인 사고
- 활발한 토론

그러나 의사결정 과정에 위의 세 가지 요소가 모두 포함되려면 개방적이고 참여를 권장하는 환경 또는 의사결정 문화가 먼저 자리를 잡아야 한다. 기존의 아이디어나 흐름을 거스르는 것이라도 신선한 통찰력을 언제나 환영해주며, 소수의 반대의견도 자유롭게 표출할 수 있는 분위기, 두려움이나 편견에 구애받지 않고 누구든지 자신 있게 다양한 해결책을 제시하고, 충분한 연구와 탐색을 거쳐서 최종 선택을 내릴 수 있는 분위기를 말한다.

의사결정은 자료수집과는 또 다른 문제다. 의사결정은 자료를 모은다고 되는 것이 아니라 사람이 직접 해야 하는 일이다. 의사결정은 쉬울 때도 있고 어려울 때도 있다. 앞서 2부에서 살펴본 것처럼, 개인과 부서는 자신의 관점(자신만의 해석, 예측, 선호도)을 따르다가 편견이 심한 방향으로 흐르거나 아예 잘못된 의사결정을 내릴 수 있다. 편견에 휘둘리지 않도록 각별히 주의하고 충분한 정보를 수집·검토하지 않으면 누구나 그런 실수를 범할 수 있다. 다시 말해서 자신의 생각에 대해 어느 때보다 깊이 생각해봐야 한다.

1차적 사고와 2차적 사고

기업 리더에 대한 연구에서 우리가 얻은 결론은, 지혜로운 사람은 의사결정에 앞서 자신의 사고과정의 습관적인 패턴을 파악하는 데 가장 많은 시간을 투자한다는 것이다. 그들은 2차적 사고에도 많은 시간을 들였다.

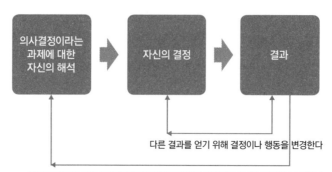

다른 결과를 얻기 위해 결정이나 행동을 변경한다

주어진 과제에 대한 자신의 해석에 의문을 제기하며 과제를 다시 프레임으로 만든다

▶▶▶ 1차적 의사결정과 2차적 의사결정

1차적 사고는 의사결정을 위해 눈앞에 제시된 내용 자체에 초점을 맞춘다. 눈앞에 자료가 주어졌다면 자료 자체를 검토하지, 자료를 어떻게 선택하고 해석할 것이며 그렇게 하는 이유가 무엇인지를 논하지 않는다는 뜻이다. 즉 주어진 상황에서 자료에만 의존해 자신이 무엇을 보는지 결정한다. 그러나 처음부터 우리가 왜 그런 방식으로 그것을 보았는지는 따지지 않는다.

1차적 사고는 종종 의사결정에 오류를 초래한다. 미국에 있는 '창의적 리더십센터'에서 내놓은 연구결과에서는 바람직한 의사결정을 내릴 확률이 전체의 60%에 불과하다고 알려준다. 이렇게 확률이 낮은 이유는 분명 1차적 사고와 밀접한 관련이 있을 것이다.

2차적 사고는 의사결정을 내리기 전에 이루어지는 것으로서 '자신의 생각에 대해 생각해보는 것'이다. 2차적 사고에서 의사결정에 정확성이 결여된 것을 감지하고 자신의 사고, 사고의 기반에 대한 해석을 재점검하게 된다. 이는 반드시 필요하며 매우 중요한 단계다. 이 경우에는 보다 심사숙고한 질 높은 의사결정을 내릴 수 있다.

이와 같은 2차적 사고 습관을 활용한다는 것은, 자신의 사고과정을 의도적으로 자세히 분석·조사한다는 뜻이다. 이와 같은 의식적 노력은 의사결정의 질을 크게 높여준다. 물론 일상생활의 크고 작은 결정은 이처럼 힘들고 까다로운 검증을 요하지 않지만, 위험부담이 크거나 주어진 미션 또는 목적의 달성 여부에 직접 관련되는 결정은 이런 노력이 필요하다. 엄밀히 말하자면 가장 실용적인 의사결정 행동을 발휘해야 한다. 다음 내용은 가장 실용적인 행동을 간추린 것이다. 물론 어느 것이 정답이라고 딱 잘라 말할 수 없지만, 조직적인 방법으로 다음의 행동을 습득, 활용한다면 분명히 주어진 상황에서 가장 바람직한 의사결정을 도출할 수 있을 것이다.

문화와 상황에서 기인하는 걸림돌

의사결정의 질을 저해하는 문화적 요소는 굉장히 많다. 시간에 쫓기는 리더와 경영 실무자는 매일같이 다양한 스트레스를 받기 때문에 의사결정 사안을 제대로 토의하는 데 시간을 내지 못한다. 그들의 의도가 어떠하든 간에 결국 회의나 토론은 피상적이고 형식적으로 끝나고 만다. 특히 기업문화가 업무 중심적이거나 결과 지향적인 경우라면 어려움은 더욱 가중된다.

기업 내부나 정치적 상황에 존재하는 기득권 역시 반드시 필요한 토의를 회피하는 이유가 될 수 있다. 충분한 토의를 거치지 않고서는 결코 바람직한 결론을 도출할 수 없다. 그러나 기득권층이 개입해 반드시 토의해야 할 중대한 사안이 회의에서 생략되거나 검토되지 못하도록 상황을 조정하는 경우가 흔히 있다.

또한 위험 보상 방식을 채택하는 기업은 항상 기업 전체의 목적에 맞추어 움직이지 않는다. 그로 인해 기업 전체에 최상의 이익을 가져다주는 방향으로 의사결정을 내리지 못하는 경우가 있다. 항상 그런 것은 아니지만 문화적 요인이 만들어내는 덫은 최종 의사결정의 수준에 적잖은 타격을 안긴다.

뿐만 아니라 기업구조 자체가 의사결정의 질적 저하를 초래하는 경우도 있다. 사실 대다수 기업은 낙관주의를 지향하고 불확실성을 용납하지 않는 구조를 안고 있다. 똑똑하고 지식이 많은 사람들이 승진가도를 달리기 때문에 사람들은 그들에게 모든 해답이 있을 것이라고 생각한다.

그러나 책임자가 불확실성을 인정하면서도 모두가 힘을 모으면 잘해낼 수 있다는 자신감을 드러내면 그 부서 직원들은 거리낌 없이 질문을 제기할 수 있다. 책임자의 태도에서 확실성을 추구하거나 중시하는 것 자체가 어리석은 일이라는 느낌이 오기 때문이다(확실성은 오히려 무모함의 신호일 수도 있다). 이런 분위기가 조성되면 부서원들은 창의성과 실험정신을 발휘하고 더 의욕적으로 해결책을 모색하는 데 시간을 투자할 수 있다. 실수를 덮는 데 급급하고 자기가 무엇이든 다 아는 것처럼 행동해야 하는 기업과는 큰 대조를 이룬다고 할 수 있다.

요약하자면, 기업의 문화는 의사결정의 질적 수준과 밀접한 관련이 있다. 기업문화에서 기인하는 덫을 이해하고 분별하는 것이야말로 의사결정 과정의 출발점이라고 하겠다.

바람직한 의사결정 행동의 특징

앞서 언급한 문화적 걸림돌을 이해했다면 가장 바람직한 의사결정의 특징을 다음과 같이 요약할 수 있다. 물론 의사결정을 내릴 때마다 다음 원칙을 준수하는 것은 어렵겠지만, 위험부담이 높은 경우에는 다음의 원칙을 꼼꼼히 살펴서 적용해야 한다.

시간을 할당한다 :
- 복잡하고 오랜 사고를 요하는 사안, 즉 위험부담이 큰 결정사항에 시간을 많이 할당한다.
- 철저한 테스트를 거쳐서 단순한 가정이나 가설과 정확한 사실을 구분한다. 사람들이 당연시 여기는 전제가 있다면 별도로 시간을 투자해 충분히 검토한다.
- 일단 결정이 내려지면 당분간 내려진 결정에 대해 왈가왈부하지 않는다. 의사결정을 내린 집단은 내려진 결정을 되돌아보기 전에, 주어진 시간 동안 반대의견을 조정하거나 의사결정 사안에 대해 보다 자세히 알아볼 수 있다.

불확실성을 인정한다 :

- 불확실성, 가변성, 예기치 않은 문제 등에 관용을 보이고 체계적인 방법으로 대응한다.

- 자신이 선택하려는 계획이나 결정사항이 실패할 수 있는 모든 가능성을 고려한다.

- 어려운 문제들을 제기해 도움을 주는 사람들을 꾸준히 장려한다.

- '만약'을 가정하는 질문을 제기해 토론·토의 분위기를 개방적으로 유지한다.

- 리더로서 불확실성을 자신 있게 드러내는 태도를 지향한다.

반복되는 과정을 과감히 탈피한다 :

- 경험적 지식이나 보편적 상식처럼 생각 없이 따르게 되는 틀이나 반복되는 과정이 있는지 알아본다.

- 자연스러운 연합이 형성되는 것을 지양한다. 전통적인 애사심이나 충성도가 아닌 다른 기준에 따라 업무를 할당한다.

- 직위가 낮은 직원에게 CEO나 기업 책임자의 관점을 생각해볼 기회를 제공한다.

- 공식적인 자리에서 의도적으로 반대의견을 제기할 사람을 임명해, 사고의 흐름에 의도적인 방해물을 제공한다.

- 리더는 토론 초반에 모습을 드러내지 않는다. 그래야 의사결정 과정 초반부터 특정 관점을 강요할 가능성을 배제할 수 있다.

- 모든 업무를 새로운 관점에서 분석해 틀에 박힌 사고과정을 벗어난다. 이렇게 하면 업무처리 과정에 새로운 활력을 불어넣을 수 있다.

생각의 폭을 넓힌다 :

- 외부인의 조언이나 견해를 구한다. 역투자가, 창의적인 사고로 늘 새로운 방향을 추구하는 사람을 활용한다.
- 소수세력의 의견을 양성해 토론의 폭과 깊이를 확대한다.
- 새로운 관점을 발견하기 위해 역할이나 책임을 바꿔서 수행해본다.
- 의도적으로 새로운 접근법을 시도해본다. 개방적인 태도를 유지하고 결과가 확실치 않은 방법도 기꺼이 시도해본다.
- 자신이 시비를 따지거나 성공·실패부터 점치거나 흑백논리에 의존하는 이분법적 사고에 너무 의존하지 않는지 반성해본다. 회색지대나 불확실성을 편하게 받아들이도록 노력한다.

의제를 이해한다 :

- 개인의 관심사가 우선시되지 않도록 주의한다.
- 숨겨둔 생각이나 의견을 자유롭게 표출하도록 유도한다. 협동을 가로막거나 저해할 수 있는 생각도 숨기지 않도록 도와준다.
- 성공과 실패에 지나치게 연연하거나 회의 참가자의 득실을 따지는 경향을 통제하고, 이의를 제기할 때도 상대방을 존중하는 태도를 보이도록 유도한다.
- 반대의견을 제시하는 것에 개인적인 감정을 품거나 다른 의도를 가진 것으로 오해하지 않도록 한다.

선택권을 사용한다 :

- 회의 주재자로서 선택권을 조심스럽게 사용한다. '보다 많은 사

람이나 기업 전체의 이익'을 우선시하는 태도를 유지한다.

- 좋은 방법이 나와도 곧바로 선택하는 것이 아니라 다른 대안을 계속 제시하도록 권유한다.

일정 거리를 유지한다 :

- 한 걸음 물러서서 다시 한 번 생각하고 평가할 시간을 갖는다.
- 자기 자신의 생각이나 관점을 재점검한다.
- 자신의 생각에 대한 반대의견을 직접 생각해본다.
- 자신의 계획이나 아이디어에 제동을 걸어줄 사람을 마련한다.

지금까지 살펴본 내용은 가장 바람직한 의사결정 행동이다. 이 밖에도 리더라면 반드시 조심해야 할 사각지대 또는 맹점이 있다. 지금부터 그 점을 살펴보기로 하자.

사각지대를 주의하라

가장 바람직한 의사결정 행동으로 무장해도 사각지대를 경계해야 한다. 그렇지 않으면 제아무리 실력이 뛰어난 사람도 곁길로 빠질 수 있다. 가장 흔하게 발견되는 사각지대는 다음과 같이 다섯 가지로 분류할 수 있다.

과도한 자신감을 경계하라

자신감 덕분에 위험부담에 대한 두려움을 극복하고 성공한 기업가들이 많다. 하지만 의사결정 능력에 대한 지나친 자신감(자세한 내용은 3장을 본다)은 경험이 많든 적든 모든 리더가 조심해야 할 문제다.

일단 과도한 자신감을 다스리는 가장 좋은 방법은 자신의 생각이 실패할 수 있는 모든 가능성을 떠올려보는 것이다. 예를 들어 복잡하고 위험부담이 높은 의사결정인데도 자신감이 크다면 이는 다시 한 번 생각해볼 부분이다. 자신의 판단을 다른 사람의 판단과 비교해 잘못된 점이나 빠뜨린 점이 없는지 찾아보고, 90% 이상 자신할 수 있는 대상은 70~75% 정도 자신하는 것으로 마음가짐을 바꿔야 한다.

전문가의 조언에 대한 무한한 신뢰 또한 스스로에 대한 자신감 못지않게 해가 될 수 있다. 우리 자신이 모든 분야의 전문가가 될 수 없으므로 전문가에 대한 신뢰를 갖는 것은 필수적인 단계다. 하지만 전문가도 실수를 범할 수 있다. '그 사람은 기업 합병 전문가인데다 예전에 나와 일한 경험이 많으니 믿어도 될 거야. 그 사람이 제안하는 것이라면 믿어도 돼. 굳이 내가 나서서 힘을 낭비할 필요가 없어'라고 생각할지 모른다. 하지만 이는 어디까지나 친숙함에서 비롯되는 신뢰일 뿐 구체적인 근거가 없다.

이럴 때는 관련 내용을 전혀 모르는 사람이나 할 만한 '기초적인 질문'을 출발점으로 삼아서 전문가에 대한 근거 없는 신뢰심을 어느 정도 가라앉힐 수 있다. 의사의 말도 다 믿을 것이 못 된다. 연구결과에 의하면 의사들은 환자들이 처음으로 하는 말조차 끝까지 들어주지 않고 평균 16.5초 만에 말을 가로채버린다고 한다. 그런데 환자의 말을 잘 들어

주는 것과 진단의 정확성은 높은 상관관계가 있는 것으로 드러났다.[1] 의사라 할지라도 환자가 말하는 주요 증상이나 가벼운 증상을 가볍게 보아 넘기고는 잘못된 진단을 내릴 수 있다. 그러므로 병력이 길고 복잡한 환자를 대할 때는 중요한 정보를 놓치는 일이 없도록 여러 의사와 협진하거나 관련 전문 의료진의 조언을 구하는 것이 바람직하다.

중대한 사안을 결정해야 할 때 지나친 자신감에 얽매이지 않는 또 다른 방법은 제3자의 조언을 구하는 것이다. 이때 주의할 점은 의사결정에 직접적인 이해관계가 없는 사람을 선택하는 것이다. 사안이 복잡하고 중대할수록 이와 같은 과정을 반복하면서 많은 사람들의 생각을 확인하고 충분한 토의 과정을 거쳐야 한다.

성급하게 판단하지 마라

성급한 판단을 억제하면 새로운 아이디어를 촉진하는 사내문화가 정착된다. 반대로 의사결정을 성급하게 내리면 좋은 아이디어를 놓치거나 사장시킬 우려가 있다. 그러므로 사람들이 순간적으로 떠오른 아이디어를 말할 때 금방 현혹되면 안된다. 다음과 같은 편견이 짙은 표현은 아이디어 생산을 저해하므로 되도록 사용하지 말고, 다른 사람들도 자제하도록 당부할 필요가 있다.

- "네, 그렇기는 한데요……."
- "전에 그렇게 해봤잖아요."
- "그건 효과가 없을 거예요, 왜냐하면……."

- "제대로 생각해보고 하시는 말입니까? 방금 한 말에 이런 의미가 있다는 것을 알고 있나요?"
- "지금은 그 점을 생각해볼 시간이 없습니다."
- "우선 손익분석에 대한 의견부터 들어보겠습니다."
- "좋습니다, 말씀 잘 들었습니다. 하지만 그 문제를 이런 방식으로 처리하는 데 이미 엄청난 비용이 들었습니다."
- "이론은 좋습니다만, 실용성은 없는 것 같습니다."

무조건 판단을 억제하거나 보류하라는 말이 아니다. 어린아이처럼 다른 사람의 생각에 순수한 호기심을 가져야 한다. 그리고 그 사람의 입장에 서서 생각할 줄 알아야 한다. 자신의 입장이나 관점이 훨씬 유리하다고 생각되더라도 상대방의 입장을 한번쯤 헤아려봐야 한다. 먼저 상대의 아이디어를 이해하고 이를 발전시킬 방법을 함께 고민해주는 것도 필요하다. 어린아이 같은 호기심을 발휘한다면 다음과 같은 질문을 사용하게 된다.

- "좀더 자세히 말씀해보세요."
- "특히 이 점을 잘 이해할 수 있게 설명해주세요."
- "그 아이디어가 정말 좋다고 느끼는 이유가 있나요?"
- "어떤 점에서 차이가 있나요?"
- "성공하면 어떤 결과가 나올까요?"
- "고객에게 어떤 경험을 제공할 수 있나요?"
- "그렇게 하려면 우리가 무엇을 포기해야 하지요?"

- "현재 하는 일과 그것을 통합할 방법이 있나요?"

프레임을 만드는 덫을 피하려면

액자를 바꾸면 같은 그림도 다르게 보일 수 있다. 심지어 예전에 알아보지 못한 부분(색상의 강렬함, 질감이나 기타 세부사항)이 갑자기 눈에 들어올지 모른다. 이처럼 문제나 해결해야 할 과제도 프레임을 어떻게 만드는지에 따라 의사결정의 질적 수준이 크게 달라진다. 프레임 효과 때문에 잘못된 의사결정을 내린 수많은 사례들이 이 점을 반증해준다.

프레임이 오히려 판단을 흐릴 때도 있다. 전략적 프레임이란 경쟁적 전망을 해석하는 방법에 관한 심적 모형이며, '우리가 지금 몸담은 비즈니스 분야는 무엇인가?', '우리가 가장 경계할 경쟁사가 누구인가?' 같은 질문을 해결해준다. 1부에서 살펴본 것처럼 마이크로소프트는 애플에 잘못된 프레임을 적용한 나머지 경쟁사의 위협을 과소평가하는 우를 범했다.

프레임은 초점을 분명히 정해주지만 반대로 사각지대를 만들어낼 수도 있다. 성공을 거듭하면 그동안 사용한 전략적 프레임에 대한 애착이 강해져서 그 프레임을 합리화하는 데 모든 에너지를 소비하게 된다. 그래서 어느 시점이 지난 후에는 그 프레임이 실용적이지 않으며 심지어 기업의 미래를 망칠 수 있다는 사실조차 깨닫지 못하는 사태가 벌어진다.

파이어스톤(Firestone)이 몰락하고 굿이어(Goodyear)가 승승장구한 이유를 생각해보라. 두 기업은 래디얼타이어 기술이 등장하기 전에 한때 타이어 시장을 주름잡은 기업이었지만 전혀 다른 결말을 맺지 않았는가? 굿이어는 신기술을 즉시 수용해 시장의 흐름을 계속 주도했지만, 파이어스톤은 자신의 프레임에 눈이 멀어서 기존의 타이어 기술을 버리지 못했다. 굿이어의 개방적인 태도는 기업의 운명을 바꿔놓았다. 그들은 유럽까지 날아가서 미쉐린(Michelin)이 채택한 신기술을 직접 배웠고, 사내에 거부세력도 있었지만 새로운 전략 프레임을 꿋꿋이 밀어붙였다.

다들 한 가지 생각에 너무 몰두한 나머지 다른 가능성을 모두 배척하다가 뒤늦게 후회한 경험이 한번쯤 있을 것이다. 틀에 박힌 사고에 걸려 넘어지지 않으려면 자신의 생각이나 판단을 너무 중시하지 말고 다음과 같은 질문으로 호기심을 강화해야 한다.

- 우리의 궁극적인 의도는 무엇인가?
- 지금 우리가 파악한 점과 그렇지 못한 점은 무엇인가?
- 우리가 가정 또는 추측할 수 있는 점은 무엇인가?
- 더 배울 점이 없는가?
- 또 다른 결과로 이어질 가능성이 있는가?

역할을 서로 바꾸는 것도 프레임을 바꾸는 효과를 낼 수 있다. 실제로 많은 기업이 틀에 박힌 사고에 유연성을 더하기 위해 역할전환이라는 전략을 사용하고 있다. 역할전환은 부서 책임자와 기업 고위임원의 생각에서 미묘한 차이를 정확히 포착해준다.

부서 내의 집단적 사고에 저항하라

오랫동안 함께 일한 부서는 '집단사고'라는 덫에 빠지기 쉽다. 어빙 재니스(Irvin Janis)의 연구결과에 의하면, 집단사고의 주요 증상은 다음과 같이 간추릴 수 있다.[2]

① **불사신이 된 듯한 망상** : 집단 구성원들은 명백한 위험요소를 보란 듯이 무시하며 극단적인 위험을 감수하고 지나치게 낙관적인 태도로 일관한다.

② **집단적인 합리화** : 집단사고에 대한 경고를 평가절하하거나 이를 반박하는 핑계를 만들어낸다.

③ **도덕성 착각** : 그들의 의사결정이 가져올 윤리적 결과를 무시하면서도 자신들의 결정이 도덕적으로 옳다고 확신한다.

④ **과도한 고정관념(집단폐쇄성)** : 집단 외부에 존재하는 경쟁자에 대한 부정적인 고정관념을 만들어낸다.

⑤ **획일성 압력** : 집단의 생각에 반대의견을 제시하는 구성원을 억압하며, 그런 사람들을 배신자처럼 취급한다.

⑥ **자체 검열** : 집단구성원들이 스스로 알아서 반대의견이나 이의를 억누른다.

⑦ **만장일치에 대한 망상** : 모든 사람들이 집단의 결정에 동의할 것이라고 착각한다. 침묵은 곧 동의라고 생각한다.

⑧ **정신적인 경비원 역할** : 몇몇 구성원은 집단의 통일성과 안위를 위협하는 부정적 정보로부터 집단을 보호하는 역할을 자처한다.

집단사고를 극복하기 위해 다양한 전략이 제시된 바 있다. 이러한 전략은 리더의 역할을 크게 강조하며 다음과 같이 요약할 수 있다.

- 리더는 집단에게 의사결정이라는 업무를 할당할 때 철저하게 중립적 입장을 고수한다. 편견이나 기대를 드러내지 않으며 개방적으로 자유롭게 질문할 수 있는 분위기를 조성한다.
- 리더는 이의나 의혹, 의구심을 자유롭게 드러낼 수 있도록 도와준다. 비판을 적극적으로 수용하도록 유도한다.
- 집단 내의 몇몇 유력자를 반론 대변인으로 임명한다.
- 실행 가능성을 평가할 때에 집단을 일부러 2개의 개체로 나누어 대립시킨다.
- 직접적인 이해관계가 없는 외부전문가를 초청해 의사결정 단계에 필요한 자료·정보·조언을 얻는다.
- 임시로 결정된 사안을 의사결정 집단에 속하지 않지만 믿을 만한 사람들과 재검토한다.

격한 감정에 휘둘리지 않도록 주의하라

감정, 분위기, 기분이 의사결정에 미치는 영향도 무시할 수 없다. 특히 분노, 사랑, 두려움, 탐욕 같은 감정은 매우 강렬하기 때문에 정상적인 인지 과정을 압도해 엉뚱한 결정을 내리거나 이러지도 못하고 저러지도 못하는 상황을 야기할 수 있다. 우리는 그런 사람을 보면 제 감정을 추스르지 못한다고 말할 것이다. 이럴 때는 괜한 시간만 낭비할 것이 아니라 감정을 추스르고 다시 문제해결에 집중해야 한다.

감정이 격해지는 느낌이 들 때는 다음과 같은 질문이 평정심을 되찾는 데 도움이 된다.

- 지금 특정 방향으로 사물을 판단하려는 경향이 두드러지지 않았는가?
- 내가 지금 어떤 기대치에 휘둘리는 것인가?
- 이런 감정이나 기대치가 없다면 상황을 보는 시각이 달라질 것인가?
- 나와 동기나 기대치가 다른 사람의 말을 들어보았는가?

요약하자면, 과도한 자신감, 성급한 판단, 특정 프레임에 대한 의존성, 집단사고, 감정에 휘둘리는 것 모두 우리가 생각지 못한 사각지대를 형성할 수 있다. 이럴 때는 반대상황을 고려하는 것이 판단의 정확성을 높이는 데 도움이 된다.

자신의 의사결정 스타일을 진단하라

시간이 흐르면 당신의 의사결정을 주도하는 습관이 생길 것이다. 하지만 가끔 한 걸음 물러서서 자신의 습관, 즉 스타일을 생각해봐야 한다. 가장 쉬운 방법은 자신에게 주어진 의사결정을 정기적으로 모아서 평가하는 것이다. 반복되는 패턴, 주로 사용하는 논리와 이전 경험, 외부에서 얻은 조언 등을 파악해 검토해보면 자신의 의사결정 행동과 스타일을 간추릴 수 있다. 다음 체크리스트도 의사결정 스타일을 파악하는 데 도움이 될 것이다.

- 2차적 사고를 얼마나 자주 하는가?
- 해결책을 이끌어내는 사고력과 창의력이 부족하지 않은가?
- 별로 중요하지 않은 사안에 시간을 낭비하지 않는가?
- 보수적인 선택으로 편향되는 경향이 나타나는가?
- 위험에 대한 계산이 정확한 편인가?
- 의사결정에 소요되는 시간을 줄이려고 철저한 검토를 등한시하는가?
- 자신이 의사결정 과정을 충분히 통제하고 있다고 느끼는가?
- 주로 어떤 사람들에게 조언을 구하는가?

자신의 스타일을 파악·분석·수정하고 가장 이상적인 의사결정 행동을 습득하는 데 도움이 되는 또 다른 도구가 있다. 필자가 운영하는 탤런트인베스트에서 의사결정자(Decision Maker)라는 이름의 진단도구를 개발했다. 의사결정 스타일, 행동 등을 진단할 수 있으며, www.talentinvest.com.au에서 확인할 수 있다. 다음 세 가지 기준에 맞춰서 자신의 의사결정 스타일과 행동을 직접 진단해보기 바란다.

- 복잡한 문제를 대할 때 주로 나타나는 성향은 무엇인가?
- 의사결정 과정에서 주로 나타나는 성향은 무엇인가?

• 최근 12개월 동안 실제로 의사결정 행동을 보였는가?

위의 진단도구는 변화가 필요한 의사결정 행동을 분별하고 위험부담이 큰 의사결정을 내릴 때 보다 바람직한 의사결정 스타일과 기술을 사용하도록 도와줄 것이다.

연습은 완벽을 낳는다. 모든 기술이 그렇듯이 의도적으로 노력하면 기술은 발전하게 마련이다. 자신의 의사결정 스타일을 파악하면 의사결정에 대한 마음가짐이 한층 달라질 것이다. 특히 중요한 사안이나 복잡한 문제를 처리해야 하거나 곧 중요한 사안을 결정해야 한다면 마음을 다잡는 것이 필수적이다.

많은 사람들이 의사결정이 어렵다고 하지만 막상 해보면 그리 복잡하거나 힘든 일은 아니다. 체계적으로 접근하면 누구나 가장 이상적인 의사결정 행동을 적용해 바람직한 결과를 이끌어낼 수 있다.

의사결정의 미래

비즈니스 환경은 물론이고 현대사회는 하루가 멀다 하고 큰 변화를 보인다. 이러한 환경에서 의사결정을 내리려면 적어도 몇 년을 내다볼 줄 알아야 하며, 관련된 사항을 모두 아우를 수 있는 의사결정 행동이나 스타일을 사용해야 한다.

불연속적인 변화, 신기술, 의사결정 행동에 나타나는 세대차이, 세계 금융위기 이후에 등장한 비즈니스 역동성과 그로 인해 주주가 아니라 이해관계자에게 초점이 옮겨진 것, 국제화 등은 의사결정 과정을 인지하고 발휘하는 것에 큰 영향을 주고 있다. 이러한 변화의 물결이 개인에게 다르게 해석될 여지가 있지만, 크게 보면 미래의 의사결정에 새로운 무대를 암시하는 것이다. 이제부터 살펴볼 변화는 2부에서 살펴본 여덟 가지 편견의 영향을 어느 정도 상쇄하거나 막아줄 것이다.

불확실성의 시대를 견디는 능력

경제와 문화는 날로 빠르게 변하고 있지만 미래에 대한 가시성은 갈수록 약화되고 있다. 경제와 문화의 변화를 부추기는 요소는 많지만 아무래도 신기술의 영향이 가장 클 것이다. 불확실성은 이사회뿐만 아니라 사무실과 회의실, 간단한 담소를 나누는 탕비실의 분위기마저 바꿔놓았다. 이제는 기업의 임원과 리더뿐만 아니라 직원들도 다음과 같은 핵심적인 질문을 고민하고 있다.

"우리의 비즈니스 모형은 어느 정도로 지속 가능한 것일까?"
"어떤 경쟁적 우위가 지속력을 발휘할까?"
"어떤 기술이 가장 중요한 것일까?"
"비즈니스의 근본요소마저 하루아침에 바뀌는 이런 상황에서 기회와 위협을 어떻게 구분할 수 있을까?"

불과 5년 전만 하더라도 스마트폰 시장의 64%는 3대 기업이 장악하고 있었다. 그들은 바로 노키아, 림(Research in Motion), 모토로라였다. 그러나 이제는 삼성과 애플 외에는 두각을 드러내는 기업이 없다. 수십억 달러가 오가는 대규모 국제시장에서 선두 자리가 이렇게 순식간에 바뀌는 것은 결코 드문 일이 아니다. 사실 스마트폰 시장도 혼란이 없는 것은 아니다. 하지만 이는 애플, 페이스북, 구글같이 기술 기반의 기업이 야기하는 불안이나 혼란과는 전혀 다른 문제다. 보더스(Borders), 워터스톤(Waterstones) 같은 대형서점이 볼링핀처럼 일순간에 넘어질 것이라고 누가 상상했던가? 제너럴모터스가 파산했다가 재기에 성공해 도요타를 능가하는 영향력을 휘두르는 것도 전혀 예상치 못한 일이다.

그러나 다음 세대를 정의할 로드맵이나 모형을 찾는 사람들은 장기적인 미래를 보여주는 믿을 만한 청사진이 어디에도 없다고 느낀다. 확실한 것은 단 하나뿐이다. 향후 10~20년을 좌우하는 것은 새로운 비즈니스 모형이 아니라 유동성, 모호성을 수용하는가 하는 것이다. 그로 인해 안정적이고 합리적인 의사결정을 내리는 것은 더 어려워질 전망이다.

이런 현상을 모두 아우르는 패턴을 찾는 사람이 있을지 모른다. 하지만 그런 패턴은 애당초 존재하지 않으며, 기업은 새로운 환경에서 살아남기 위해 알아서 탄력성과 회복성을 갖춰야 한다. 대부분의 대기업은 명확한 문제를 처리하는 데 능숙할 뿐, 애매모호한 문제를 만나면 어찌할 바를 모른다. 한마디로 자신이 무엇을 모르는지조차 판단하지 못하는 것이다. 수많은 기업과 조직은 모호성 앞에서 의사결정을 내리지 못하고 무너져내린다.

우리는 여기에서 무엇을 배울 수 있는가? 의사결정권자는 갈수록 커지는 모호성에 대한 대책을 강구해야 한다. 처음에는 모호성 자체가 부담스러울 수 있다. 그러나 이를 편하게 받아들이고 전례 없는 수준의 모호성을 견디는 능력이야말로 미래의 성공적인 리더를 가늠하는 척도가 될 것이다. 모호성을 견디는 능력은 다른 말로 탄력성 또는 회복성이라고 말할 수 있다. 탄력성은 앞으로 뛰어난 의사결정권자를 가리는 주된 특성이 될 것이다.

국제화 사회와 의사결정

요즘 사회에서 국제시장 진출에 무관심한 기업은 거의 없을 것이다. 세계 각국에 직접 진출해 지사를 설립하거나 매장을 열 계획이 없더라도 국제시장에서 물품을 조달받고 제조업과 마케팅을 설계해야 한다. 중소기업도 예외가 아니다. 이들도 시장이나 고객층이 국제적 규모로 확대되는 것을 피부로 느끼고 있다. 국제화가 진행됨에 따라 세계 각국의 의사결정권자는 다문화에 대한 이해를 넓히고 다양성을 수용하는 자세를 발전시켜야 한다.

한편 국제화가 이루어지면 정보, 지식, 기술, 방법이 급속하게 통합될 것이다. 예를 들어 요즘 부서들은 다양한 문화적 배경을 반영한 의사결정 행동이나 스타일을 적극적으로 받아들인다. 문화에 따라 권력에 대한 태도, 위험요소에 대처하는 태도 등이 다르기 때문이다. 이는 의사결정 과정을 더욱 복잡하게 만드는 요소이기도 하다.

의사결정이 이루어지는 속도, 의사결정의 근간을 이루는 가치관, 이해관계자의 관여도, 일단 결정된 사항을 전달하는 방법 등에서도 여러 가지 복잡한 요소가 드러난다. 가장 극명한 사례는 다국적기업일 것이다. 각 나라의 특징에 맞춘 프로그램을 개발·보급해야 하며, 그 과정에서도 문화를 초월하는 민감성·유창성·탄력성을 발휘해야 한다.

국내시장에서 갈고 닦은 전문성과 경험도 의사결정에 반영하기 전에 한 번 더 검토할 필요가 있다. 기존 정책이나 관습에 대한 애착도 마찬가지다. 현지 시장은 그에 걸맞은 전문성이 필요하다. '생각은 글로벌하게, 행동은 지역에 맞게'라는 슬로건은 많은 다국적기업에게 힘든 과제로 여겨졌다. 그들의 의도는 현지 시장에 적응하는 것이었지만 실제로는 한 가지 접근법에 대한 애착이 강했고 효율성이라는 핑계로 그 애착을 숨기려 했다. 미지의 세계에 대한 두려움도 그들에게는 큰 장애물이었다. 특히 국제화를 추진하다 보면 핵심가치와 신념을 재정비하고, 전혀 새로운 기술을 익히거나 배운 것을 다시 정립하고, 시장에 대한 정보를 처음부터 다시 수집해서 문화적 뉘앙스와 기업 관례 등을 배울 필요가 있다. 이러한 변화는 의사결정 과정에 막대한 영향을 준다.

뿐만 아니라 시장이 개방되고 상호연결성이 높아지면서 지구 한편에서 내린 의사결정이 다른 시장에 즉각적인 영향을 미치는 일도 적지 않다. 이러한 연결성은 의사결정의 스타일과 사고기술의 범위를 다시금 재고하는 계기가 된다. 조직적 사고의 중요성에는 변함이 없다. 단지 조직이 국제화되면서 규모가 커진 것일 뿐이다.

새로운 세대로 구성된 의사결정권자

2025년이면 지금의 Y세대˚가 기업의 리더로 활약할 것이다. 그들은 현재의 만족을 중시하고 이동성이 강하며 업무와 여가의 경계가 불분명한 환경에 익숙한 세대다. 그들이 주도권을 잡을 무렵이면 주요 기업과 단체를 운영하는 이들의 업무 가치관이 확연히 달라질 것이다.

˚Y세대 : 1997년 미국의 프루덴셜 보험회사가 처음 사용한 용어로, 1982년부터 2000년 사이에 출생한 세대를 말한다. '밀레니엄 세대'라고도 불리며, 베이비붐 세대가 낳았다고 해서 '에코(메아리) 세대'라고도 한다. ─ 옮긴이

뿐만 아니라 대기업의 영향력이 줄어들고 자유로움과 개방적 태도를 중시하는 기업환경이 주류를 형성해 체계화된 사고를 더 이상 지향하지 않을 것이다. 베이비붐 세대는 Y세대의 집중력이 짧다고 불만을 토로하지만, 그들은 멀티태스킹에 능하기 때문에 보다 민첩하게 의사결정권을 행사할 것이다.

Y세대의 두드러진 특성은 30~40년 동안 한 가지 직업에 종사하면서 전문성을 높이는 것이 아니라 다양한 커리어를 경험하는 것이다. 이직이 잦아서 깊이 있는 전문성을 갖추는 것은 어렵지만, 경험의 폭은 매우 넓다. Y세대는 다양한 커리어를 넘나들면서 고용인, 자영업자의 입장을 모두 헤아리게 될 것이다. 이 또한 의사결정 방식과 선택의 폭에 변화를 가져온다. 특정 아이디어, 패러다임, 사업 모형에 대한 애착은 베이비붐 세대의 전유물로 남을 것이다. 베이비붐 세대가 당연시 여기던 것에 이의를 제기하거나, 베이비붐 세대의 발목을 잡은 것을 극복함에 따라 더 창의적이고 혁신적인 해결책을 발견할 가능성이 있다.

Y세대는 부모 세대보다 여행 경험이 풍부하다. 30세 이하 젊은이의 3분의 1은 유학 외의 목적으로 외국에 거주한 경험이 있다고 한다. 이는 Y세대가 다문화적 관점에 많이 노출되어 있으므로 다양성을 널리 포용한다는 뜻이다.

또한 Y세대는 의미와 목적을 추구하는 성향이 강한 것으로 알려져 있다. 그들이 의사결정권을 행사할 무렵이면 부를 창출하는 것보다 부를 공유하는 데 더 큰 의미를 부여할 것이다. 또한 수익이라는 단일 목적만 추구하지 않고 다양한 방법으로 사회에 기여·환원할 방법을 모색할 것이다.

세계금융위기 이후에 등장한 비즈니스 역학

사후판단은 쓸모가 많다. 덕분에 우리는 금융위기를 초래한 의사결정이 사실 낙관주의에 도취된 결과라는 점을 알게 되었다.

뉴노멀*은 많은 국가와 기업이 부채와 수익 감소에 허덕이느라 전혀 성장하지 못하는 현상을 가리키는 말이다. 현대자본주의에 대한 의문이 늘어나고, 주주우선주의의 한계와 단기수익을 뒤쫓는 것의 한계를 인지하게 되자 비즈니스 과잉에 대한 불만이 여기저기서 터져나왔다. 보너스 문화도 이제는 금융몰락의 주요 원인으로 여겨지고 있다. 이제는 기업 성공의 정의를 폭넓게 정의하고 수익과 부당이익이라는 문제를 본격적으로 검토해야 한다. 한 가지 확실한 점은, 주주가 왕처럼 군림하던 시절은 끝났다는 것이다. 이제 의사결정권자는 모든 이해관계자의 필요를 고려해야 한다.

사실 지금 우리가 처한 상황은 1930년대에 닥친 경제공황 직후와 비슷하다. 당시 기업들은 위험을 최대한 회피하는 경향을 보였으며 가정, 기업 할 것 없이 허리띠를 졸라맸다. 위험을 회피하는 성향은 현재 기업이 대량으로 현금을 보유하고 있다는 사실로 증명된다. 은행은 안정적인 기업에 대출해주는 것마저 꺼리고 있으며, 기업은 기술개선이나 장기적인 경쟁력 제고에 필요한 투자를 아까워한다. 중국처럼 날로 성장하는 시장에서도 이런 경향이 있다. 금융위기가 한바탕 지나간 후로

• 뉴노멀(new normal) : 2008년 글로벌 경제위기 이후에 부상한 새로운 경제질서를 일컫는다. 저성장, 저소비, 고실업률, 고위험, 규제강화, 미국의 역할 축소 등이 있다. ─ 옮긴이

는 비용절감 정책과 자국 또는 기업 방어적인 성향이 그 어느 때보다 두드러진다.

금융위기의 어두운 그림자가 의사결정에 미치는 영향이 사라지려면 수십 년이 걸릴지도 모른다. 그 그림자가 걷히면 의사결정에 대한 자신감, 낙관주의, 희망적인 기대가 금융위기 이전 수준으로 회복되고 오만함, 안주하려는 태도, 근거 없는 과도한 자신감이 가라앉을 것이다.

신기술이 의사결정에 미치는 영향

기술은 우리의 생활과 일, 행동, 사고에 지대한 영향력을 발휘하며, 앞으로도 그럴 것이다. 기술은 혁신과 성장의 출발점이자 원동력이다. 눈부시게 빠른 기술혁신 시대에서 개인의 생활이나 업무는 기술이 거의 좌우한다고 해도 과언이 아니다.

기술의 변화는 우리의 주요 신념에 계속 도전장을 내민다. 이를테면 시장이 운영되는 방식이나 소비자가 구매결정을 내리는 방식도 기술의 변화에 민감하게 반응한다. 기술 변화에 따라 낙관주의가 팽배하기도 하고 의사결정권자들의 한숨이 늘어나기도 한다. 신기술은 경쟁구도를 재편성하며 의사결정권자의 예측능력과 기업의 성장역량마저 좌우할 수 있다.

우리는 의사결정권을 가진 사람으로서 기술이 가져올 여러 가지 혜택에 큰 기대를 걸고 있다. 때로는 그 기대가 필요 이상으로 부풀어서 문제가 될 수도 있다. 반대로 기술을 과소평가한 나머지 기존 사업의 근간이 흔들리고 시장판도가 달라질 가능성을 외면했다가 큰코다치는 경우도 있다. 일례로 비즈니스 관련 잡지를 보면 온라인쇼핑의 저력을 무시했다가 큰 손해를 입은 기업들의 사례가 자주 등장한다. 번화가에 자리잡은 오프라인 매장은 경기침체가 풀리면 소비자들이 다시 몰릴 것이라고 기대했지만 그들의 예상은 보기 좋게 빗나가고 말았다. 이미 많은 소비자들이 온라인쇼핑으로 눈을 돌렸으며 오프라인 매장으로 돌아갈 의향이 없기 때문이다.

기술을 논하면서 인공지능 분야의 눈부신 발전을 언급하지 않는다면 큰 실수일 것이다. 인공지능 기술의 발전은 의사결정의 미래를 또한 번 크게 바꿔놓을 것이다. 하지만 이것도 어디까지나 예상일 뿐이다. 과학은 지금도 계속 발전하고 있기 때문이다. 인공지능 분야의 핵심은 인간 지능의 핵심적 특징을 기계가 그대로 재현할 수 있다는 것이다. 간단한 논리적 추론을 요하는 문제는 인공지능 기술이 충분히 해결하는 단계까지 와 있다. 하지만 복잡한 문제도 인공지능 기술이 처리할 수 있을지는 아직 두고 볼 일이다.

현재 복잡한 문제 해결에 사용되는 인공지능 알고리즘은 대용량 기억장치와 처리시간을 요하므로 실제 모형에 적용하는 데 제약이 많다. 사람들이 아는 것의 상당 부분은 단순한 사실이 아니라 복잡한 요소들이 얽혀 있는 경우가 많다. 예를 들어 체스 선수는 너무 노출된 것 같다는 이유로 특정 포지션을 회피할 것이다. 예술 평론가는 조각품이나 그림을 흘낏 보고도 그것이 진품인지 아닌지 단박에 알 수 있다. 이런 판단이나 경향은 두뇌에서 무의식적으로 일어나는 것처럼 보이지만, 사실은 상징적이고 의식적인 지식을 연결하고 유추한 것이다.

사실 기업에 필요한 의사결정도 여러 가지 복잡한 요소가 얽혀 있어서 추상적 논리에 따라 시시비비를 가리는 것은 바람직한 의사결정이 아니다. 인공지능 분야는 이처럼 직관을 요하는 비밀스런 의사결정 문제를 해결할 방법을 다각도로 연구하는 중이다. 언젠가는 컴퓨터를 의사결정 과정에 도입해 의사결정의 객관성을 한층 높인다는 것이 그들의 목표다. 인공지능은 지금도 기술 분야에서 매우 큰 자리를 차지하고 있으며 앞으로도 의사결정에 도움을 줄 수 있는 다양한 시뮬레이션을 시도할 것이다.

전세계 곳곳에서 활동하는 리더를 위해

이번 장에서는 불확실성이 높고 미지의 요소가 많은 미래의 상태를 간략하게 살펴보고 거기에 함축된 의미를 생각해보았다. 이는 리더로서 질 높은 의사결정을 내릴 필요성을 다시 한 번 확인하는 기회였다. 그렇게 하려면 의사결정 행동과 능력을 신속히 향상시키기 위해 아낌없이 투자해야 한다. 이 세상은 갈수록 변화가 빨라지고 모호성과 불확실성이 두드러질 것이다. 그러므로 우리는 의사결정에 대한 이해를 넓히고 관련 기술을 잘 습득해야 한다.

미래의 상태가 어떻게 나타나든 간에 과거의 성공에 의존하면 곤란하다. 좀더 민첩하고 객관적, 다각적으로 문제에 접근해 현명한 결정을 내릴 수 있도록 지금부터 잘 준비하기 바란다.

{ 지은이 주 }

생각에 대해 생각해보기

1. *Thinking*, Sir Frederick Bartlett, Allen and Unwin, 1958, with numerous more recent citations.
2. *The Psychology of Servey Response*, R. Tourangeau, L. J. Rips and K. Rasinski, Cambridge University Press, 2000.

1장. 기억은 속일 수 있다

1. Memory Faults and Fixes, E. F. Loftus, *Issues in Science and Technology*, 2002. Publication of National Academies of Science.
2. Make Believe Memories, E. F. Loftus, *American Psychologist*, Nov 2003.

2장. 경험은 덫이 될 수 있다

1. *Multiple Intelligences*, H. Gardner, Basic Books, 1993.
2. *Think Again*, S. Finkelstein, J. Whitehead and A. Campbell, Harvard Business Press, 2008.
3. *Blink—The Power of Thinking without Thinking*, M. Gladwell, Little, Brown and Company (Time Warner Book Group), 2005.

3장. 낙관주의는 시야를 흐릴 수 있다

1. When Every Relationship is above Average: Perceptions and Expectations of Divorces at the Time of Marriage, L. Baker and R. Emery, *Law and*

Human Behaviour, August 1993.

2. The Use of Credit Finance by Medieval Monarchs, Dr A. Bell, Professor C. Brooks and Dr R. Moore, ICMA Centre, University of Reading 2008 (research sponsored by Economic and Social Research Council (ESRC)), paper presented in 2010 at History Society Conference.

3. Neural Perspectives and Emotional Impact on Perceptions, Attention and Memory, D. A. Stanley, E. Ferneyhough and E. A. Phelps, *Handbook of Neuroscience for Behavioural Sciences*, John Wiley & Sons, 2009.

4. Priming for Self Esteem Influences the Monitoring of One's Own Performance, S. Bengtsson, R. Dolan and R Passington, *Social Cognitive and Affective Neuroscience*, Sept 2011.

5. *Phantoms in the Brain, Human Nature and Architecture of the Mind*, V. S. Ramachandran and S. Blakeslee, Fourth Estate Ltd, 1999.

6. *Only the Paranoid Survive*, A. S. Grove, Random House, 1999.

7. *A Theory of Cognitive Dissonance*, L. Festinger, Row, Peterson, 1957; A theory of social comparison processes, *Human Relations*, Volume 7, 117-140.

8. *Six Thinking Hats*, E. de Bono, 1985, 1999.

4장. 두려움은 득보다 실이 많다

1. *Only the Paranoid Survive*, A. S. Grove, Doubleday (division of Random House), 1999.

2. *Confidence*, R. Moss Kaner, Random House, 2004.

5장. 야망은 눈을 멀게 한다

1. *The Prince*, N. Machiavelli, Critical Classics Series, first published 1532.

2. The Dark Side of Charisma, R. Hogan, R. Raskin and D. Fazzini, in *Measures of Leadership*, edited by K. Clark and M. Clark, 1990.

6장. 애착은 곁길로 빠지게 만들 수 있다

1. *Revolution in Time: Clocks and the Making of the Modern World*, D. Landes, Harvard University Press, 1983.

2. *FIRO: A Three-Dimensional Theory of Interpersonal Behavior*, Rinehart, 1958.

3. Accountants are Human Too: The Problem of Attachment Bias, *The Conversation*, theconversation.edu.au, September 2011.

In Over Our Heads: The Mental Demands of Modern Life, Robert Kegan, Harvard University Press 1994.

7장. 가치관 때문에 길을 잃을 수 있다

1. Report published by Department of Immunology and Infectious Diseases; Harvard School of Public Health AIDS Initiative, 2008: Estimating the Lost Benefits of Antiretroviral Drug Use in South Africa by P. Chigwedere, MD, G. R. Seage III, ScD, MPH, S. Gruskin, JD, MIA, T-H. Lee, ScD, and M. Essex, DVM, PhD.
2. *Derailed! What Smart Executives Do to Stay on Top*, M. Thuraisingham, Blue Toffee, 2010.
3. *Making the World Better: The Ideas that Shaped a Century and Company*, K. Maney, S. Hamm and J. O'Brien, IBM Press-Pearson plc, 2005.
4. *Who Says Elephants Can't Dance?* L. V. Gerstner, Harper Collins Publishers, 2002.
5. *A Mind of Its Own*, C. Fine, Norton & Company, 2006.
6. *Robert Rosenthal and Lenore Jacobson - Pygmalion in the Classroom*. Holt Rinehart and Winston, 1968; *Pygmalion in the Classroom* (Expanded ed.), New York: Irvington, 1992.

8장. 권력은 타락시킬 수 있다

1. Culture, Leadership and Power: The Keys to Organisational Change, R. W. Clement, *Business Horizons*, 1994.
2. Power and Overconfident Decision-Making, N. Fast, N. Sivanathan and N Mayer, *Journal Organizational Behavior and Human Decision Processes*, Nov 2011.
3. The Quantum Theory of Trust, Karen Stephenson, reprinted in *Strategy +Business Magazine* 2002.

9장. 가장 바람직한 의사결정 행동

1. The Effect of Physician Solicitation Approaches on Ability to Identify Patient Concerns, L. Dyche MSW and D. Swiderski MD, *Journal of General Internal Medicine*, March 2005.
2. The Partial Test of Janis's Groupthink Mode, C. R. Leana, *Journal of Management*, Spring 1985.

리더의 편견

최고의 리더들이 최악의 결정을 내리는 8가지 편견의 덫

펴낸날 | 2014년 8월 27일
지은이 | 미나 투레이싱험 · 볼프강 레마허
옮긴이 | 정윤미
펴낸곳 | 윌컴퍼니
펴낸이 | 김화수
출판등록 | 제300-2011-71호
주소 | (03174) 서울시 종로구 사직로8길 34, 1203호
전화 | 02-725-9597
팩스 | 02-725-0312
이메일 | willcompanybook@naver.com
ISBN | 979-11-85676-09-8   03320

이 도서의 국립중앙도서관 출판시도서목록(CIP)은 서지정보유통지원시스템 홈페이지
(http://seoji.nl.go.kr)와 국가자료공동목록시스템(http://www.nl.go.kr/kolisnet)에서
이용하실 수 있습니다.(CIP제어번호: CIP2014024205)